JN056136

BUSINESS MANAGEMENT IN JAPAN

日本経営論

金容度

博英社

はしがき

　　本書は、海外企業と比較しながら、一貫した視点から、日本企業の諸活動、諸領域の特徴を描いた書物である。日本の企業や経営活動に関心を持つ大学学部および大学院の学生向けに書かれた入門書でもある。

　　本書で取り上げる重要な企業の活動、領域は、トップマネジメント、コーポレートガバナンス、研究開発、労使関係・人的資源管理、資金調達、メインバンクシステム、企業間取引である。従来、日本企業についての書物は、企業全般についての総論的なものか、特定領域の企業活動に絞られたものが多い。本書は、重要な活動や領域を網羅し、しかも、その個別領域ごとに日本企業と海外企業を比較分析した結果をまとめていることから、他に例のない文献であるといえる。

　　一時期、日本企業の経営を「会社主義」「集団主義」「家族経営主義」「終身雇用」などでイメージづけ、日本オンリーの「日本的」経営として称賛する議論が流行ったことがあった。しかし、1990年代のバブル崩壊以降は、長らく日本の「失われた○○年」が叫ばれ、日本企業の経営における問題点が批判された。さらに、「日本的」経営云々の主張も聞こえてこなくなった。

　　「日本的」といえるほど、日本企業の経営が独特なものだったのか、時間の経過の中でその独特なものも変化してきたところはなかったのか、だとすれば、そもそも日本特有のものとは何だったのか、もし、独特だったとすれば、それでよかったのか、悪かったのか、いまはどうなのか。後を絶たない疑問の一部に著者なりに答えを探った試みが本書である。

　　本書は著者が二十年余り受け持ってきた学部での「日本経営論」講義の資料、大学院での「企業間関係論」講義の資料、また、その間に著者が行ってきた研究の成果などが基になっているが、いうまでもなく、たくさんの方々のご尽力に負うところが大きい。

　　本書の出版に至るまで博英社の中嶋啓太法人長及び編集委員の西田明梨さんをはじめ、編集部の皆さんに大変お世話になった。懇切丁寧な編集作業を行ってくださって本書が大変読みやすくなったと思う。西田さんの修正、ご指摘がなかったら、はるかに読みにくい本になったに違いない。心から感謝申し上げたい。

2023年3月

金　容度

目次

第 1 章

本書の分析視点と日本の
企業経営の特徴概観

　1970 年代後半から 80 年代にかけて、世界市場における日本企業の高いパフォーマンスを背景に、日本企業のいろいろな活動を日本だけに存在する特殊な現象としてとらえ、「日本的」と名付け、称賛することが多かった。日本の企業経営にみられる特徴的な現象はすべて「日本的経営」とタイプ化された。

　ところが、1990 年代初頭のバブル崩壊からは、長らく、いわゆる日本の「失われた〇〇年」が叫ばれ、声高らかに日本の企業経営の問題点が批判される。「日本的経営」云々の主張も聞こえなくなった。確かに、長い時間が経ったため、日本企業の行動、経営活動の特徴も目まぐるしく変化してきたからであろう。

　本当に「日本的」といえるほど、多くの企業にみられる代表性を持つ現象だったのか、また、日本だけに表れる特殊なものだったのか、何がどのように変わっているのか、多くの疑問が次々に出てくる。しかし、日本企業の諸活動における特殊性と普遍性を学術的に整理している書物は見当たらない。そこで、本書は、戦後の長い期間を国際比較しながら、市場性と組織性の絡み合いという一貫した視点から、日本企業の活動、経営の特徴を描く。

　本章では本書の主な分析視点と本書の構成を提示した上で、戦後日本の企業経営の特徴を概観する。

1．本書の主な分析視点

(1) 国際比較

　日本の企業・経営に対する見方を単純化して分けると、特殊性を強調する見方（「特殊論」）と普遍性を強調する見方（「普遍論」）があるが、戦後、長い間、特殊論が主流であった。特に、戦後英語圏の日本研究は、日本の社会・経済・企業を特殊なものとみて、高く評価する傾向があった。例えば、ジェームス・アベグレンとソロモン・レヴィーンは、伝統的な

社会価値を変更しないまま日本の経済成長が可能だったし、日本の経営が成功したとみる。

　　ロナルド・ドーア、ジョンバーガー、ピータードラッカーなどの学者も、世界水準の品質と生産性を達成した日本企業の経営手法を特殊なものとみて、高く評価する。例えば、ドラッカーは、日本企業の長所を、効果的な意思決定 (合意に基く意思決定が行われ、決定には時間がかかるが、実行は速い)、雇用保障 (従業員の心理的保障) と生産性 (生涯訓練による生産性向上) 間の調和、若手管理者の育成に優れた仕組み (日本企業では大学の先輩、後輩からなる非公式グループがあるので、意思疎通に優れ、長期的、多面的な人事評価が行われる) に見出す (Drucker(1971))。

　　1970 年代後半から 90 年代前半にかけて、ヴォーゲル (1979) を始め、日本企業を称賛する研究がさらに多くなり、アメリカ研究者によって、日本の企業や経済の成功を分析した書物が相次いで出版された。日米の優良企業の共通点にも注目するオオウチ (1981)、パスカルとエイソス (1981) もあるが、ほとんどは、日本企業の特殊性だけをみている。

　　しかし、本当に日本の企業経営は世界的に類例を見ない特殊なものだったのか、また、普遍性があるとすれば、何が特殊で、何が普遍的なのかは明らかでない。それらの疑問は、他国との比較なしには、永遠の疑問に残るしかない。国際比較が必要になる。そこで、本書の第 1 の分析視点は国際比較の視点とする。

(2) 過去と現在の対話という視点 (＝長期の歴史視点)

　　すでに述べたとおり、戦後、日本企業の特殊性を重視する見解が多かったが、その評価は時期によって繰り返し変化した。例えば、1960 年代までは日本企業の特殊性は後進性、遅れの表れであると、否定的に評価された。しかし、1970 年代〜 90 年代前半には、日本企業の特殊性は、高い効率や高い競争力の源泉として肯定的に評価された。もちろん、アメリカのリヴィジョニストのように、日本の「異質」性を批判す

る論者もいたが (小林 (1997))、総じて、日本の特殊性は高く評価された。
2000 年代に入ってから、逆に、日本企業の特殊性は成長の限界を作り出
す原因として否定的に評価された。

　こうした評価の激しい移り変わりは、その時点での企業の業績、パ
フォーマンスの変化に影響された面が強い。業績がよければ、すべて高
く評価され、業績が悪ければ、すべて低く評価されたのである。だが、
こうした評価にはハロ効果 (halo effect) のように、事物を歪んで認識す
る問題点があったと思われる。ハロ効果とは、ある対象を観察する時、
その一部の特徴的な印象に引きずられて、全体の評価をしてしまう、歪
んだ認知効果であるが、企業を見る場合も、同じ問題が起こりえた。現
在の短期的な成果だけで企業を評価してしまう問題である。

　ところが、企業の現在の業績が良いからといって、悪いところがな
いはずはない。逆に、現在の業績が悪いからといって、その企業が良い
ところを持っていないはずもない。良さと問題点の両方をバランスよく
みる必要がある。そのためには、一定の時点だけを観察することをやめ、
長期的にみることが不可欠である。歴史的にみること、現在と過去の対
話を意識してみることである。そこで、本書は、現在と過去の対話とい
う視点から分析を行う。

(3) 市場性と組織性の絡み合いという視点

　日本企業の活動の特徴を論じる際は、主に組織性の強い活動が注目
され、それを日本特有の面と捉える議論が多い。例えば、終身雇用、年
功賃金制、同業企業間の協調、長期相対取引と系列、メインバンクシス
テム、安定株主による株式長期保有と株式の相互持ち合いなど教科書的
な市場原理では説明できない行動が多いからである。

　しかし、企業という組織の活動は市場の存在を前提に行われる。そ
のため、組織性だけでは成り立たない。市場も、組織的な面が浸透する
ことによって機能する。日本の企業活動も例外でないはずである。した
がって、具体的に日本企業の活動を見る場合、市場性と組織性の絡み合

いという視点が必要である。

　その際、本書でいう市場性と組織性の概念は以下のとおりである。まず、市場性と組織性を分ける基準は二つである。一つは資源がどのように配分されるかという資源配分の基準、もう一つは、その資源を活用して活動を行う各主体間にどのような関係が結ばれているかという主体間関係の基準である。第 1 の資源配分基準に関連して重要なのは、何を中心に資源配分が行われるか、また、どのように行われるかであり、前者が資源配分の指標・手段、後者が資源移動の自由度である。前者の資源配分の指標、手段は市場性では価格 (あるいは価格に準ずるシグナル) であり、組織性では計画、命令である。後者の資源移動の自由度については、市場性では自由であるのに対して、組織性では制限される。第 2 の基準の主体間関係については、主体間の競合の度合い、利害関係、関係の距離及び密接度の三つに分けられる。この三つの基準では、市場性は、競争関係、利害一致、遠い関係で特徴付けられるのに対して、組織性は、協調、利害一致、近く密接な関係で特徴付けられる（表 1-1）。

表 1-1　市場性と組織性の概念定義

基準		市場性	組織性
資源配分	指標、手段	価格 (あるいは、価格に準ずるシグナル)	権限に基づく命令
	移動の自由度	自由	制限 (高い移動障壁)
経済主体間関係	競争の度合い	競争	協調
	利害関係	対立	一致
	関係の距離・密接度	遠い、よそよそしい	近い、密接

出所：金 (2021)、9 頁。

2.　本書の構成

　2章以降の構成を示すと、以下のとおりである。まず、日本企業のトップマネジメントの特徴を論じるのが第2章であり、それを基にアメリカのトップマネジメントとの比較によって、日米の共通点と相違点を明らかにするのが第3章である。

　第4章から第7章まではこの経営者の規律付けの構造であるコーポレートガバナンスを取り上げられる。第4章は戦後日本のコーポレートガバナンス構造の特徴を、第5章では最近のその変化をそれぞれ分析する。第6章と第7章はコーポレートガバナンスの国際比較で、第6章では日本とドイツを、第7章では日本とアメリカをそれぞれ比較している。

　第8章から第11章までは日本企業の具体的活動の特徴を分析する。第8章では、研究開発活動の特徴を取り上げる。第9章と第10章では、労使関係・人的資源管理の日米比較を行う。第9章は戦後に入ってから1970年代までを、第10章はアメリカの労使関係が大きく変化した80年代以降をそれぞれ分析時期にする。第11章では、人材と共にもう一つの経営資源である資金の調達活動を分析する。

　第12章から第20章までは企業間関係を取り上げる。第12章では、先行研究に基づき、日本の企業間関係とアメリカのそれとの共通点を分析する。第13章から第15章までは企業と銀行間の関係を取り上げる。第13章では市場性と組織性を中心に、日本のメインバンクシステムの特徴を描き、第14章ではドイツのメインバンクシステムとの比較を行う。第15章はメインバンクシステムの機能と限界、最近の変化を分析する。第16章から第20章までは、日本における物の企業間取引の特徴と国際比較である。第16章では、多くの中小部品企業が参入して、その製品の国際競争力が高い自動車産業を取り上げ、部品の企業間取引の構図と形成史を分析する。第17章では、自動車部品の企業間取引の歴史を日米比較する。第18章では、鉄鋼メーカーと自動車メーカーの企業間取引の特徴を分析している。第19章では、鉄鋼メーカーと自動車メーカー

の企業間取引の歴史を日米比較している。最後の第 20 章では、グローバル化が進んでいる液晶部材産業における企業間取引を取り上げる。

3. 日本の企業経営の特徴概観

戦後日本企業の活動の特徴については、国際比較をしながら、本書全体を通して明らかにしていくが、ここでは、戦後日本企業の経営においてどのような特徴があったかをいくつかの側面を中心に概観しておこう。概観するポイントは、第 1 に、トップマネジメント及び経営の仕方、第 2 に、事業構造と組織構造、第 3 に、仕事の編成・運営方式の特徴、第 4 に、人的資源管理及び労使関係、第 5 に、企業間関係である。

もちろん、すべての日本企業に当てはまる特徴はありえないし、時期によって企業行動も変化する以上、戦後の全時期を通しての一貫した特徴を概観することはできない点を予め断っておきたい。ところが、多くの戦後の日本企業及び企業活動の「平均像」を示すことによって 2 章以降の各論分析の「地図」を提供する意義はあるだろう。

(1) トップマネジメント及び経営の仕方

同族企業、中小企業などでは、創業者やその一族が経営者になっているケースも少なくないものの、戦後日本の大企業では主に、内部昇進型のサラリーマン経営者が経営のかじ取りを行ってきた (金 (2017))。すでに戦前から雇われた専門経営者の進出が見られたが、戦後になると、同じ企業の中で長く勤続しながら経営陣にまで上り詰めた人材がトップに座る大企業が増えた。その限りで、戦後日本の大企業では、所有と経営・支配ははっきり分離されていた。

こうした「生え抜き型」の経営者は該当企業外部にも通用できる「プロ」としての社長のスキルを学習しているわけではない。それより、自

分が勤めてきた企業に限定される、企業特殊の経営スキルを学習したとみた方がいい。後任の経営者の選抜は前任者指名によってなされる。したがって、日本では、経営者の企業間移動が難しくなり、経営者市場も形成されなかった。

　同じ企業で若い時期から経験を積んできた経営者であるだけに、日本の生え抜き型経営者は企業内部の経営資源、特に、人的資源の蓄積を重視する姿勢を持つ。長期雇用が戦後日本企業に広がったのはこの点からも説明できる。

　また、経営者になるまで同じ組織での長年勤めた経験から、長期的な視点からの経営・投資の姿勢が強い。長期的な視点に立つ経営目標の設定は、即効性が期待できない技術開発に関連する投資を可能にし、研究開発の継続性、安定性を確保することができる (宮本、阿部、宇田川、沢井、橘川 (2007))。成果にまで長い時間がかかる設備投資、人材への投資に日本企業が積極的であったのもそのためであった。

　長期雇用を維持するために、企業は成長を重視せざるえなくなる。利益指向より成長指向の経営姿勢が強まり、売上高、市場シェアが重視される。というのも、長期雇用が多いがゆえに、人件費は固定費と見なされ、高い固定費比率で採算を維持するためには、操業度維持が重要で、そのためには、利益より生産量や売上高の拡大、市場シェアの維持・上昇を目指す戦略をとるようになるからである (伊丹・加護野 (1997))。長期雇用される者に、年功賃金を支払い続け、年功に応じたポストを提供するためにも企業成長は不可欠の条件であった (沢井、谷本 (2016))。

　こうした戦後日本企業の経営者属性、経営姿勢は、第3章で明らかになるように、ほぼ同じ時期の米大企業の経営者属性、経営姿勢と類似していた。

　また、日本の大企業では、トップマネジメントグループによる集団経営が行われた。経営のかじ取りを社長一人だけに任せるのではなく、経営陣というグループが担う傾向が強い。例えば、重要な業務執行に関する実質的な意思決定を常務会 (常務以上の役付の取締役によって構成)や経営会議で行う企業が多い。

(2) 事業構造と組織構造

① 事業構造

　戦後日本の大企業の事業構造は、大きな事業カテゴリーでみれば、単一事業の構造である。つまり、本業への依存度が高い。事業を拡大して多角化を進める場合には、関連多角化が多く、したがって、多角化の事業範囲は狭い傾向がある。

　こうした事業構造の特性も前述した経営者の属性と関連する。すなわち、本業で長く仕事をしてきた生え抜き型の経営者が多いだけに、本業以外の新たな事業についての知識も経験も持っていない。それゆえ、本業以外の新事業への多角化には消極的になる。また、内部昇進型経営者は、社内の経営資源の有効な活用を意識した経営を行う性向があるため、多角化を進める場合、既存事業から蓄積・整備された技術・ノウハウ、資源などを活用できる関連多角化を進めた。

② 組織構造

　世界的にみても、20世紀前半には、単一事業に特化した企業が多く、機能別組織をとった大企業が多い。しかし、その後、多角化を進める企業が増え、複数事業部制組織を採用する企業が多くなった。例えば、1980年、フォーチュン1,000社で米大企業の事業部制の利用率は約95％であった。日本では、33年、松下電器産業が初めて事業部制を採用し、60年代より事業部制を採用する大企業が多くなり、90年には上場企業の55％の企業が事業部制を採用した（加護野(1993)）。

　ただ、日本企業の事業部制は欧米の事業部制と異なる。製販分離の職能別事業部制である。職能別事業部制は、主として製造と製品開発に特化した製造事業部と、販売やマーケティングに特化した販売事業部が別個の事業部とされている組織である（図1-1）。欧米企業の中でも、IBMのような企業は職能別事業部制を採用するが、それはあくまで例外であり、日本のように多くの企業が導入しているわけではない（加護野(1993)）。

　この職能別事業部制では、製造事業部と販売事業部の間に取引が存

在し、計画、予算、命令系統によって事業部間調整が図られる。それが働かなければ、一般の市場により近い、企業内部の競争による。ただ、内部市場から自由に抜け出すことができず、要望や苦情で不満を表明するという点で市場取引とも異なる (加護野 (1993))。市場性と組織性の両方が働く組織といえる。なお、この組織で事業部の販売機能はあくまで「販売会社」への販売を対象とするに止まり、社外への直接的な販売は販売会社あるいは営業所が行う。これら販売会社や営業所が利益責任を持つ販売事業部である。

　具体的な組織形態は企業によって異なり、例えば、同じ電機・電子産業の中でも、日立と東芝は工場と事業部がそれぞれ利益責任単位で、事業部は営業、マーケティング、企画に特化し、製造や開発は工場に任せられている。この場合は、この事業部が販売事業部で、工場が製造事業部になる。しかし、同業の三菱電機は、製品分野別の事業部と、顧客別の事業部に組織を分けており、製販のそれぞれを事業部と呼んでいる。電機・電子産業だけでなく、他の産業分野でも職能別事業部制を採用する企業が多くみられる。例えば、鉄鋼業では、製鉄所が利益責任単位となり、販売の組織は独立した販売会社によって遂行される (加護野 (1993))。

図 1-1　　職能別事業部制組織

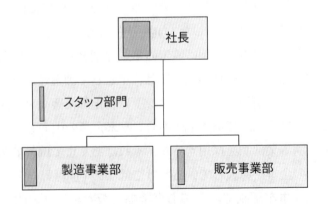

(3) 仕事の編成・組織運営の方式

　仕事の編成・組織運営の方式については、分業の原理で仕事が編成されるが、他方、協業も重要な作業原理である。職務間境界が曖昧であり、「協業に基づく分業」=「柔らかい」分業の組織運営である。この協業に基づく分業は、就職ではなく「就社」という仕組みに対応することであり、よって、労働力の企業間移動を制限し、長期雇用を促進する。また、仕事の編成では、広いジョブ・ローテーション (job rotation =定期的かつ計画的に、異なる部門の作業単位や職務に配置転換すること) が行われる。

　組織内での意思決定は U 字型で行われ、合意に基づく集団的意思決定がしばしばなされる。労使協調関係に基づき、TQC(=全社的品質管理 = Total Quality Control)、小集団活動などにみられるような広い社員参加がなされる。

　企業の諸活動、日常的な意思決定には現場が重視され、現場への権限移譲がなされている。「現場主義」である。現場主義が戦後の日本企業で強く浸透した理由の一つは、日本の経営者が長年現場で経験しながら育った内部昇進型であることにある。

　技術開発活動においては、市場・ニーズ指向性が強く、営業や製造現場からの意見・要望が積極的、かつ頻繁に取り入れられる。製品開発にも現場主義が貫かれているのである。よって、積み上げ的な (incremental) 技術革新、製品と生産工程の漸進的改善に強みを発揮している。

　技術部門と事業部の人事交流・ローテーションに基づく、部門をまたがる密接な連携や協力が行われ、「ラグビー型開発方式」で情報のリダンダンシーが有効活用されている。開発の領域にも「柔軟な分業」、「協業に基づく分業」が行われているのである。そのため、開発のフレキシビリティが高く、製品開発のスピードも速い。

(4) 人的資源管理及び労使関係

　人的資源管理及び労使関係における戦後日本企業の特徴をみれば、まず、採用については、新卒の定期一括採用であり、学歴・学校歴を区別して採用を行う。

　雇用期間と賃金については、長期雇用が多く、労働者の定着率が高い。長期勤続を奨励する福利厚生施策が施されている。昇進、解雇に関しても、勤続が長い従業員を優遇する「先任権」制度が定着している。中核労働者の長期雇用、勤続奨励的な福利厚生施策、先任権制度は、少なくとも1970年代までの米大企業との共通点である。

　長期雇用者については年功(序列)賃金が支払われており、査定を伴う定期昇給制度が年功賃金制を支える。この年功賃金制では、勤続年数に応じて賃金は単調に増加するのに対して、従業員の生産性はある年齢でピークに達して、それ以降行き詰まるか下落する(図1-2)。したがって、年功賃金制は、従業員と企業とのアンバランスな交換関係を含んでおり、このアンバランスは、従業員にとって一種の投資である。その還付は企業の業績によって左右される一種のリスク投資なのである(伊丹(1987))。

| 図1-2 | 年功賃金と生産性の概念図 |

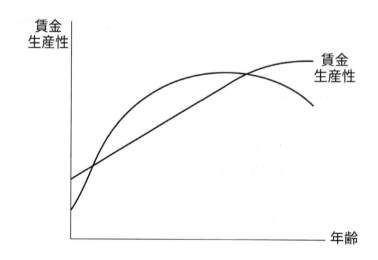

　　人的資源管理については、(強い) 人事部による集権的な人事管理が行われ、従業員の遅い昇進が特徴である。

　　日本企業では、人事管理を全社の人事部が中心になって行う。つまり、人事に関してはかなり集権的であり、直属上司の持つ人事権は業績評価程度で限られる。したがって、日本企業は分権的仕事決定 (現場主義) と集権的評価決定 (人事部) を組み合せた人的資源管理を行っているといえる。現場主義は社内での人材教育方式にも表れ、現場で働きながら技能・知識を修得する OJT(On the Job Training) が主な人材育成の方法になっており、研修など Off-JT(off the job training) は補助的な方法である。

　　また、日本の大企業では、欧米企業と比べ、主に大卒男子の場合、「遅い昇進選抜方式」が実施され、課長職までの 10 ～ 15 年間には格差をつけない。最初の 10 ～ 15 年間、多少の失敗をおかしても、その後頑張れば取り返しがつくと考えられ、結果として厳しい貢献競争が行われる。つまり、長期的な評価と長期的な選抜の結果、組織の人々の間には長期的内部競争 (個人間の長期的な競争) が生まれる。

　　労働組合については、1952 年の「電産・炭労争議」、53 年の日産争議などでの産業別組合の敗北、54 年の全日本自動車産業労働組合の解消を経て、企業別組合が広がり、定着した。激しい労働争議の経験からの教訓、内部昇進型経営者が多いことなどが影響し、この企業別組合と経営者の関係は協調的になった。他方、労組の最も重要な関心は雇用安定に置かれたが、この点はアメリカの産業別組合でも同じであった。

(5) 企業間関係

　　日本の企業間関係には長期相対関係 (特定少数の相手との間に継続的に結ばれる関係) の特徴が広く現われている。こうした長期相対関係は組織性が強い企業間関係であるが、市場性も帯びており、組織性と市場性が絡み合っていた。

　　日本で特徴的な企業間関係は垂直的な関係と水平的な関係に分けることもできる。その代表的な例をみていこう。

① 垂直的な企業間関係

　まず、垂直的な企業間関係はパワーの上下、あるいは強弱が明確である企業同士の関係である。代表的な例は系列関係である。例えば、トヨタ系〔＝グループ〕、パナソニック系〔＝グループ〕などといわれる企業間関係である。

　系列は二つの関係に基づいて形成される。一つは取引に基づく取引系列であり、もう一つは買収・出資に基づく資本系列である。取引系列の例としては、製造企業間のもの・作業の取引系列や、製造企業と流通業者 (特約店、ディーラー) 間の取引に基づく系列、卸売業者と小売業者の取引に基づく系列 (＝流通系列) などが挙げられる。資本系列の例としては、親子会社関係、関連会社との関係などが挙げられる。特定の部品、部分品、作業を受発注する下請関係も垂直的な企業間関係に該当する。概念的には、系列と異なるが、現実では、系列と重なる場合が多い。こうした系列、下請は海外にも多く見られることであり、その限りで、日本特有の企業間関係とはいえない。

② 水平的企業間関係

　他方、パワーの上下、あるいは強弱が明確でなく、基本的に、対等である企業同士の関係は水平的な企業間関係である。トヨタと新日鉄など大企業同士の取引、中小企業同士の企業間取引がその典型的な例である。大手銀行と大手企業間の長期相対取引に基づくメインバンク関係も水平的な企業間関係の例である。

　企業集団もその例に当る。代表的なのは旧財閥系の三井、三菱、住友の3大企業集団に加えて、融資系列を契機に作られた銀行系企業集団 (第一勧銀系、富士銀行系 (芙蓉系)、三和銀行系の企業集団) である。これら企業集団では集団内の社長の定期的な集まりである社長会があり、また、集団内に大手銀行や総合商社が存在する上、集団内の取引もかなり多い。ただ、2000年代初頭に大手銀行間の合併過程で、企業集団間の垣根が崩れた面がある。

③ その他の企業間関係

　垂直、水平の両面の企業間関係の例として集積 (産業集積、商業集積) がある。特定地域に、同業種や異業種の企業が集まり、複合的な関係を形成している。例えば、東京大田区、秋葉原、東大阪が有名であろう。ネットワーク構造の水平的な企業間関係の色彩が強い集積もあれば、大手企業の城下町のような垂直的な企業間関係の色彩が強い集積もある。ただ、こうした集積は、必ずしも日本だけにみられるものではない。米シリコンバレーやイタリア北部の集積地など海外にも集積は少なくない。

参考文献

伊丹敬之 (1987)『人本主義企業』筑摩書房。

伊丹敬之、加護野忠男 (1997)『ゼミナール経営学』日本経済新聞社。

ウィリアム・オオウチ (1981)『セオリー Z』CBS ソニー出版。

エズラ・ヴォーゲル (1979)『ジャパン・アズ・ナンバーワン』TBS ブリタニカ。

加護野忠男 (1993)「職能別事業部制と内部市場」『国民経済雑誌』(神戸大学経済経営学会) 第 167 巻第 2 号。

金容度 (2017)「戦後日本のサラリーマン経営者の属性とキャリアパス－日立、東芝、三菱電機－」『経営志林』(法政大学経営学会) 第 54 巻第 3 号。

金容度 (2021)『日本の企業間取引－市場性と組織性の歴史構造』有斐閣。

小林正彬 (1997)「経営近代化の国際比較－アメリカの日本研究に見る」(森川英正、由井常彦編『国際比較・国際関係の経営史』名古屋大学出版会)。

沢井実、谷本雅之 (2016)『日本経済史－近世から現代まで－』有斐閣。

ジェイムス・アベグレン (2004)『日本の経営』日本経済新聞社 (James Abegglen (1958). *The Japanese factory: Aspects of Its Social Organization*. Glencoe, IL: Free Press)。

ソロモン・レヴィン (1958)『日本の労使関係』ダイヤモンド社 (Solomon B.Levin(1958). *Industrial Relations in Postwar Japan*, University of Illinois Press)。

宮本又郎、阿部武司、宇田川勝、沢井実、橘川武郎 (2007)『日本経営史〔新版〕』有斐閣。

リチャード・パスカル、アンソニー・エイソス (1981)『ジャパニーズ・マネジメント』講談社。

Drucker, P.(1971). "What we can learn from Japanese management," *Harvard Business Review*, March-April.

第 2 章

日本企業の
トップマネジメント

　経営のかじ取りを担い、企業経営の方向性に大きな影響を与えるのが経営者である。日本の企業システムを論じる際に欠かせないプレーヤーである。そこで、本章では、戦後日本企業の経営者が平均的にどのような特徴を持つかを明らかにする。主に、トップマネジメントのキャリアと属性、経営者報酬、経営姿勢などにおける特徴をみた上で、その評価を試みる。

1. トップマネジメントのキャリアと属性

(1) 戦後の支配的な経営者タイプ

① 専門経営者

　まず、経歴を基準にして経営者のタイプを分けた場合、戦後日本企業のトップマネジメントはどのようなタイプが多かったかをみておこう。

　何を基準にどの点を重視するかによって経営者のタイプ分けは様々であるが、ここでは、資本家型、権力者型、企業家型 (専門経営者とオーナー経営者) の三つのタイプの経営者に分ける (森川 (1993))。そのように分けると、戦後日本企業の経営者のほとんどは企業家型経営者、中でも専門経営者、いわゆる「サラリーマン経営者」に該当する。

　すでに戦前に、大企業では、企業家型経営者、特に、専門経営者の進出が明確になっていたが、戦後になって、その傾向が一層鮮明になった。すなわち、日本の大企業のトップマネジメントから資本家型経営者が大幅に姿を消し、彼らを専門経営者が代位した (森川 (1993))。

　その発端は戦後改革、特に、GHQ が実施した財界パージ (追放令) から与えられた。GHQ の指令によって、資本金 1 億円以上の会社と戦争協力的と目された企業、あわせて 250 社の経営者 (主として常務取締役以上の役員) が、10 年間の追放措置の適用をうけて引退を余儀なくされた。その結果、1946 〜 48 年に、合計 3,600 人に上る会社の幹部経営者がその地位を去った (ヒルシュマイヤー、由井 (1977))。

　こうしたパージの影響で、大企業のトップの地位にあったオーナー経営者が完全に退陣することによって、経営陣のほぼすべてが専門経営者によって構成されるに至った (宮島 (1992))。1950 年の改正商法で、経営者たちの株主はほとんど取るに足りないものとなった。所有と経営の分離が進んでオーナー経営者の存在感が低くなったのである。50 年代後半、1,500 人の経営者の中で、自社株式の数％から 20％台までの持ち分を持っているのは 99 名に過ぎず、大株主としての雇用型経営者はわずか9 名しかいなかった。オーナー経営者は戦後では稀な存在になった (青沼 (1958))。

　ただ、終戦後、追放令の対象企業でもなかった企業群の中には、鹿島、トヨタ、松下、出光、サントリー等のように、オーナーがトップ経営者を兼ねるオーナー企業も少なくなかった (森川 (1993))。業種や企業規模によっては創業経営者が経営のかじ取りをするケースも少なくなかったのである。三品、日野の推計によれば、1960 年代から 70 年代初頭にかけて、大企業中の大企業を除き、それより小さい規模の企業では創業経営者が主力をなしており、電機精密会社では創業経営者が全体の約半数を占めたとされる (三品、日野 (2011))。

　しかし、家族企業のトップマネジメントにおいても、専門経営者の進出が著しく、味の素、ブリヂストン、清水建設、松坂屋等のように、トップマネジメントの中枢部にまで専門経営者が入り込んだ家族企業も存在した (森川 (1991))。前述の三品、日野の推計で、上位 50 社では、1965 年と 80 年にごく少数の創業経営者が残り、95 年には姿を消した。創業経営者の比率が高かった電機精密業界においてすら 65 年から 95 年にかけて創業経営者は半減し、95 年には経営者のうち 1 割に止まった (三品、日野 (2011))。

②　内部昇進型経営者の多さ

　さらに、経歴を基準に経営者を分類すれば、①所有者、②派遣、③内部昇進 (生え抜き型と中途採用)、④外部招聘、⑤同系企業からの異動、の 5 つに類型化できる (川本 (2009))。この分類基準からいえば、戦後

日本企業の経営者は専門経営者の中でも、③の生え抜きの内部昇進型の比重が高まり、圧倒的になった。戦後日本大企業の圧倒的多数で、トップマネジメントの座を専門経営者が占めたが、そのほとんどは内部昇進のキャリアを経た者であった。経営者の主流は、既成の有力会社の中で一社員の地位から勤務し続けた人々によって構成された (ヒルシュマイヤー、由井 (1977))。日経 225 のデータによれば、日本の社長の多くは、社内で 40 年程度過ごしており、これらの社長の多くは、従業員が昇進し、役員となり、やがて社長になった (久保 (2010))。その限りで、戦後の日本の経営者の特徴は内部昇進型であった (武田 (2020))。

　内部昇進型の社長が台頭するきっかけも、前述した戦後改革にあった。当時の経営陣が全面的に後退し、特に、財閥直系企業の旧専門経営者の交代が促された。それに代わって新経営者は内部昇進の専門経営者によって占められ、内部昇進者の優位が明確になった (宮島 (1995))。例えば、鉱工業上位 100 社の経営者の中で内部昇進型の専門経営者の比率は、1937年の 37％強から、47 年に 8 割にまでなった。こうした生え抜き型経営者の比重上昇は、重工業、軽工業のいずれにおいてもみられた (表 2-1)。

表 2-1　終戦直後の専門経営者、内部昇進経営者　　　　（単位：名、％）

	鉱工業上位 100 社		重工業		軽工業	
	1947	1937	1947	1937	1947	1937
N	133	105	96	65	37	40
専門経営者 (内部昇進)	106 79.7	39 37.1	76 79.2	24 36.9	30 81.1	15 37.5
専門経営者 (外部経営者市場)	11 8.3	22 21.0	8 8.3	15 23.1	3 8.1	7 17.5
所有型経営者	16 12.0	44 41.9	12 12.5	26 40.0	4 10.8	18 45.0

出所：宮島 (1995)、102 頁 (資料は、『株式会社年鑑』、『人事興信録』、各社『社史』、各社『正式記録』)。

　その後も、トップマネジメントは内部昇進型経営者が主流であった。前述した三品、日野の上位 50 社社長データからの推計によれば、1965 年にすでに半数を占めていた新卒採用経営者が 80 年までにさらに増加し、7 割弱を占めた (三品、日野 (2011))。久保の推計によれば、80 年代〜 2000 年代前半の 461 の社長交代のうち、その多くが従業員出身社長から従業員出身社長への交代であった。全体の社長交代の 76.1%、従業員出身社長の交代の 93.5% で後任社長が従業員出身であった (表 2-2)。内部昇進型が大企業のトップマネジメントの主流である傾向が続いているのである。

表 2-2　退任する社長と後任社長の出身　　　　　　　(単位：人)

退任社長	後任社長			
	従業員出身	創業者一族出身	外部出身	合計
従業員出身	351	8	16	375
創業者一族出身	17	5	4	26
外部出身	33	3	24	60
合計	401	16	44	461

出所：久保 (2010)、91 頁。

(2) 学歴と在学中の専門

　大企業社長の学歴をみれば、すでに 1960 年代初に、大企業経営者で大学あるいはそれと同等の高等教育機関を卒業した者の割合が 9 割に達していた (ヒルシュマイヤー、由井 (1977))。伊丹の推計によれば、1955 年から 91 年までの 36 年間、278 名の大企業社長のうち、大卒者の比率は 80.6% であり、70 年代半ば以降の社長就任者のほとんどが大卒者であった。73 年社長が大卒である割合は 77% で、91 年社長のそれは 96% にも達していた (伊丹 (1995))。田中、守島の推計では、大企業社長の大卒比率は、60 年に 77.5%、90 年に 9 割であった (田中、守島

(2004))。日本大企業の経営者を学歴面からみれば、やはり高学歴であったのである。

　また、戦後の長い期間、経営者は理系より文系出身が多数派であった。1960 年代前半の状況をみれば、入社後、現場よりも事務職につき、長い経験年数をかけて昇進し、社長にまでなる者が多数派であった (萬成 (1965))。伊丹の推計では、55 年社長の専門分野が理系である割合は35％であり、55 〜 91 年の理系出身の社長の比重は 40％前後で、大きく変動しなかった (伊丹 (1995))。田中、守島の推計で、戦後の大企業経営者のうち、大卒・理系出身者は 3 割程度の水準で横ばいかむしろ若干の低下傾向にあった (田中、守島 (2004))。大手メーカーの新卒採用者数では理系出身者が多いのが通常だったことを考慮すれば、社長のうち理系出身比重はかなり低かったといえる。文系出身者が相対的に社長になりやすかったのである (伊丹 (1995))。

(3) 入社後のキャリア

① 一社での長い勤続

　戦後の日本大企業社長で圧倒的に多かったのが内部昇進者であったということは、同じ企業で長く勤続しながら昇進の階梯を上ってきた社長が多数派であったことを意味する。

　ただ、終戦直後の 1940 年代後半は異なった。大企業の社長になった経営陣の中には、社内での長い経験の一部を省いて社長昇進した者が多かった。その理由は GHQ による追放令であった。追放された専門経営者に代わって、経営の権限と責任を継承した人々は、地位も年齢も低く、工場長、部長、企画室長など、平取締役以下の地位から抜擢された。平取締役、さらには部長、工場長、支店長等のアッパーミドル・クラスの後輩たちがトップマネジメントに躍り出た (森川 (1993)；ヒルシュマイヤー、由井 (1977))。特に、戦後の財閥直系企業の経営陣はほとんどこれまで経営者としてのトレーニングを欠く「専門経営者」によって占められた (宮島 (1992))。

　　1950 年代以降、大企業のトップマネジメントは一つの企業で長く働いただけでなく、その勤続年数がそれまでの社長組に比べはるかに長かった。62 年の調査で、経営者の 46％が生涯を同一の会社で過ごしており、60 年代前半の社長の半数近くが入社後勤務先を変えなかった者であった(Yoshino(1968)；萬成 (1965))。大企業社長の典型的なキャリアは、「大学教育を終えたのち、職業生活の初期に特定の産業に入り」、「一つの企業でのみ働き、上役によって任命される会社内の一連の地位を登って、ついに企業の指導的地位に達する」ことであった (萬成 (1965))。彼らの大多数は同一企業か、せいぜい関連企業のなかで一歩ずつ規則的に昇進し、ふつう最年長者でラインの上位者が順次社長に就任した (ヒルシュマイヤー、由井 (1977))。2000 年代に入っても、その傾向は変わらず、新卒で入社し、30 年や 40 年をかけて類似の経験を積み重ねた、同質性の高い社員の中から長期の社内競争で勝ち残った者が社長の地位にたどりついていた (三品、日野 (2011))。

②　経験した職種

　　この長い勤続の中で、社内でどのような職種を経験したかについては包括的な調査がないが、断片的な調査結果は一部ある (加護野他 (1983)；萬成 (1965))。萬成の調査によれば、1960 年代前半、ビジネス・エリートのうち、営業部門出身が 30％、経理・総務部門出身が 18％、製造・技術部門出身が 26％、その他の部門からの出身が 26％であった。営業、製造そして本社の事務部門で経験を積んで育った者が社長になる確率が相対的に高かったといえる。

　　その約 20 年後の加護野らの調査でも、日本企業では生産、営業などの出身者がトップに多かったとする (加護野他 (1983))。事務部門より営業や製造の現場経験を長く持っている者の方が社長になる可能性が高かったのである。特に、製造企業の場合、トップに技術出身が多い。「生産」こそ戦略の出発点と考えている企業が多いからであろう。

　　ただし、生産・製造畑だけでなく、営業畑を経た者も多く社長になったとすると、特段、社長に文系出身が多い理由もないと思われる。だが、

前述したように、戦後一貫して、文系出身が日本の大企業社長の多数派
だった。この二つの事実を考え合わせれば社長になった者の在学中の専
門と、入社後の職種の間にはそれほど強い相関関係はなかったといえる。
日本での高等教育も、経済諸科学、理工学、法律学といった内容が、企
業経営に直結していなかったのである (萬成 (1965))。

③ 役員就任年齢及び役員在任期間

　内部昇進型の社長が多かっただけに、社長に就任する前に同じ企業
の役員を歴任する者がほとんどであった。したがって、従業員としての経
験の後、役員になり、役員として働いたことも、社長の重要な社内キャリ
アになる。そこで、役員に就任した年齢と、役員在任期間をみておこう。

　まず、社長の役員就任年齢は遅くなる傾向がみられる。例えば、伊
丹の概算によれば、1991 年社長が役員になったのは 49 歳のときであり、
これは 75 年社長より 4 歳半ほど遅い役員就任であった。役員就任年齢
が高齢化したのである (伊丹 (1995))。

　20 世紀後半の全期間の平均については、例えば、田中、守島の概算
で、1957、72、87、2001 年の 4 時点の上位 100 社の歴代 714 名の社
長は、役員 (取締役) に就任した年齢が平均で 50.1 歳であった (田中、
守島 (2004))。伊丹の概算によれば、55 年、73 年、91 年時点の大企業
社長の平均で、役員就任時の平均年齢は 48.3 歳であった。概して、20
世紀後半、日本の大企業社長は 48 ～ 50 歳に役員になったといえる。20
歳前後に入社したと仮定すれば、同じ企業で 30 年近く勤めて役員になり、
その後、一定の役員在任を経て社長になったことになる。

　そこで、その「一定」の役員在任期間がどのぐらいだったかをみて
おこう。先述の伊丹の概算では、20 世紀後半に役員就任から社長就任
まで平均して 11 年であり、田中、守島の概算でも、上位 100 社の歴代
714 名の社長が社長になるまで約 10 年の役員経験を積んでいた (伊丹
(1995)；田中、守島 (2004))。

　ただ、時期による変化もみられた。戦後混乱期 (1946 ～ 50 年) の新
社長の役員経験は 4 年以下と短かった。しかし、50 年代前半の社長就任

者は役員経験が一気に 8.2 年へと長くなった。役員経験の長期化はその
後も続き、50 年代後半から 60 年代には、新社長の役員経験が旧社長の
それより 5 年強は長くなり、70 年代初めの社長就任者は 15.8 年という
長い役員生活の果てに社長になった人達であった。50 年代と 60 年代の
20 年間は、社長の役員年数が長くなって、長い役員経験での社長登用が
顕著になったのである (伊丹 (1995))。

　しかし、石油危機を境に、社長就任者の役員経験年数が一転して短
くなり、短い役員経験での社長登用が始まった。1970 年代前半に新社長
になった者の役員経験年数が 15.4 年で、ピークであり、それ以降、後継
社長たちの役員経験年数は減り続け、91 年に社長になった人々の平均役
員経験年数は 8 年になった (伊丹 (1995))。田中、守島の推算結果も同じ
であった。80 年社長以降どの役員ポストの経験年数も減っており、70
年社長に比べ、2000 年社長は役員経験年数が 2 年半短くなっている (田
中・守島 (2004))。

　このように、オイルショック後に就任する社長は、役員修行期間が
段々短くなっていたが、これは、前述した、役員就任年齢が高くなって
いったことに負うところも大きいように思われる。つまり、従業員経験
年数の上昇につれて、役員経験年数が短くなった面がある (田中・守島
(2004) ; 伊丹 (1995))。

(4) 社長就任年齢

　次に、社長就任時の年齢であるが、20 世紀後半を通して平均で約
61 歳が社長就任年齢であった (伊丹 (1995))。田中、守島の調査では、
60 歳代に社長就任した者が全体の 6 割強を占めており、70 歳代で社長
に就任した者も少なくなかった (田中、守島 (2004))。

　混乱期の終戦直後に生まれた社長の年齢はかなり若く、平均で 52.6
歳であった (伊丹 (1995))。旧経営者に比べれば、著しく若返った新経営
陣であり、1950 年のトップ経営者には大戦中に比べて 60 歳以上の比重
が半減した。彼らが経営権を引き継いだ時、前任者たちよりも 10 歳も

年下であった (宮島 (1992) ; ヒルシュマイヤー、由井 (1977))。

　　しかし、1950 年代以降数十年間、一貫して経営者の平均就任年齢
は高まった。社長就任の高齢化現象である (三品、日野 (2011) ; 伊丹
(1995))。まず、50 年代を通して、社長の高齢化が急速に進んだ。そし
て、50 年代後半には最高経営層の過半が 60 歳以上によって占められ、
また、50 歳後半から 60 歳前半の年齢層が最高経営層の 7 割になった (青
沼 (1958))。

　　1960 年代前半にも社長となる年齢が次第に高くなり、新社長は旧
社長よりも平均して 2 〜 4 歳、歳をとってからの社長就任だった (伊丹
(1995) ; 萬成 (1965))。73 年の日本の代表的企業群の社長が社長に就任
した年齢は 56 歳で、55 年の社長より 3 歳以上年をとって社長になった。
その後も、社長就任の高齢化が進み、91 年の社長は、73 年社長よりもさ
らに 3 歳ほど年をとってから社長に就任した (伊丹 (1995))。2000 年代
社長の大半は 50 歳代後半から 60 歳代前半で社長についた (田中、守島
(2004)。

　　入社時の年齢は過去とそれほど変わらないはずであるから、社長就
任年齢の高齢化は、入社してから社長になるまでの年数が以前に比べて
多くかかったことを意味する。また、社長就任年齢の高齢化は、取締役
になるまでの期間 (従業員経験年数) の長期化にも由来する (田中、守島
(2004))。つまり、遅い役員昇格が社長就任年齢の高齢化の重要な理由で
あった。実際に、伊丹の推算で、1955 年、73 年、91 年の 3 世代の平
均社長像をみれば、社長就任年齢が高くなっていると同時に、役員就任
年齢も遅くなっていった。前述したように、91 年の社長は、73 年社長
よりも 3 歳ほど年をとってから社長就任したが、彼らが役員になったの
は、前の世代の社長より 4 歳半ほど遅かった (伊丹 (1995))。

　　他方、社長就任年齢において個人によるばらつきは段々小さくなっ
ている。伊丹の概算によれば、社長就任年齢のばらつきが、1960 年代前
半には 7.4 歳であったものが、80 年代後半の社長就任者の場合、3.7 歳
と丁度半分まで落ちてきている (伊丹 (1995))。田中、守島の推計結果も
類似している。すなわち、80 年社長以降は就任年齢の標準偏差が低下し、

とりわけ、90 年以降の社長で急激に低下している (田中、守島 (2004))。
社長就任年齢の相場がますますはっきりしてきたのである。

2. 社長の在任期間、退任、交代

(1) 社長在任期間

① 短任期の傾向

　20 世紀後半、日本の大企業経営者の社長在任期間は平均で 8 年程度
であった。伊丹の推計では、上位 100 社の 278 名社長の平均在任年数は
8.6 年であり、田中、守島の推計でも、主要 100 社の歴代社長 714 名の
平均社長任期は 8 年弱であった (田中、守島 (2004))。傾向としては、20
世紀後半を通して社長任期が短くなった。時代を下るにつれて、社長たち
の任期の上限が次第に抑えこまれ、新社長の在任年数が短期化した (伊丹
(1995) ; 田中、守島 (2004) ; 三品 (2004))。

　ただ、社長任期の短縮が顕著になったのは 1970 年代以降であり、総
じて、高度成長期には大企業社長の在任期間は著しく長い水準で安定して
いた。多くの先行調査によれば、1950 年代と 60 年代の大企業社長の任
期は 10 年前後であったとされる。もちろん、中には、15 年以上の在任
した社長もかなりいた (伊丹 (1995) ; 萬成 (1965) ; 三品、日野 (2011))。

　しかし、1970 年代以降、社長在任年数は一貫して下がり続けた。
伊丹の推計で、80 年代後半の社長退任者では、平均在任期間は 6.1 年
で、20 年前の 60 年代後半の退任者の 12.4 年の半分以下であった (伊丹
(1995))。他の推計では、50 年代から 60 年代まで平均 10 年程度であっ
た社長の在任年数は、70 年代には平均 8.2 年、80 年代は 6 年、90 年代
に 5.2 年と短くなっていたとされる (久保 (2010))。90 年社長で在任期
間が 10 年を割り込み、2000 年社長はちょうど 5 年となったという推計
もある (田中、守島 (2004))。2000 年代に入っても、長任期の社長が現
れにくく、2003 年時点での、「退任済み社長」で、4 年ないし 6 年の在

任期間が 27.1％で最も多く、2 年超〜4 年以下が 18.7％で、合わせて 2 年超〜6 年以下で全体の半数弱も占めていた。2010 年の社長の標準的な姿は、社長地位にたどりつくや否やわずか数年で会社を去ることであった (三品、日野 (2011)；田中、守島 (2004))。

② 社長の「ポスト化」

このように社長短任期化が続く中で、1980 年代以降、社長在任年数の個人間ばらつきは急速に縮小されていった。つまり、社長在任年数で横並び傾向が強まって、世間相場ができ、「社長のポスト化」が進んだ (伊丹 (1995)；田中、守島 (2004))。前述したように、社長就任年齢のばらつきが小さくなったことを考え合わせると、大企業における社長就任高齢化と短任期化の傾向がセットになっており、そこから外れる社長はますます少数になり、高齢の短任期社長の「ポスト化」が定着したといえる。

(2) 社長の退任及び交代

① 社長退任年齢

戦後日本の大企業社長の退任年齢はほぼ固定化されていった。前述したように、特にオイルショック期以降、社長の短任期化が退任年齢を押し下げた半面、社長就任の高齢化は退任年齢を押し上げ、変化が相殺され、社長退任年齢が一定に固定化されたことが推論できる。

実際に、伊丹の推計では、1955 〜 91 年の 278 名社長の退任時平均年齢は 67 〜 68 歳で安定した動きを見せた (伊丹 (1995))。田中、守島の推計でもほぼ同じ傾向がみられ、平均 67.8 歳に社長が退任していた (田中、守島 (2004))。さらに、退任年齢の標準偏差も長期トレンドとして低下した (田中、守島 (2004))。社長退任年齢のばらつきは、すでに 50 年代から就任年齢のそれより小さかったが、時間が経つにつれ、そのばらつきがさらに小さくなったのである。退任のパターンについての横並び現象であり、社長の就任・退任の年齢に横並び傾向が時とともに強まってきたといえる (伊丹 (1995))。

② 社長の交代

　次に、社長の退任と新社長の就任が重なる社長交代についてみておこう。

　前述したように、終戦直後のパージで、大企業では半強制的に社長の交代が強いられた。宮島によれば、戦後改革過程で経営者の交代が多く見られ、既存経営者の「生存率」が 72％であり、これは戦前の昭和恐慌期 (1928 ～ 34) より低い水準であった (宮島 (1995))。逆に、終戦後、社長の交代確率が 30％近くにもなったのである。ドラスティックな変化であり、その限りで異常の時期の現象であったといえる。

　それ以降は、長い期間にわたって、4 年または 6 年で規則的に社長が交代する傾向が強まった。交代確率が安定していたことであり、急な社長交代は珍しかった。すでに述べた、社長任期の相場が形成されつつあったこととも整合的である。

　ただ、社長の交代確率が長期にわたって徐々に上昇する傾向も確認できる (久保 (2010))。例えば、社長の交代確率が 1970 年代、80 年代、90 年代にそれぞれ 13.1％、14％、15.1％と上昇傾向にある (久保 (2010))。しかし、その上昇のスピードは遅い。総じて、戦後の日本大企業の社長交代はそれほど頻繁ではなく、かつ、概ね規則的に行われたということができる。

③ 社長の交代及び退任の要因

　日本の大企業で、社長の退任を決める要因は何か。先行研究から社長の交代要因をみてみよう。

　まず、前述したように、社長が規則的に交代する傾向が強まった。それは、突然の社長交代は少なかったこと、それゆえ、短期的な要因による社長交代は少なかったことを意味する。社長交代の短期要因として有力であるのは、利益率、株価など企業業績であるが、日本の場合、企業業績と社長交代の関係は弱く、業績が悪化しても、交代しない社長の方が多かった (久保 (2010))。

　大企業では、社長退任後にも、しばしば会長等に就任して最高経営

者の構成員に留まり、企業経営に関わり続けるという「慣習」が、1950
年代の後半期以降普及した (ヒルシュマイヤー、由井 (1977))。Kang と
Shivdasani の研究によれば、85 〜 90 年、ムーディーズの国際レポート
掲載の日本企業 270 社で、194 件の社長交代のうち会長になったのは
111 件にも上った。退任後、会長になる社長交代が多かったのは、業績
との関係が弱かったことを示唆する (Kang and Shivdasani(1995))。社長
交代の多くは、業績悪化の責任を問う懲罰的なものというよりはルーティ
ン的なものであるとみてよかろう。社長の「ポスト化」現象が社長交代
の実態からも読み取れるのである。

　　ただ、強い要因とはいえないものの、企業業績が一部の経営者交代
に影響した面は否定できない。前述の Kang と Shivdasani の研究で、税
引き前の営業利益が小さいほど、また、経常利益の赤字が大きいほど、トッ
プ経営者の更迭が生じやすくなっていた (Kang and Shivdasani (1995))。
1990 〜 2013 年、東証第一部上場企業からランダムに抽出した 500 社
を対象として経営者交代の決定要因をみれば、経営者交代が感応する企
業業績指標が、97 年の銀行危機以降、ROA から ROE ならびに株式リ
ターンに移りつつあった (宮島編 (2017))。また、前述した久保の推計で、
80 年代〜 2000 年代前半の社長交代で、業績が極端に悪ければ外部出身
者が後任になった。従業員出身者が社長を務める企業において、後任が
外部出身者となるのは懲罰的な意味が含まれるといえる (久保 (2010))。
短期的な企業業績の悪化が社長交代を促した例も少なくないのである。

　　しかし、すでに述べたように、社長在任年数のばらつき、社長退任
年齢のばらつきが小さくなり、在任期間と退任年齢に世間相場ができて、
それに従うケースが多くなっていた。したがって、総じて、特定個人の
社長に悪い業績の経営責任を問う懲罰的な社長更迭は限られたと見るこ
とが妥当であろう。

3. 日本の経営者報酬

　一般に、経営者報酬は企業経営者にとって一方ではインセンティブ
として、他方では、規律付けの手段として機能する。アメとムチの両機
能である。また、経営者報酬は株式所有構造、債権者の関与など外部ガ
バナンスのあり方、取締役会の機能と密接な関連を持ち、従業員のイン
センティブ・システムや企業内部の権限分配の仕組みとも補完的な関係
にある (宮島編 (2011))。経営者報酬は、経営者の活動、企業活動に極め
て重要な要素であるのである。そこで、日本企業の経営者報酬について
みておこう。

(1) 経営者報酬の特徴

① 経営者報酬水準の低さ及び従業員給与との格差の小ささ

　企業規模の大きい企業ほど経営者報酬が高くなる傾向がみられるも
のの、日本の経営者の報酬は低く、米国の経営者と比較すると、巨額な
報酬を得ていない (Kato and Rockel(1992))。日本の常務以上の取締役会
メンバーの平均報酬は、米 CEO の報酬と大きな差がある (坂和、渡辺
(2010))。例えば、2015 年、日本の大企業の経営者報酬の平均は 1.27 億
円であり、同規模の米企業の 14.3 億円、英国の 7.1 億円、ドイツの 6.3
億円、フランスの 5.1 億円より大幅に低い (宮島編 (2017))。

　また、日本でトップ経営者と従業員の報酬格差は比較的小さい (小
寺 (2010))。例えば、1980 年代後半、主要企業のトップ経営者の報酬
が労働者平均の報酬の何倍だったかをみれば、アメリカが 109 倍であっ
たのに対して、日本は 17 倍に止まった (深尾、森田 (1997)；Financial
Times, March 13, 1992)。

　このように日本の経営者報酬が低く、従業員の給与との格差が小さ
かったのは、経営者の多くが内部昇進型であり、社長のポジションが従
業員の昇進の延長にあったことに負うところが大きい。第 1 に、日本の

経営者は内部昇進して選ばれた従業員の一員であり、それが経営者と従業員の年収の開きを小さくする原因の一つであった(日本経済新聞社編(1995))。第2に、内部昇進した社長であるため、社長の報酬は、社長になる前のランクの報酬水準に制約される。そのため、社長報酬の水準が低くならざるを得なかった(宮島編(2011))。第3に、ラチェット効果が働かなかった。ラチェット効果とは、人材流動性が高いと、市場における報酬水準を基準として自社の報酬水準が決定され、報酬水準が一度上昇し始めるとその後も上昇し続けることを指すが、日本企業の経営者報酬に関しては、こうしたラチェット効果が働かなかった。というのも、日本の雇用流動性は低く、他社との報酬比較よりも社内の公平性を重視した報酬となりがちであり、報酬サーベイも十分に進展せず、市場報酬水準をあまり意識せずに経営者報酬の水準が決められたからである(小寺(2010))。

　他の理由として、経営者が自分の報酬の決定に与える影響力が小さいことも挙げられる。例えば、前述したように、日本では、会長は、社長を引退した後に就任するポジションと位置付けている企業が多く、アメリカ等でのようにCEOが会長を兼任し大きな権力・影響力を行使する状況ではない。また、委員会設置会社を除き、経営者報酬は株主総会で決議を得る必要もある(小寺(2010))。

② 高い固定報酬比重

　日本の経営者報酬のもう一つの特徴は、固定的な報酬の比重が高い点である(山本、佐々木(2010);坂和、渡辺(2010))。例えば、1990年代のデータでも、日本企業の経営者報酬のうち賞与比率、つまり、短期インセンティブ部分の比率が低いことが確認できる(Harvey and Shrieves(2001))。2008年の日本企業のCEO報酬では、長期インセンティブが70%で圧倒的な比重を占めており、短期インセンティブ(賞与)は16%の比重に止まる(小寺(2010))。日本企業の場合、前述した経営者報酬の「アメ」の機能が弱いのである。

　1990〜2003年、東京・大阪・名古屋の上場企業で、社長は金銭的

インセンティブを与えられておらず、さらに、そのインセンティブが減少する傾向にあったことも明らかになっている。同じデータで、社長は株式時価総額を増加させることに対する収入の変化 (業績報酬連動度) が極めて小さかった (宮島、川本 (2008))。経営者報酬は企業業績に連動しないだけでなく、株主の利益とも十分に連動していないのである (小寺 (1910))。

　他方、経営者報酬の固定性が高いだけに、企業業績に対する経営者報酬の感応度も低かった (Kato and Rockel(1992))。例えば、企業業績が悪くなってもそれに対するペナルティとして経営者報酬を削減することは少なかった。経営者報酬のムチの機能が弱かったのである。前述したように、日本の経営者交代の多くはルーティン的なものであり、その意味で、ムチの機能が働きにくかったが、報酬の面に関しても、同じくムチの機能は働きにくかったといえる。

　このように、日本企業の経営者報酬はその水準の固定性が強く、業績や株価の変化と連動しない理由として、まず、経営者の低い報酬水準が挙げられる。つまり、経営者報酬の水準が低いことが経営者のリスク回避度を高め、固定的な報酬への選好を強めている可能性が高い (山本、佐々木 (2010))。第 2 に、日本の大企業社長が「ランクトーナメント」を通じて選抜されていることが挙げられる。社内で階層の階梯を上る競争を通じて社長の選抜が行われるため、定額部分の比重の高い経営者報酬体系が要請される。その結果、経営者報酬が短期的な業績に非感応となった (宮島編 (2011))。第 3 に、税制との関連である。基本報酬及び退職慰労金は法人税法上損金算入可能であるが、賞与は基本的に損金算入できない。よって、経営者報酬で基本報酬及び退職慰労金の比重を高くする誘因がある。最後に、長期的に個人の能力を見極め、報酬ではなく、社長の昇進あるいは退任という形で処遇を行う企業が多いことである。その場合は、インセンティブの比重は低く抑えられ、基本報酬あるいは退職慰労金といった固定報酬の割合が大きくなる (小寺 (2010))。

(2) 制度変化とその影響の限定性

　1990年代末〜2000年代初頭、経営者報酬に関わる制度変化があった。一つは、97年の商法改正で経営者報酬としてストックオプション（新株予約権、stock option）を利用できるようになったことである。もう一つは、2003年施行の改正商法で委員会等設置会社制の採用が可能となったことである。同制度を導入する場合、取締役の内部組織として報酬委員会を設置し、そこで、経営者を含む取締役・執行役の個別の報酬内容、報酬内容の決定に関する方針が決められた。

　そのうち、上述した日本企業の経営者報酬体系に変化を与える制度変化は前者、つまり、ストックオプション制度である。そこで、この制度の導入実態と、それによる経営者報酬の変化についてみておこう。

　1997年までは制度的にストックオプションが禁止されたが、97年の商法改正でストックオプションが解禁された。この法改正で、従業員のみならず、経営陣を対象とするストックオプション制度の導入が可能になった（畠田、相馬（2009）；坂和、渡辺（2010）；経営史学会編（2004））。

　導入されたストックオプション制度は、一定期間の業績に連動する形で経営者に交付する株式数を決める仕組みであった。経営者を含め役員は目標が達成できなければ交付される株が減るため、株価と報酬体系が連動し、経営者の業績向上への意欲・動機を高め、結果的に、経営者に株主の視点を意識させ、株主の利害に沿う経営を行うインセンティブを与えることが狙いであった。

　実際に、東証1部上場ベースで、ストックオプション制の導入企業は1999年に171社、2002年には508社を超え、そのシェアが32.5％に達した（宮島編（2011））。2000年代後半には、費用計上が義務付けられる会計基準変更、ベンチャー企業ブームの終わり、株式市場の低迷などが重なり、ストックオプションの導入が停滞したものの、13年頃より役員や従業員にストックオプションを与える上場企業が再び急速に増え（宮島編（2011）；小寺（2010））、2021年、東証1部上場企業を基準に株式関連報酬を導入している企業の割合は74％に達している（デロイト・

トーマツ・グループ、三井住友信託銀行 (2022))。特に、社長を含め役員の退職慰労金制度を廃止し、代わりに現役の経営陣にストックオプションを付与する企業が増えてきた。よって、業績に基づくインセンティブ報酬の比重が高まるなど、固定給中心の経営者報酬構造も変わり始めた。

　しかし、その変化の程度はそれほど大きくはない。日本の経営者はその収入源としての株式所有が大きくない状況は変わらない。2021 年、日本の経営者報酬において固定報酬が約 5 割に及び、欧州の約 3 割、アメリカの約 1 割に比べ、はるかに高い。総じて変動報酬に関するインセンティブの割合が低い。経営者報酬制度の実態的変化は小さいのである (宮島編 (2011) ; 小寺 (2010) ; デロイト トーマツ グループ (2022))。

4.　経営姿勢及び経営体制上の特徴

(1) 内部資源の蓄積を重視する経営姿勢

　前述したように、戦後日本大企業の経営者で圧倒的に多かったのは内部昇進型のサラリーマン経営者であった。同じ企業で長く従業員の経験をした者である。こうした長い従業員経験が内部経営資源の蓄積を重視する姿勢を植え付けた可能性が高い。主に貯めた利益による内部資金は経営資源蓄積のために研究開発、新設備の導入、流通網整備、人的資源の教育・養成などに再投資された (大東、鈴木、武田 (2004))。戦後日本では、大企業間の M & A が極めて少なかったとされるが、それも、主に、大企業経営者が企業成長の戦略として内部資源の蓄積を重視したためであった。

(2) 内部資源の利用重視と成長志向の経営

　企業内で蓄積される経営資源を企業成長に繋げるためには、内部の経営資源をいかに有効に利用するかが重要であり、それゆえ、日本の経

営者は、社内の経営資源の有効な活用を意識した経営を行った。日本企業が多角化を進める場合、非関連多角化より関連多角化が多かったが、それも、こうした内部資源の活用を重視する企業戦略の現れである。つまり、経営者が内部資源の有効な活用を重視するため、既存事業から蓄積・整備された技術・ノウハウ、人的資源、流通網などを活用できる関連事業への多角化を進めた。

　また、内部資源の有効な活用のためには、企業規模の拡大、事業の拡張が必要になる。例えば、長期雇用を維持するためには、固定費としての人件費の負担が重くなり、それゆえ、採算のためには操業度を維持する必要があり、そのためには、生産規模を拡大することが不可欠である。長期雇用が企業に対する成長圧力になるのである。その成長の指標が売上高、生産高、シェアであり、それゆえ、利益より売上高や生産高の拡大が優先される。実際に、日本の優良企業はアメリカの優良企業より利益率が平均的に低い。高い利益率より、企業成長、そして、特定事業における市場シェアアップを目指す経営が行われたのである。

(3) 長期的な視点の経営・投資

　内部昇進型経営者は同じ企業で長く勤続した経験から、その意思決定のスパンが長期になりがちである。また、内部資源蓄積には投資が必要になり、その投資の成果が出るまでは時間がかかる場合が多い。内部資源の有効な利用も短期に限らず、長く有効利用できることが望ましい。それゆえ、内部昇進型の経営者が内部資源の蓄積と利用を重視することは、長期的な視点からの経営姿勢を植え付ける。日本の経営者は、長期的な視点から投資を行い、長期的な視点から経営のかじ取りを行う傾向があるのである。

(4) 集団経営

　長年、同じ会社に勤めて昇進の階梯を駆け上り、トップマネジメントになった者が続くことによって、先輩、後輩からなるトップマネジメントの集団が常に形成され、社長を頂点とするこの専門経営者集団がたえず一体となって協力しながら経営を行った (森川 (1991))。集団経営である。

　集団経営の組織面の現れが常務会あるいは経営会議である。重要な業務執行に関する意思決定を、常務会あるいは経営会議で行う企業が多い。日本で、1955 年から多くの大企業は、常務以上の経営者によって構成される常務会を設けており、58 年の調査で、128 社のうち、95 社が早くも常務会を設置している。その後常務会設置の企業は一貫して増え続け、60 年代には広く定着した (ヒルシュマイヤー、由井 (1977))。73 年の調査によれば、全企業の 4 割強、大企業の 6 割強が、自社の実質的な経営上の最高意思決定機関は常務会であると答えており、81 年調査でも、全企業で同割合が 5 割近く、大企業で 6 割近くに及んでいる。92 年には常務会を設置する会社が 8 割以上にもなった (深尾、森田 (1997))。大企業を中心に集団経営を行っている企業が多数派であったのである。

5.　日本の経営者についての評価

(1) 長所

　経営者の属性やキャリア、及び経営上の特性から、日本の大企業経営者が持つ多くの強みが挙げられる。第 1 に、トップマネジメントが内部資源の蓄積を重視し、長期的な視点の経営を行うことによって、健全な企業体質、強い組織能力が常に維持、強化される可能性が高い。ただし、近年には日本の経営者の経営姿勢を変えさせうる状況変化が起きている。株主構成の変化による影響である。外国人を含めて機関投資家の株主と

しての存在感が高まっている。株価、短期利益率など企業の短期的な好業績を求める株主の圧力が強くなり、経営者もその圧力に敏感になっている。その結果、長期的な視点の経営姿勢が弱まる傾向がみられる。経営者の経営を望ましくない方向に向かわせている動きである。

　　第2に、生え抜きの経営者は現場に、またその会社に精通している。特に、製造畑、営業畑で長年の経験を積んだ社長が多いため、製造や営業の現場の状況と問題への対応に精通している。組織のどこをどう押せばどう動くかがよく分かり、現場主義を貫く分権的な経営を行い、戦略の実施や執行の面に優れた組織を作り上げている (三品 (2004))。

　　第3に、日本のトップマネジメントは、社内の長年の経験から、内部の個人間、部門間の様々な利害を調整する、有能なオルガナイザーとしてのスキルを持っている。そのため、組織成員の能力を最大限に引き出すリーダーシップを発揮し、人的資源を用いて戦略を展開するに適合しているリーダーが多い (加護野他 (1983))。

　　最後に、経営資源の有効な利用によって、大企業の「経営者階層制」の良さを引き出す経営ができる。つまり、経営者階層制を構成するサラリーマンたちの間で、トップ経営者から新入社員に至るまで価値が共有される。精密で機動的な情報ネットワークが形成され、長期的視点で個人の能力・業績の評価と昇進を行うことによって (森川 (1991))、経営者階層制の良さが引き出されている。

(2) 問題点

　　他方、日本企業の経営者の経営は少なくない問題点も孕んでいる。第1に、社長のポスト化に現れるように、経営職が管理職化し、それによる弊害の可能性である。すでに述べたように、1970 年代以降、社長任期の短縮が顕著であり、社長という役割の「ポスト化」が進んだ。それは、日本の大企業社長に企業家的要素が減って、組織の管理者的要素が多くなってきていることの現れである (伊丹 (1995))。そのため、日本の経営者は戦略の独創的なアイデアでリードすることは比較的弱い。危機的状

況、あるいは手本とすべき対象がなくなったときには経営者が有効な手が打てないおそれがある。また、日本企業の多くが慢性の戦略不全を患う重要な理由は、社長の在任期間が戦略の最低スパンに届かないことにあるとされる (三品 (2004))。経営者の地位が順送りになっていて、企業として必要なアクションが先送りになって、長期的な対応が遅れてしまう問題も起こりうる (伊丹、加護野 (1997))。

　第 2 に、経営の結果に対する社長の責任の取り方についてである。例えば、集団経営が行われることによって、経営責任が明確にならない傾向がある。業績が悪化しても、交代しない社長の方が多いこと、戦後の全時期を通して、規則的に社長が交代する傾向が強かったこと、社長在任期間に世間相場ができて、特定個人の社長に悪い業績の経営責任を問う懲罰的な社長更迭が限られたことなどが、経営責任の取り方の問題を現している。日本企業の経営者報酬でも固定的な報酬の比重が高く、経営責任を問う「ムチ」の機能が働きにくい。

　最後に、経営者階層制の定着によって、トップマネジメントのパワーが安定的になり、それによって経営者の「老害」が出る可能性もある (加護野他 (1983))。特に、一貫して大企業経営者の平均就任年齢が高まり、社長就任の高齢化が著しくなっていることがこうした「老害」の可能性を高める。

参考文献

青沼吉松 (1958)『日本の経営層』日本経済新聞社。

伊丹敬之 (1995)「戦後日本のトップ・マネジメント」森川英正、米倉誠一郎編『日本経営史 5 －高度成長を超えて』岩波書店。

小寺宏昌 (2010)「日米の経営者報酬の現状と問題点」『証券アナリストジャーナル』第 48 巻第 6 号。

加護野忠雄、野中郁次郎、榊原清則、奥村昭博 (1983)『日米企業の経営比較：戦略的環境適応の理論』日本経済新聞社。

川本真哉 (2009)「20 世紀日本における内部昇進型経営者－その概観と登用要因－」『企業研究』(中央大学企業研究所) 第 15 号。

久保克行 (2010)『コーポレート・ガバナンス 経営者の交代と報酬はどうあるべきか』日本経済新聞出版社。

経営史学会編 (2004)『日本経営史の基礎知識』有斐閣。

坂和秀晃、渡辺直樹 (2010)「経営者報酬と企業パフォーマンスに関するサーベイ」『証券アナリストジャーナル』第 48 巻第 6 号。

鈴木良隆、大東英祐、武田晴人 (2004)『ビジネスの歴史』有斐閣。

武田晴人 (2020)「専門経営者の登場」『財閥の時代』角川ソフィア文庫、7 章 (元は、武田晴人 (1995)『財閥の時代』新躍社)。

田中一弘、守島基博 (2004)「戦後日本の経営者群像」『一橋ビジネスレビュー』第 52 巻第 2 号。

デロイト トーマツ グループ (2022)「2021 年度日・米・欧の社長・CEO 報酬水準比較」『ニュースリリース』。

デロイト トーマツ グループ、三井住友信託銀行 (2022)『役員報酬サーベイ (2021 年度版)』。

日本経済新聞社編 (1995)『ゼミナール日本経済入門』日本経済新聞出版。

畠田敬、相馬利行 (2009)「自社株買いに関する展望」神戸大学 DP2009-16。

ヒルシュマイヤー、由井常彦 (1977)『日本の経営発展－近代化と企業経営』東洋経済新報社。

深尾光洋、森田泰子 (1997)『企業ガバナンス構造の国際比較』日本経済新聞社。

萬成博 (1965)『ビジネス・エリート－日本における経営者の条件』中公新書。

三品和広 (2004)『戦略不全の論理－慢性的な低収益の病からどう抜け出すか』東洋経済新報社。

三品和広、日野恵美子 (2011)「日本企業の経営者－神話と実像」『日本労働研究雑誌』No.606。

宮島英昭 (1992)「財閥解体」法政大学産業情報センター、橋本寿朗、武田晴人編『日本経済の発展と企業集団』東京大学出版会。

宮島英昭 (1995)「専門経営者の制覇 - 日本型経営者企業の成立」山崎広明、橘川武郎編『日本経営史 4「日本的経営の連続と断絶』岩波書店。

宮島英昭、川本真哉 (2008)「戦前期日本における企業統治の有効性－経営者交代メカニズムからのアプローチ」宮島英昭編『企業統治分析のフロンティア』日本評論社。

宮島英昭編 (2011)『日本の企業統治』東洋経済新報社。

宮島英昭編 (2017)『企業統治と成長戦略』東洋経済新報社。

森川英正 (1991)「なぜ経営者企業が発展するのか」森川英正編『経営者企業の時代』有斐閣。

森川英正 (1993)「日本のトップマネジメント」伊丹敬之、加護野忠男、伊藤元重編『日本の企業システム③人的資源』有斐閣。

山本慶裕、高瀬武典 (1987)『日本労働協会雑誌』第 337 号。

Financial Times, March 13, 1992.

Harvey, Keith D. and Ronald E. Shrieves(2001). "Executive Compensation Structure and Corporate Governance Choices," *Journal of Financial Research*, vol.24 No.4.

Kang, Jun-Koo and Anil Shivdasani(1995). "Firm Performance, Corporate Governance, and Top Executive Turnover in Japan," *Journal of Financial Economics*, Vol.38.

Kato, Takao and Mark, Rockel(1992). "Experience, Credentials, and Compensation in the Japanese and U.S. Managerial Labor Market: Evidence from New Micro Data," *Journal of the Japanese and International Economies*, Vol.6.

Yoshino, M.Y. (1968). *Japan's Managerial System: Tradition and Innovation*, M.I.T. Press.

第3章

トップマネジメントの
日米比較

　国によってトップマネジメントの特性が異なることは当然想定でき
る。第2章でみた日本のトップマネジメントの特性には他国とは異なる、
日本特有の面が多いことも事実である。しかし、20世紀、特に、1970
年代までアメリカ大企業のトップマネジメントの特性は、戦後日本企業
のトップマネジメントのそれと少なくない共通点も持っていた。また、
時期によって経営者の平均的な姿も変動し、ある時期まで日米の経営者
間に似通ったところから、その後には、日米間の違いが多くなることも
観察される。20世紀前半、「経営者企業」が台頭したアメリカで大企業
経営者の平均的な姿と、戦後の日本のそれとの間にどのような共通点と
相違点があったかをみていこう。

1．共通点

(1) 専門経営者の台頭

　20世紀に入り、アメリカで大企業が台頭し、いわば「大企業体制」
が確立されたが、その中で、企業の所有と経営が分離され、トップマネ
ジメントには企業に雇われ、俸給をもらって経営に専念する「専門経営者」
が主流を占めるようになった。例えば、所有者が経営に携わる所有型企
業が1870年にアメリカ大企業の68%から、1950年代に17%にまで縮
小し、同じ期間、雇われた者が経営に携わる雇用型企業の比重は18%か
ら68%に上昇した (青沼 (1958))。ニューカマーの推計では、全経営者
のうち、俸給経営者の比重は00年には2割弱であったが、50年には4
割強にまで上昇した (Newcomer(1951))。サラリーマンの「専門経営者」
が経営を担う「経営者企業」が支配的になったのである。
　当初は、投資銀行や商業銀行の代表者も経営に参加していたが、内
部留保の増大などの理由から企業が資金調達その他を彼らに依存するこ
とが少なくなり、その影響力は次第に弱まった。1950年代まででは、フ
ルタイムのサラリーマン経営者が大企業の経営実行と意思決定を担うよ

うになった (谷口、須藤編 (2017))。20 世紀を通して、米大企業の典型
的な経営者はその企業の所有者ではなく、大学を出て入社し、昇進の階
梯を上り詰めた専門経営者であった (谷口 (2002))。第 2 章でみたように、
戦後日本において企業の所有と経営は分離され、多くの大企業で、サラ
リーマン経営者が経営のかじ取りをしていたのと共通する。

(2) 内部昇進型トップマネジメント

① 生え抜き経営者の多さ

　後述するように、1980 年代以降になると、アメリカで、企業外部か
ら入ってきた経営者が経営を担う企業が増えていくが、70 年代までは企
業内部で昇進しトップマネジメントに登りつめた生え抜き経営者が圧倒
的に多かった。戦後日本と同様に、米企業で内部昇進型の経営者がメイ
ンになったのである。

　例えば、アメリカにおける資産額上位 25 社の執行役員 (officer) のデー
タベースに基づいて、1900 年から 2000 年までを 20 年置きにみてみる
と、内部昇進型経営者がトップ・マネジメントに占める比重を増大させ
ている (谷口 (2009))。

　合併ブーム期の 1890 年代末まで、大合同企業の専門経営者らは当
初外部市場から調達されることが多かったが、20 世紀初頭と 1920 年代
の合併ブームを経る過程で、企業の階層組織を昇進しながら経営能力を
身に付けてきた内部昇進型経営者が多くなった。1899 年、米上位 25 社
の執行役員の 59.1 ％は所有者によって占められ、内部昇進者・専門経営
者は 19.1 ％に過ぎなかったが、1919 年には、内部昇進者・専門経営者
が執行役員の 62.1 ％を、39 年には 88.1 ％も占めた (谷口 (2009) ; 谷口
(2002))。例えば、GE では、内部昇進者が早い時期から執行役員に登用
され、1930 年までには、執行役員すべてが専門経営者によって占められ、
その半数以上が生え抜きになった (谷口 (2009))。

　1940 年までに大企業経営者の圧倒的多数を内部昇進者が占めるに至
り、例えば、40 年、アメリカの上位 25 社で執行役員のほぼ 9 割が内部

昇進型であった (谷口 (2009))。第二次大戦から 80 年代までも、アメリ
カで CEO の労働市場は存在せず、CEO は通常、企業内の経験と忠誠心に
基づいて社内の内部者 (インサイダー) から選ばれ (ジャコビィ (2007))、
フォーチュン 1000 社で、1980 年に CEO の 95％が企業内部から昇進し
た者であった。

表 3-1　　米上位 25 社の執行役員の勤続年数分布 (5 年単位)　 (単位：%)

年	勤続 0-4 年	5-9 年	10-14 年	15-19 年	20-24 年	25-29 年	30-34 年	35-40 年	40 年 以上
1939	2.4	11.0	9.8	6.1	17.1	13.4	13.4	14.6	12.2
1959	3.7	6.4	11.0	7.0	15.6	17.1	21.7	11.9	5.5
1979	4.5	3.3	6.3	7.8	15.9	20.2	26.3	10.9	5.0
1999	9.9	8.6	9.9	12.4	11.6	17.2	18.5	10.3	1.7

出所：谷口 (2005)。

　　米企業のトップマネジメントで内部昇進型が支配的になっていったこ
とはトップマネジメントの勤続年数からも確認できる。例えば、表 3-1 に
よれば、米上位 25 社で、1939 年に勤続 20 〜 24 年の執行役員の割合が
17.1％で最も多く、59 年には勤続 30 〜 34 年の役員が最も多かった。勤
続 20 年以上をすべて合わせると、39 年、59 年、79 年いずれの時期に
おいても、執行役員全体の 80％以上を占めた。また、勤続 20 〜 39 年の
執行役員層が 1939 年の 58.5％から 59 年には 66.3％へと上昇しており、
79 年にはこの層の割合がさらに 73.2％に上昇した。
　　1952 年、『フォーチュン』が売上高上位の製造企業 250 社、鉄道 25
社、公企業 25 社の執行役員 900 人を対象として調査した結果では、執
行役員の約 4 分の 3 が同じ企業に 20 年以上勤続していたことが明らかに
なっている (*Fortune,* November 1952)。50 年、ニューカマーによる調査
では、サンプル企業の CEO の 6 割が、CEO 昇進前に 10 年以上同じ企業
に勤めていたことが確認される (Newcomer(1952))。1990 年頃、米 CEO

の平均勤続は 20 年超であった (Kato and Rockel(1992))。

表 3-2　GE の執行役員の勤続年数 (1900 ～ 2000 年)　（単位：名、％)

年	10 年未満		10 年以上 20 年未満		20 年以上 30 年未満		30 年以上 40 年未満		40 年以上	
1900	4	100.0%	0	0.0%	0	0.0%	0	0.0%	0	0.0%
1920	1	10.0%	2	20.0%	7	70.0%	0	0.0%	0	0.0%
1940	0	0.0%	2	9.5%	8	38.1%	6	28.6%	5	23.8%
1960	5	10.0%	7	14.0%	13	26.0%	20	40.0%	5	10.0%
1980	2	1.9%	10	9.3%	53	49.1%	39	36.1%	4	3.7%
2000	10	16.4%	27	44.3%	12	19.7%	11	18.0%	1	1.6%

出所：谷口 (2005)。

　表 3-2 によれば、代表的な米大企業の事例として、GE の場合、1980 年まで経営陣の勤続年数が段々長くなっていた。例えば、00 年にはすべての執行役員が勤続年数 10 年未満だったが、20 年には勤続年数 20 年以上の割合が 7 割、40 年には同割合が 9 割になっており、80 年にも 9 割が勤続年数 20 年以上であった。

　第 2 章でみたように、戦後日本の大企業のトップマネジメントは、同じ企業で長く勤めてきた内部昇進型サラリーマン経営者であったが、少なくとも 1970 年代までのアメリカでも同じであったのである。

②「組織人」の内部昇進ルートの形成と経営者市場の内部化

　生え抜きの専門経営者が多かったことは企業内にトップマネジメントに至る昇進の階梯が整備されたことを意味している。この点も日米の共通点であった。

　アメリカでは、1920 年代までは大学あるいは大学院卒業後すぐに新卒で入社してから、昇進の階梯を上って最後にトップマネジメントにた

どり着くという公式のルートが形成されつつあった (谷口 (2002))。内部
昇進型のトップマネジメントは第 10 章で述べる「組織人」の中の勝ち
組であった。この組織人は学歴を積み重ねることによってその潜在能力
を証明し、ミドルマネジメントになり、さらに、昇進の階梯を上ること
によって専門的な経営能力を長年にわたって身に付けてきた。同じ企業で
キャリアを積んで頂点にまで上り詰めた勝ち組の「組織人」が大手企業
の専門経営者の大半を占めるようになったのである。彼らは自身のキャ
リアの成功は企業全体の成功にかかっていると認識しており、そのため、
自分自身の利益より、組織のために行動する傾向があった (Cappelli and
Hamori(2005) ; Lazonick(2010))。

　ミドルマネジメントの中からトップマネジメントに昇進する者が次
第に増加し、よって、ミドルにトップへの昇進の可能性が高まり、それ
が両者の運命共同的意識と会社への忠誠心を醸成させた (谷口 (2002))。
内部昇進によってトップマネジメントを再生産するとともに、「組織人」
を間断なく巻き込むシステムが形成されていたのである。

　こうしたミドルマネジメントの出現・増加と、トップへの昇進ルー
トの形成は、経営者を外部市場と切離して内部市場から調達することを
可能にさせた。経営者市場が「内部化」されたのである。経営者は外部
市場での競争に晒されることなく自己の地位を維持できるようになり、
経営者支配の内的基盤が形成された (谷口 (2002))。戦後日本の大企業の
経営者支配と同様な姿が 1970 年代までのアメリカにも表れていたので
ある。

(3) 経営者の経営姿勢面の共通点

　大企業で内部昇進型の経営者が多いという日米の共通点から、経営者
の経営姿勢の面でも日米経営者間に共通点を見出すことができる。

① 内部資源の蓄積・利用を重視する経営

　まず、アメリカの内部昇進型経営者は内部資源の蓄積を重視し、また内部資源の活用を重視する経営を行った。

　内部昇進型経営者自身は生え抜きの従業員に他ならなかったため、企業内の全構成員を自分たちと同一視した (ジャコービ (2005))。それゆえ、従業員の長期雇用を守り、内部経営資源としての従業員の能力の蓄積を重視する姿勢が植え付けられ、その上で、企業成長戦略として内部資源の蓄積を重視した。

　とともに、彼らは内部資源を最大限効率的に利用しようとする姿勢も強く、従業員の潜在的な能力を最大限伸ばすことに力を注いだ。また、社内の設備についても、経営者にとって自らの属する企業が存続することが不可欠であり、したがって、彼らにとっての第一義的な目標はその設備を継続的に使用することであった (チャンドラー (1979))。このように、米トップマネジメントが内部資源の蓄積と利用を重視する点は、戦後、日本の内部昇進型経営者に似通う姿勢であった。

　第2章でみたように、戦後、日本大企業が多角化を進める際、非関連多角化より関連多角化を選好しており、これは日本の内部昇進型経営者が内部資源の活用を重視する姿勢をもったからであるが、アメリカでも同じであった。つまり、内部昇進型経営者は多角化を行う際、本業との関連が弱い事業についての知識・情報が足りず、また既存の内部経営資源を有効に活用するために、関連事業への多角化を進めた。

　例えば、表3-3で米上位200社の事業構造をみれば、1920年代までは本業に特化して多角化しない企業が8割以上で圧倒的に多かったが、それ以降、関連多角化をした企業の割合が高まり、60年代と70年代には過半を占めた。この時期はアメリカのトップマネジメントのうち、内部昇進型経営者の割合が高かった時期と重なる。内部昇進型経営者が内部資源の活用を重視したことと関連多角化が正の相関関係があったのであり、ここに日米の共通点を見出すことができる。

	1919	1929	1939	1948	1959	1969	1979
主力製品中心	89	85	78	62	40	24	22
関連多角化	11	15	22	36	55	56	53
非関連多角化	0	0	0	2	5	20	24

表3-3　米上位200社の事業構造戦略別構成比　　　（単位：％）

出所：Fligestein(1990), p.336.

② 長期的な視点の経営・投資

　専門経営者は現在の利潤を極大化する政策よりも、企業の長期的な安定と成長に有利な政策を選好し、長期的展望に立った経営のかじ取りを行ったが（チャンドラー　Jr.(1979))、とりわけ、内部昇進型の経営者は長期的な視点からの経営を行う傾向が強かった。内部昇進型経営者は同じ企業で長く勤続した経験から、その意思決定のスパンが長期になりがちであったからである。

　また、前述したように、内部昇進型経営者は内部資源の蓄積を重視し、研究開発、新設備の導入、流通網整備、人的資源の教育・養成などに再投資したが、これらの投資の成果が出るまでには時間がかかる場合が多かった。長期的な視点から投資が行われたのである。このように、内部昇進型経営者が長期的な視点から経営、投資を行ったことも日米の共通点であった。

(4) 経営者の高齢化と短任期化

　日本では、第2章でみたとおり、経営者就任の高齢化傾向が確認できたが、アメリカにおいても同様な傾向が観察される。例えば、1950年代半ば、アメリカの最高経営層は一世代の間に比べ高齢化されている（青沼(1958))。殊に、新興企業に比べ、企業の歴史の長い企業経営者の年齢が高い。例えば、カペリーらの調査によれば、2001年、フォーチュン100社のうち、創業30年未満の企業の経営者年齢は51歳であるのに対し

て、創業して 30 年以上立った企業の経営者は 54 歳である (Cappelli and Hamori(2005))。また、最高経営層の高齢化は社長在任年数の短縮と結び付く。この最高経営層の短任期化傾向は日本でもみられたことである。

　例えば、1950 年代半ばのアメリカで、10 年未満しかその地位に在職しない最高経営層の比重はが 3 分の 2 にもなっていた。一世代前には同比重が 2 分の 1 程度に止まっていた (青沼 (1958))。90 年代〜 2000 年代にかけても、社長の短任期化が続いている。前述のカペリーらの調査で、1980 年から 2001 年の間に、最高経営層の在任期間が 5 年以上も短くなった (Cappelli and Hamori(2005))。ルシアーなどの調査でも、CEO の平均任期は 1995 年の 9.5 年から 2001 年に 7.3 年に短くなっていることが確認される (Lucier, Kocourek and Habbel(2006))。米フォーチュン 500 社で、90 年代末から 10 年までの十年余の間に、CEO 在任期間の中位値が 9 年半から 3 年半になった (Lafley and Tichy(2011))。

　ただ、1980 年代からの社長任期短縮傾向は日本とは異なる理由によるものとみられる。例えば、次の節でみるように、80 年代以降、アメリカ大企業では内部昇進型より外部スカウト型経営者が増えたが、この外部からの経営者の任期は生え抜き社長のそれより短い傾向がある (Chuck, Kocourek and Habbel(2006))。また、創業してそれほど時間が経っていない企業が大企業に成長した例が多くなったことも米企業の社長任期が短くなったことに影響した。例えば、創業 30 年未満企業の経営者の任期は、2001 年現在、9 年程度であり、創業 30 年未満企業の経営者のそれ、18 年よりはるかに短い (Cappelli(2008))。

　このように、理由が同じでないとはいうものの、日米の両方で大企業経営者の高齢化と短任期化が現れたことは否定できない。トップマネジメントの就任年齢や在任期間の変化傾向においても日米の共通点を見出すことができるのである。

2. 相違点

(1) 経営者の移動に関わる日米相違点

① 米外部登用経営者 (outsider CEO) の増加による日米差

　すでに述べたように、大企業体制が形成、維持される時期に、アメリカでは企業内部で育って昇進した経営者が大半を占めたが、一定の時期から、内部昇進型経営者は減り始め、その代りに、外部からスカウトされた経営者が急速に増えた。例えば、マーフィーらによれば、1970年代に交代された経営者のうち、約15％が外から招聘された経営者だったが、80年代は17％に、90年代には26％強に同比率が上昇し、90年代後半には、米大企業の CEO の3割が外部 CEO であった (Murphy and Zábojník(2004))。また、オカシオの調査でも、90年代には約25％が外部 CEO であった (Ocasio(1999))。80～2001年、社長になるまでの全キャリアを同じ企業で積んだ者の割合は8％も下落しているとの報告もある (Cappelli and Hamori(2005) ; Cappelli(2008))。

　名門でない、他の米企業でも内部の専門経営者を自給自足する体制を持たなくなった (三品 (2004))。内部昇進型経営者の進出が顕著であった代表的な企業、GE、ヒューレットパッカード (HP) ですら、特に、1980年代以降、外部からの人材が経営陣の中での存在感を高めていった (Cappelli and Hamori(2005))。例えば、GE では70年代にすでにマネジメント層の変化が顕著になっており、70年代以後に入社した経営者層で社外職歴を持つ人材が増加した。その後も、経営陣で生え抜きの比率が下落し、外部登用の比率が上昇した (関口 (2013) ; 谷口 (2009))。HP では、2000年代の10年間に3人のトップ経営陣 (CEO) が外部からきた人材であった (Lafley and Tichy(2011))。

　このように、生え抜き経営者の比重が低くなった理由の一つは、内部昇進型経営者が中心になって進めたコングロマリット化がほとんど失敗に終わったことである。新興企業だけでなく、既存の大企業も、特に、60年代後半から急速な非関連多角化のコングロマリット化を進めたが、

その成果は乏しく、結局、多くの企業が新たに多角化していた諸事業から撤退した。こうした失敗を主導したのが内部昇進型経営者であっただけに、彼らへの信頼は崩れ、企業の立て直しのために、外部から経営者を迎え入れる動きが強まった。

　また、1970 年代～ 80 年代前半、米製造業の競争力が低下し、日米逆転まで起こる業界も少なからずあり、業績が悪化する米企業が相次いだ。こうした企業のかじ取りをしたのは生え抜き経営者であった。生え抜き経営者の成功「神話」が崩れたのである。80 年代より経営の立て直しを外部からの人材に託す企業が多くなったのは自然な結果であった。

　アメリカと対照的に、第 2 章でみたように、日本では、1980 年代以降にも従業員出身者を経営者に据える傾向が依然として強い (久保 (2010))。1980 年代以降、トップマネジメント属性における日米間の相違が顕著になったのである。

② 経営者までの勤続年数の変化の日米差

　米トップマネジメントに起こったもう一つの大きな変化は、経営陣に上るまでの勤続年数が短くなっていることである (Cappelli and Hamori(2005)；Cappelli(2008))。2001 年のフォーチュン 100 社の社長は、1980 年の社長と比べると、社長までの勤続年数が平均 4 年短くなっている (Cappelli and Hamori(2005))。第 2 章で述べたように、社長になるまでの勤続年数が段々長くなっている日本と対照的である。

　1980 年代以降アメリカ大企業で社長までの勤続年数が短くなっている要因はいくつかに分解できる。第 1 に、①でみたように、この時期に外部からの経営者が増えたことが影響したとみられる。内部昇進型が減って、外部スカウト型経営者が増えることによって、おのずと社長に至るまでの平均勤続年数は短縮された (Cappelli and Hamori(2005))。第 2 に、この間に大企業の顔ぶれが変わり、新しい企業 (＝新企業群) が上位大企業群に入り込んだことである。当然ながら、新企業群では古い大企業 (＝旧企業群) より社長までの勤続年数が短い。例えば、2001 年、フォーチュン 100 社のうち、創業 30 年未満と以上の企業を分けると、前者の

企業群で社長に上るまでの勤続年数は平均 23.2 年であるのに対して、後者の企業群では 26.4 年であった。また、01 年時点で、前者の新企業群の社長が当時の企業に務めた年数は 9.2 年であったのに対して、後者の旧企業群の社長のそれは 18.3 年であった。新企業群では、社長までの全キャリアをその企業で積んだ者の割合が旧企業群のそれより低かった (Cappelli(2008)；Cappelli and Hamori(2005))。新企業群では、トップマネジメントに入り込んだ者の多くが企業をまたがってキャリアを積んでおり、また、企業内の昇進の階段も相対的に少ないからである (Cappelli and Hamori(2005))。

ただし、新企業群より遅いとはいえ、旧企業群にも、1980 年代以降、トップマネジメントまでの勤続年数が短縮される傾向が現れた。例えば、GE で、80 年代以降トップマネジメント就任までの勤続年数の短期化＝昇進スピードの加速化が顕著であることが確認される (関口定一 (2013))。

1980 年代以降、社長になるまでの勤続年数が短くなっているアメリカと、それが長くなっている日本との違いが顕著なのである。

(2) 経営者の経験職種の日米差

トップマネジメントになるまでどのような職種の仕事を経験したかという点でも、特に、1970 年代より日米の違いが著しかった。アメリカでは、50 年代に大企業 CEO の半分近くが主に経営管理部門、そして生産畑で長く経験を積んだ者であった (Cappelli and Hamori(2005))。

第 2 章でみたように、ほぼ同じ時期、日本のトップ経営者で製造・技術部門出身が多かったことはアメリカと似通っている。しかし、日本の経営者では営業部門出身が多いこと、アメリカでは経営管理出身が多いことは、1950 年代までトップマネジメントの経歴上の日米の違いであった。

1960 年代以降に、米企業経営者の職種経験構成は変化した。すなわち、60 年代と 70 年代に、生産出身のトップが急速に減る代りに (加護野他 (1983)；Cappelli and Hamori(2005))、マーケティング出身のトップが増え、70 年代の経営者ではマーケティング出身者が最も多かった。将

来トップを目指す者はマーケティングの仕事を選好する傾向が強まった。80 年代以降に、米国におけるトップの職種経験構成がまた変化した。つまり、財務出身のトップが着実に増加し、財務畑の経歴を積むことがトップに至るベストの経路になった (Cappelli and Hamori(2005))。その次に多いのが管理部門出身者であり、管理部門出身の経営者が多いことは、戦後一貫した現象であった。こうして、米企業のトップでは財務と管理部門の出身者が多く、今日の米経営者の主流をなしている。第 2 章でみたように、同じ時期の日本企業では生産、営業などの出身者がトップに多かったことと大きく異なる。

(3) 経営者報酬の日米差

① 報酬水準の差

このように、1980 年代以降、経営者の属性の日米差が著しくなったことに加えて、報酬水準の面でも日米の経営者の違いが観察される。

すでに 2 章で述べたように、日本の経営者と比較すると、米国の経営者の報酬は高く、高額の報酬を得ている。例えば、2015 年、日本の大企業の経営者報酬の平均は約 1.3 億円であるのに対して、同規模の米企業の経営者報酬は 14.3 億円とされる。平均で 10 倍以上の差があるのである。

企業内の経営者と従業員間の収入の格差をみても、日米差が顕著である。米では、トップ経営者と平社員との所得格差が甚だ大きいが、日本ではその格差が大きくない。例えば、1980 年代後半、米主要企業のトップ経営者の報酬は、米労働者平均のそれの 109 倍であったのに対して、日本は 17 倍に止まった (深尾、森田 (1997))。

さらに、長期的にみれば、アメリカで、経営者と労働者の報酬差が開く傾向が続いた。労働者収入に対する経営者報酬の倍率は 1965 年の約 20 倍から、89 年に約 60 倍に拡大し、2000 年には 370 倍になっているとの推計がある。ビジネスウィークの推計でも、米上場企業で、工場労働者平均収入に対する CEO 報酬の倍率が 65 年には 44 倍だったが、98 年には 419 倍にまで高まったことが確認できる (*Business Week*, 20

Apr.1998 ; 19 Apr.1999)。特に、80 年代以降、アメリカで経営者と労働者の報酬差が急速に大きくなっているのである。

　こうした格差の拡大は、この時期、米経営者の報酬上昇が激しかったことに負うところが大きい。1994 年の米大企業の実質経営者報酬は 80 年の 3 倍になったとされる (O'sullvan(2000))。米 CEO の報酬水準中央値は 89 年の 4.2 百万ドルから 2007 年には 8.7 百万ドルへと、2 倍以上に上昇し (小寺 (2010))、2012 年の実質経営者報酬は、90 年代初頭のそれの約 3 倍になっている (Lazonick(2014))。80 年代からの米経営者報酬の急上昇によって日米の経営者報酬の差が急速に拡大したのである。

② 経営者報酬と企業業績の関連度の日米差

　米経営者の報酬は企業業績にかなり連動している点でも、日本企業の経営者報酬と異なる。米経営者報酬ではインセンティブ報酬の比重が極めて高い。例えば、ハービーとシュリーブスによれば 1996 年米企業 290 社のインセンティブ報酬比率の平均は 42.6％であった (Harvey and Shrieves(2001))。米 S&P500 インデックスに含まれる企業を対象にした TowersPerrin 社の推計によれば、2002 年の CEO 報酬は約 2,300 万ドルで、固定給与は 940 万ドル余りに過ぎず、残りのほとんどがインセンティブ報酬部分であった (坂和・渡辺 (2010))。2 章で明らかにしたように、米国と比較すると、日本の経営者報酬では、固定的な報酬の比重が高い。日本経営者のインセンティブに限ってみると、アメリカ型からの乖離が大きくなっているのである (宮島編 (2008))。

　このインセンティブ部分の経営者報酬はストックオプション (stock option) とストックアワード (stock award) によるものであった。それゆえ、経営者報酬のより高い割合がインセンティブの部分になった。米 478 社を対象としたホールとリーブマンの研究によれば、1980 年以降、米経営者の金融資産が増加傾向にあり、それは主にストックオプションの普及によるものであった (Hall and Liebman(1998))。

　1980 年にストック・オプションを受け取っていた米 CEO は 3 割程度であったが、94 年には 7 割弱にまで増え、また、1980 年代以降、CEO

の給与でストック・オプションから派生する部分が着実に増えた。例え
ば、80 年から 94 年の間に、CEO へのストックオプション付与の平均値
は 683％も増加した (Hall and Liebman(1997))。90 年代後半にはストッ
クオプションだけでも、それまで経営者報酬の最大構成部分であった基本
給の水準を超えようとしていた (ジャコービ (2005) ; Lazonick(2014))。

　2000 年代に入っても、経営者報酬の中でストックオプション、ストッ
クアワードによる部分が高い割合を占めた。ExecuComp データベースで
計算すれば、03 ～ 12 年、大企業 CEO 報酬の 34％がストックオプショ
ンの形の報酬で、24％がストックアワードの形の報酬であった。06 ～
13 年における報酬上位 500 経営者を対象にみれば、経営者報酬のうち、
ストックオプションとストックアワードによる収入の割合は 09 年の
66％、13 年の 84％であったのに対して、給料とボーナスは、同年にそ
れぞれ 12％、5％に止まった (Lazonick(2015))。

　すでに述べたように 1980 年代より内部昇進経営者より外部スカウ
ト経営者が多くなったが、経営者を外部からスカウトする際に、彼らに
ストックオプションが付与される場合が多く、それが経営者報酬のうち
ストックオプションの割合が高まった理由の一つであった。ストックオ
プションが行使される状況は相当な増益が達成された場合が多いため、
いわば「ただ同然」との認識から経営者へのストックオプションの付与
が容易に正当化された (ピーター・キャペリ (2001))。

　経営者に付与されるストックオプションは各社による自社株買いに
よって可能であった。元々ストックオプション目的の自社株買いは認め
られなかったが、1982 年、Securities and Exchange Commission(SEC) は、
証券取引法規則「10b-18」を通じて、大規模な公開市場での株式買い戻
しを許可した。よって、大企業が自社買いによる株式を経営者にストッ
クオプションとして付与することができたのである。また、34 年制定の
Securities Exchange Act の 16(b) 項によって、ストックオプションは付
与日から 6 ヵ月間、売却できない待機期間が設定されていたが、91 年よ
りその条項も再解釈され、すぐ公開市場に売却し、利益を得ることがで
きるようになった (Lazonick(2014))。

　こうして、1980 年代以降、自社株買いによって経営者へのストックオプションが増え、株価上昇の中で、経営者が大きな利益を得た結果、経営者報酬の中でのインセンティブ部分の割合が高まり、日本の経営者報酬の構成との違いが顕著になったのである。

参考文献

青沼吉松 (1958)『日本の経営層』日本経済新聞社。

アルフレッド・D・チャンドラー Jr. (1979)『経営者の時代 (下) －アメリカ産業における近代企業の成立』東洋経済新報社。

小寺宏昌 (2010)「日米の経営者報酬の現状と問題点」『証券アナリストジャーナル』第 48 巻第 6 号。

加護野忠雄、野中郁次郎、榊原清則、奥村昭博 (1983)『日米企業の経営比較 : 戦略的環境適応の理論』日本経済新聞社。

サンフォード・M. ジャコービィ (2005)『日本の人事部・アメリカの人事部－日本企業のコーポレート・ガバナンスと雇用関係』東洋経済新報社。

サンフォード・M・ジャコビィ (2007)「コーポレートガバナンスと雇用関係の日米比較」『第 16 回国際フォーラム　日米比較：コーポレート・ガバナンス改革と雇用・労働関係』(労働政策研究・研修機構)。

関口定一 (2013)「General Electric におけるマネジメント層の変容－Management Conference Directory の分析」経営史学会第 49 回全国大会報告、10 月 26 日。

谷口明丈 (2002)『巨大企業の世紀－20 世紀アメリカ資本主義の形成と企業合同』有斐閣。

谷口明丈 (2005)「アメリカ巨大企業のコーポレート・ガバナンス (1899 年 - 1999 年) －取締役と執行役員の分析－」『立命館経済学』第 54 巻第 3 号。

谷口明丈 (2009)「アメリカにおける内部昇進型経営者：GE のケースを中心に」(パネル報告Ⅱ『トップ・マネジメントへの道－内部昇進型経営者の国際比較』(経営史学会第 44 回全国大会)『経営史学』第 43 巻第 4 号。

谷口明丈、須藤功編 (2017)『現代アメリカ経済史－「問題大国」の出現』有斐閣。

ピーター・キャペリ (2001)『雇用の未来』日本経済新聞出版社。

深尾光洋、森田泰子 (1997)『企業ガバナンス構造の国際比較』日本経済新聞社。

三品和広 (2004)「専門経営者の帝王学」『一橋ビジネスレビュー』第 52 巻第 2 号。

Business Week, April 20 1998; April 19 1999.

Cappelli, Peter(2008), *Talent on Demand: Managing Talent on Age of Uncertainty*, Harvard Business Press.

Cappelli, Peter and Hamori, Monika(2005). "The New Road to the Top," *Harvard Business Review*, January.

Fligestein, Neil(1990). *The Transformation of Corporate Control*, Harvard University Press.

Hall, Brian J. and Liebman, Jeffrey(1998). "Are CEOs Really Paid Like Bureaucrats?," *Quarterly Journal of Economics*, Vol.113, Issue3.

Harvey, Keith D. and Ronald E. Shrieves(2001). "Executive Compensation Structure and Corporate Governance Choices," *Journal of Financial Research*, Vol.24 No.4.

Kato, Takao and Mark, Rockel(1992). "Experience, Credentials, and Compensation in the Japanese and U.S. Managerial Labor Market: Evidence from New Micro Data," *Journal of the Japanese and International Economies*, Vol.6.

Lafley, A.G and Tichy, Noel M. (2011). "The Art and Science of Finding the Right CEO," *Harvard Business Review*, October.

Lazonick, William(2010). "Innovative Business Models and Varieties of Capitalism: Financialization of the U.S. Corporation," *Business History Review* , Vol.84, Winter.

Lazonick, William(2014). "Profits without Prosperity," *Harvard Business Review*, September.

Lazonick, William(2015). "Labor in the Twenty-First Century: The Top 0. 1% and the Disappearing Middle-Class," INET 2015 Annual Conference, Paris.

Lucier, Chuck, Kocourek, Paul and Habbel, Rolf (2006). "CEO Succession 2005: The Crest of the Wave," *Strategy and Business*, Summer 2006, Issue 43 on line edition.

Murphy, J.Kevin and Zábojník, Ján(2004). "CEO Pay and Appointments: A Market-based Explanation for Recent Trend," *American Economic Review*, Vol.94, No.2.

Newcomer, Mabel(1952). *The Big Business Executive: the Factors that Made Him 1900-1950*. Columbia University Press.

O'Sullivan, Mary(2000). *Contests for Corporate Control: Corporate Governance and Economic Performance in the United States and Germany*, Oxford University Press.

第4章

日本の
コーポレートガバナンス

　コーポレートガバナンス (corporate governance、企業統治) とは企業の「市民権者」による経営者への規律付け、管理監督の仕組みである。「市民権者」には、インサイダーとしての (内部) 取締役、従業員ばかりでなく、アウトサイダーとしての株主 (投資家)、貸手 (銀行) 等も含まれる。この「市民権者」の誰が、どのように経営者の経営活動をチェックするかがコーポレートカバナンスの重要な内容であるだけに、それは会社が誰のものであるかという「主権論」にもつながる。

　コーポレートガバナンスの内容は以下のとおりである。第 1 に、企業外部の利害関係者、つまり、アウトサイダーの「市民権者」と経営者の関係である。具体的に、株主の構成及び株主 (投資家) と経営者の関係、所有と経営の分離、企業と銀行間関係、経営権市場などがポイントになる。第 2 に、取締役会と経営者の関係である。具体的に、どのように取締役会の基本的な役割を決めるか、どのぐらいの割合で外部の人間を取締役会に入れるか、取締役会をどういう形にするか、それにどのような精神を吹き込むかなどがポイントである (経営史学会編 (2015))。第 3 に、経営者と「市民権者」間の権限や責任の配分方式、付加価値やインセンティブの配分方式である。具体的に、利害関係者 (ステークホルダー) の間でどのように権限や責任を分担し、付加価値を配分していけばよいか、また、経営者へのチェックとしての経営者交代、それぞれ経営者と株主へのインセンティブとしての経営者報酬と配当などの問題である (伊丹 (2000)；経営史学会編 (2015)；深尾・森田 (1997))。第 3 については他章に譲ることにして、本章では、第 1 と第 2 の内容を中心に日本のコーポレートガバナンスの特徴をみていこう。

1．株主と経営者の関係

(1) 株式所有構造

　前述したように、株主と経営者の関係がコーポレート・ガバナンスの重要な側面を構成するが、この株主と経営者の関係は株式所有構造に基づいて結ばれる。また、企業の株式所有構造はコーポレートガバナンスとの間に相互規定的な関係も持つ (宮島編 (2017))。そこで、まず、日本の株式所有構造の特徴をみておこう。

① 所有と経営の分離

　日本では、上場企業の中で、創業者及びその家族が 5％以上を保有するファミリー企業はそう多くない。例えば、1990 年時点で、日本の上場企業の約 4 分の 1 が一族企業であり、創業者一族が企業の 5％以上の株式を保有する (宮島編 (2017); 久保 (2010))。

　戦後の日本企業では、総じて、経営者、役員の株式保有比率が低い。第 2 章でみたように、大企業の大半では、経営陣を構成する役員のほとんどが内部昇進型のサラリーマンであり、それゆえ、株式所有には積極的でなかった。株式所有構成においてトップマネジメントが占める重要性が極めて低かったのである。その限りで、戦後日本企業では、所有と経営が分離されていたといえる。

② 法人企業による株式所有比重の高さ

　上場企業の株式は大量の株式を所有するものに集中しており、その株主のほとんどが法人企業である。金融機関、保険会社、取引先企業などの持株数が多い。さらに、法人の所有比率が上昇し、株式の法人企業への集中傾向が深化してきた。例えば、法人の株式所有比率は 1974 年の 63.9％から 85 年の 68.4％に上昇している (橋本 (1991))。

　大企業では比較的少数の金融機関、商社などが大株主になっており、製造業企業も大株主としての位置を占めている (吉川 (1992))。企業集団

が多くの株式を保有し、大株主になっている場合も多い。特に、各企業
集団内の金融機関が仲介になって集団内企業間の株式保有も進められて
いる (小佐野 (2001))。

　時期別には、1940 年代末と 50 年代初頭、圧倒的な比重が個人所有
だったが、その後、金融機関と事業法人の所有比重が一貫して上昇し、
総資産上位企業での同比重は 1970 年に 50％、75 年には 60％を超えた。
80 年代末の上場企業においても、金融機関と事業会社が株式全体のほぼ
7 割を所有していた (表 4-1)。金融機関の株式保有比率が低かった戦前
と異なる状況である (橋本、長谷川、宮島 (1998))。

表 4-1　　日本企業の所有者別持株比率 (株式数基準)　　　　　(単位：％)

年度末	金融機関	事業法人等	個人	外国人
1949	9.9	5.6	69.1	0.0
55	19.5	13.2	53.1	1.8
60	23.1	17.8	46.3	1.4
65	23.4	18.4	44.8	1.8
70	30.9	23.1	39.9	3.2
75	34.5	26.3	33.5	2.6
85	42.2	24.1	25.2	5.7
88	45.6	24.9	22.4	4.0

　注：金融機関には投資信託を含む。外国人は法人と個人の合計。1985 年度と 88 年度は
　　　単位株ベース。

出所：全国証券取引所協議会『株式分布状況調査結果』。

(2) 株式の持ち合い

　戦後日本では、複数の企業が安定株主としてお互いの発行株式を長
期的に保有し合う企業慣行がある。こうした株式の持ち合いは、取引先

との間ばかりでなく、企業グループ、系列、関連企業などとの間で広範に見られた。こうした株式持ち合いは日本のコーポレートガバナンスの重要な特徴を表すが、その進展過程をみておこう。

① 株式持ち合いの実態

高度成長期に、株式持ち合いあるいは安定株主関係は拡大していた。例えば、主に相互持ち合いに該当する、上場企業のインサイダー保有は、1962 年の 36.4％から 69 年には 48.9％に上昇し、リーディング企業のインサイダー保有は、同年に 37.6％から 50.2％にまで上昇した (宮島 (2021) ; 橋本、長谷川、宮島 (1998))。70 年代初頭に株式の持ち合いが約 50％前後と推定され (伊藤編 (1996))、野村証券の試算によると、バブル期の 88 年度、89 年度に上場企業の持ち合い比率 (株式時価総額基準) は 50％を超えていた。上場企業の株の半分以上がお互いに所有されていたのである。

② 株式持ち合い増加のプロセス
ⅰ) 1950 年代

株式持ち合いの慣行はすでに 1950 年代前半から形成された。終戦直後の 45 年 9 月末に、GHQ は占領政策の一環として財閥解体を行い、46 年 8 月に持株会社整理委員会を発足させ、同委員会が財閥保有株式を譲り受けた。解体された財閥保有株式は広く大衆が所有するという理念下に、47 年より、「証券民主化」運動が進められた。すなわち、株式処分に当って、GHQ と日本の政策当局が既存のガバナンス構造を尊重する方針をとったため、従業員などの友好的な株主に所有された株式が少なくなかった (岡崎 (1995))。1949 年 3 月東京証券取引所が設立され、戦後の証券取引が再開されたが、この時点で、個人投資家の株式保有率は 65％を超えていた。

しかし、財閥解体関連株を取得した個人、従業員の株式売却が始まった。ドッジ・ラインによるインフレの終息とともに、インフレ・ヘッジのために株式に投じられていた資金が株式市場から流出したし、企業再建

整備関連の増資も加わった結果、1949、50 年、株式は供給過剰に陥り、株式市場のクラッシュが起った。47 年から 49 年初めにかけて高騰した株価は、ピークのほぼ 2 分の 1 水準にまで急落した (岡崎 (1995) ; 寺西 (2003))。

　「証券民主化」で発行株の急速な分散を強制された旧財閥系企業は、突然株式市場の短期的な圧力に晒された。株価急落の中で、第三者による株式の買占めや乗っ取りの危険性が高まった。中には、実際に、グリーンメイラーと呼ぶべきグループの介入を受けた企業もあった。例えば、三菱系の陽和不動産、三井系の大正海上火災等への買占めの動きが生じ、関東不動産なども株式を買い占められ、株式買占団が取締役会への参加を要求した。富士電機、日本電気なども株式買占めの対象になった (橋本 (1995) ; 寺西 (2003))。こうした「乗っ取りの危機」の企業経営者は安定株主を求め、安定株主関係が相互に展開した。その結果、1950 年代前半、株式持ち合い、つまり、株式のインサイダー保有が増加した (宮島 (2021))。

　株式持ち合いにいち早く取り組んだのは三井、三菱、住友の旧財閥系企業であった。旧財閥系企業は系列の金融機関、事業法人に自社株の購入を依頼し、政府・金融当局も、生命保険会社に買い出動を求めた。1952 年から「名義貸し」によって安定株主工作 (相互に名義を貸し合い、自己株式を取得すること) が進められ、住友系では事業会社間の持ち合いが、三菱系では銀行などの金融機関と事業会社の間の持ち合いがその中心であった。ただ、三井系では持ち合いの進展がやや遅れた (宮島 (2021) ; 寺西 (2003))。財閥解体の対象になり、株式の所有分散の進んだ企業ほど利益率等のパフォーマンスが悪かった (Yafet(1995)) ことからいえば、こうした株式の持ち合いの強化は企業にとって合理的な反応であった (寺西 (2003))。

　非財閥系企業の場合、団体保険契約を締結した生命保険会社、取引面で関係の深い損害保険会社、有志関係のある信託銀行などに株式の引受けを依頼するなど、安定株主工作を行った。特に、団体保険獲得競争が開始されたため、生保会社がこれらの企業との取引関係の維持と企業

成長に強い利害関係を持つようになり、企業の株式保有に積極的であった。企業の人員整理が進められ、朝鮮戦争ブームも相まって、企業の利益率は好転し、1950 年代初めから投資信託、その受託者としての信託銀行、生命保険、銀行等が非財閥系企業の大株主になった (岡崎 (1995) ; 大蔵省財政史室 (1979))。

　こうした持ち合いの増加を可能にする制度変更もあった。まずは、1949 年の独禁法の改正であった。事業会社の他社株式の所有を厳しく禁止した 47 年 4 月の独禁法について、経営者が経団連等を通じて強力な規則改正運動を展開し、結局、49 年 6 月に改正された。この改正独禁法では、事業法人の株式保有禁止規定が廃止され、事業会社の株式所有は競争関係にあるものが禁止されるに止まり、事業法人の株式保有が可能となったのである (宮島 (2021))。加えて、52 年の講和条約発効後に株式保有制限がさらに緩和された。すなわち、それまで、持ち合いによる旧財閥の同一系株式の保有は厳重に禁止されていたが、それが解除された。これも旧財閥系企業の持ち合いの進展要因になった (寺西 (2003) ; 岡崎 (1995))。

　1954 年の資産再評価法の改正も、事業法人間の株式保有の増加に寄与した。この法改正で企業の固定資産の時価 (再取得価格) による再評価が強制され、それによって再評価積立金が無償交付の原資となった。これが有償発行と無償交付を組み合わせた「抱き合わせ増資」を可能にし、この増資が、株主、あるいは第三者割当増資を通じて安定株主の保有増加に寄与した (宮島 (2021) ; 大蔵省財政室 (1979))。

　ⅱ)1960 年代と 70 年代
　1960 年代には、証券不況への対応過程で株主の安定化が急速に進展し、さらに、資本自由化の動きも持ち合いを加速化させた (橋本、長谷川、宮島 (1998))。

　1950 年代後半から 60 年代初頭に、急激な増資が続き、また、投資信託の積極的な組成のために、株式市場は 61 年 7 月の頂点を経て低落局面に入り、7 年間に及ぶ株価低迷が続いた。とりわけ、65 年に証券不

況が激しく、株価水準はピーク時の2分の1にまで落ち込んだ(橋本、長谷川、宮島(1998))。その中で、個人投資家の株式市場からの撤退、投資信託の解約、それに伴う証券会社による投資信託組入株の売却によって株主の安定化が促進された。

　具体的にみておこう。1965年の証券不況に対応して、金融機関は、金融当局の支援のもとに株価維持機関として日本共同証券、日本証券保有組合を設立した。前者は株価安定を目的に流通市場から株式を購入し、後者は日銀からの資金を背景に、解約の進む投資信託組入株を証券会社から購入した(宮島(2021))。この二つの機関による買い入れは、発行株数の平均5.8%、最大値では15.6%に達した。

　この両機関が1966年より凍結株の売却を開始し、68年から売却を本格化した(宮島(2021))。この過程で活発な安定株主工作が展開され、凍結株の過半は安定株主にはめ込まれた。つまり、保有株の放出にあたって、発行企業のメインバンクを含む取引銀行、グループ企業に「はめ込まれた」。保有株の37.2%を銀行、事業法人に売却し、それに生命保険会社を加えると52.2%に達した(橋本、長谷川、宮島(1998);宮島(2021);橋本(1995))。この時期、比重を高めていた投資信託の組入株式は長期保有される傾向があったため、企業にとって投資信託による株式保有も株主の安定化を依存したことになる(寺西(2003))。

　他方、1960年代の株式持ち合いの進展の背景には、資本自由化に伴って外国企業による乗っ取りが発生するという企業側の強い危機感もあった。資本自由化によって民間での外国との資本取引制限がなくなり、外国人投資家のM&A圧力が日本の経営者の課題になった。外国資本による乗っ取り防止策が安定株主工作であり、その相手として経営者が頼りにしたのが長期的な関係を持っている「仲間」企業であった。これらの「仲間」企業間に株式の相互持ち合いが進められた(塩治、高橋、小林(1999))。安定化を最も積極的に進めたのは自動車産業であり、例えば、資本の自由化でトヨタが金融機関との持ち合いの流れを加速化させた。

　1966年の商法改正も株式持ち合いを後押しした。それまで株主の安定化は商法と抵触する部分があり、第三者割当増資を行う場合、各社の

定款が適法かをめぐって訴訟で争われた (橋本、長谷川、宮島 (1998))。
しかし、66 年の会社法改正によって、株主総会の承認なしに、企業が一
定のディスカウントの範囲で第三者割当発行を行うことが可能になった。
折しも、69 年から 73 年、額面発行株主割当増資から時価発行公募増資
への移行期に当たり、公募発行増資が増加した。66 年の法改正は、この
公募増資に関しても、新株を友好的な第三者に事実上割り当てることを
可能とした。

　具体的に、公募増資の際、発行企業があらかじめ引受先を指定する「親
引け」販売形態がとられた。発行企業が引受証券会社に申し出た分売希
望先を優先的に取り扱って、新規発行株を割り当てる方式であり、発行
側株主を決定する方法である (橋本、長谷川、宮島 (1998))。親引け株は
15％程度ディスカウントされ、この短期の「親引け」の盛行が、1972
年における株式の持ち合い増加、小さなインサイダー保有のジャンプの
主要因になった (宮島 (2021))。

　こうして、日本の株式持ち合い、インサイダー保有中心の所有構造
は 70 年代初めにほぼ定着、完成し、法人企業が他の企業の安定株主と
して機能する仕組みが広範に広がり、株式持ち合いが 70 年代後半から
安定した企業間関係となった (伊藤編 (1996)；宮島 (2021)；橋本 (1995))。

(3)「物言わぬ」株主と株主総会の形骸化

①「物言わぬ」安定株主

　このように、戦後日本では金融機関、事業法人の株式保有が多く、
株式の持ち合いも多かったが、これらの株主の株式保有の目的は、資産
運用ではなく、保有企業との長期関係の強化にあった (宮島 (2021))。し
たがって現経営陣を支持する友好的「内部者」として株式を保有し、現
経営陣を支持しない第三者には株式を売却せず、また、株式処分の必要
が生じた時、発行企業に売却意思を伝える (橋本、長谷川、宮島 (1998))。
「安定株主」、インサイダーの保有である (宮島 (2021))。関係会社や取引
銀行など安定株主の持株比率が 6 〜 7 割に達している企業が 6 割以上で

あったという推計もある (日本経済新聞社 (1995))。

　　安定株主は、株式を保有する企業の業績が著しく悪化しない限り、その企業の経営について発言しない。「物言わぬ」株主である。株主としての権限を移譲し、受動的で非介入主義的な役割を果たす。その限りで、株主主権が制限され、株主によるモニター機能は弱い (シェアード (1995) ; 高橋編 (1995))。

　　アルバートハーシュマンの議論を借りて、主に日本の安定株主を想定し、日本のコーポレートガバナンスの特徴を発言型 (voice) とみて、アメリカの退出 (exit) 型と対照的であるという主張 (伊丹 (2000)) もある。「安定」株主である以上、「退出」の権利を行使しない点で、日本の株主が退出型でないことは正しい。しかし、「物言わぬ」株主という点では、発言型ともいいにくい。日本の株主が発言型に当てはまるほど積極的に発言をしているかには疑問があるためである。したがって、日本のコーポレートガバナンスでは発言型と退出型の性格が絡み合っているとみることが正しいであろう (金 (2021))。

② 安定株主の機能と問題点

　　こうした安定株主の存在がコーポレートガバナンスにどのようなプラスの機能を果たし、どのような問題点を作り出しているか。

　　まず、プラス面では、株式の持ち合い、インサイダー保有で、安定株主は、配当等株主としての要求を控え、企業の短期的な好業績も迫らない。よって経営陣が短期的な株式市場の圧力に晒されない。また、企業の経営陣は、安定株主の存在によって乗っ取りや敵対的買収の脅威から効果的に身を守ることができ、経営者に対する近視眼的市場の圧力を和らげた。つまり、安定株主の存在が、経営者が長期的視野のもとで投資や意思決定を行い、なおかつ、成長志向的な経営を行うことを可能にした (経営史学会編 (2004) ; シェアード (1995) ; 橋本、長谷川、宮島 (1998))。実際に、多くの研究で戦後、日本の株式持ち合いが企業成長を促進したことが明らかになっている (宮島 (2021))。

　　さらに、安定株主との持ち合いを通じてできた企業のネットワーク

が倒産リスクを軽減し、事後的にリスク・シェアリングの機能も果たした。安定株主の存在が財務破綻に対する一種の保険を提供したのである (橋本、長谷川、宮島 (1998) ; シェアード (1995))。

　しかし、他方で、持ち合い下での「物言わぬ」安定株主が多かったことは経営者の規律付けに関する問題点も露呈した。例えば、安定株主による株式持ち合いは、経営者の安逸な生活の享受の温床となり、経営の規律の弱化につながった。特に、1980 年代末以降、安定株主の存在によって、経営者の規律付けメカニズムが有効に機能しなくなり、いわば、「エージェンシー問題」が起っていた (宮島 (2021) ; 岡崎 (1995))。

　こうした経営者の規律付け機能の弱化が、結果的には、企業の資本効率の低下、利益率及び生産性の低下につながった。1980 年代の好況期でさえ、企業間の高い持ち合い比率が高いパフォーマンスをもたらしたわけではなかった (宮島 (2021) ; Prowse(1994))。

③ 株主総会の形骸化

　株式保有構成において「物言わぬ」安定株主の存在が大きく、他の有力な株主が存在しなかっただけに、株主総会は形骸化されていた。株主総会の実質的な力は弱く、安定株主以外の株主の声は企業経営に反映されにくかったのである (吉川 (1992) ; 高橋編 (1995))。

2.　取締役会と経営者の関係

　次に、取締役会と経営者の関係もコーポレートガバナンスの重要な側面である。日本の取締役会と経営者の関係をみておこう。

　戦後は、日本の取締役会の権限強化の歴史であったといわれる。商法改正の繰り返しの中で取締役会の権限が強化され、取締役会が会社経営において実権を握っていると評される (吉川 (1992))。

　しかし、戦後日本の上場企業では、経営と監督の組織が分離されず、

取締役と執行役員が人的に重なった。取締役会と経営陣とが一体化した企業統治構造が一般的であった。日本の取締役会は、経営者の監督よりも経営上の意思決定を主な役割とした (宮島編 (2017))。

　　監査役も取締役会のメンバーになっているが、経営をチェックする監査役の役割は形骸化された (吉川 (1992))。歴史的に、1899 年、商法制定当初には、取締役が業務執行を行い、その監督・監査を監査役が担当することとされていた。だが、1950 年の商法改正によって業務執行の監督は監査役ではなく取締役が行うこととなり、監査役は会計監査のみを行うこととなった。それ以来、監査役が経営陣を監督する機能には限界があった (深尾、森田 (1997) ; 宮島編 (2017))。

　　戦後日本の上場会社では、従業員から内部昇進して会社の業務執行を行う者が取締役の大半を占めた。つまり、日本企業の取締役会の特徴は内部昇進者からなる取締役の構成にあった。企業規模が成長するにつれ、一時的に、社外から取締役を迎える機運も生じたが、社外取締役制は、結局ほとんど発展しなかった。例えば、1964 年、397 社の大企業調査で、対象企業の 44.1％が社外取締役を置いておらず、残りのうち、33％も従業員出身者以外には 1、2 名の取締役を置いているに過ぎなかった。高度成長期から 80 年前後にかけて日本のコーポレートガバナンスの特徴は内部昇進者中心の取締役会構造であった (経営史学会編 (2004) ; 宮島編 (2017) ; ヒルシュマイヤー・由井 (1977))。一般に、取締役会構成の決定要因としては、事業の複雑性、モニタリングの必要度、外部者による情報獲得の困難度などが挙げられるが (Coles et al.(2008))、日本では、これらの要因が内部昇進型の社内取締役中心の取締役会構造を作り出したといえる。

　　多くの取締役が従業員から長い勤続年数を経て取締役に就任していただけに、内部昇進者が中心を占める取締役構造は長期的な視点での経営、成長志向的な企業経営を可能にした (経営史学会編 (2004))。

3. 経営者と従業員の関係：従業員主権

　次に、企業の「市民権者」としての従業員と経営者の関係から、日本企業のコーポレートガバナンスの特徴をみておこう。

　日本経済新聞が行った 90 年度アンケート調査によれば、100 社の経営者のうち「会社はだれのものか」という質問に対して、従業員が 89％、株主が 80％で多かった (日本経済新聞社 (1995))。日本企業のコーポレートガバナンスは株主主権と従業員主権との二元論で解釈できる。

　ただ、「物言わぬ」株主が主力であるだけに、株主主権は喪失され、暗黙的な契約による雇用維持に対するコミットメントが株主への利益最大化に優先される。企業の資産に対する請求権は、株主より従業員が優先するものとして経営陣に理解されている (深尾・森田 (1997))。そこで、日本のコーポレートガバナンスは建前は株主主権、本音は従業員主権、あるいは従業員メイン、株主サブである。従業員の強い影響力が日本のコーポレートガバナンス、企業統治制度の特性である。従業員主権論といわれる所以である (伊丹 (2000) ; 宮島編 (2017) ; 高橋編 (1995))。

　経営陣が内部昇進型によって構成され、従業員の代表としての性格を持っているだけに、経営陣と正社員の間には長期的な信頼関係が形成され、従業員の企業へのコミットメントが高い。こうした従業員の強い忠誠心を基礎としているため、企業内の利害調整を行いやすく、これが安定的な経営を可能にした (伊丹 (2000))。

参考文献

伊丹敬之 (2000)『日本型コーポレートガバナンス－従業員主権企業の論理と改革』日本経済新聞社。

伊藤秀史編 (1996)『日本の企業システム』東京大学出版会。

大蔵省財政史室編 (1979)『昭和財政史－終戦から講和まで 19　統計』東洋経済新報社。

岡崎哲二 (1995)「日本におけるコーポレート・ガバナンスの発展」(青木昌彦、ロナルド・ドーア編『システムとしての日本企業』NTT 出版社)。

小佐野広 (2001)『コーポレートガバナンスの経済学』日本経済新聞社。

金容度 (2021)『日本の企業間取引－市場性と組織性の歴史構造』有斐閣。

久保克行 (2010)『コーポレート・ガバナンス－経営者の交代と報酬はどうあるべきか』日本経済新聞出版社。

経営史学会編 (2004)『日本経営史の基礎知識』有斐閣。

経営史学会編 (2015)『経営史学の 50 年』日本経済評論社。

塩治喜代明、高橋信夫、小林敏男 (1999)『経営管理』有斐閣。

全国証券取引所協議会『株式分布状況調査結果』。

高橋俊夫編 (1995)『コーポレート・ガバナンス－日本とドイツの企業システム』中央経済社。

寺西重郎 (2003)『日本の経済システム』岩波書店。

日本経済新聞社 (1995)『ゼミナール日本経済入門第 10 版』日本経済新聞出版社。

橋本寿朗 (1991)『日本経済論』ミネルヴァ書房。

橋本寿朗 (1995)「長期相対関係と企業系列」森川英正、米倉誠一郎編『日本経営史 5　高度成長を超えて』岩波書店。

橋本寿朗、長谷川信、宮島英昭 (1998)『現代日本経済』有斐閣。

ヒルシュマイヤー、由井常彦 (1977)『日本の経営発展－近代化と企業経営』
　　東洋経済新報社。

深尾光洋、森田泰子 (1997)『企業ガバナンス構造の国際比較』日本経済新聞社。

ポール・シェアード (1995)「株式持ち合いとコーポレートガバナンス」(青
　　木昌彦、ロナルド・ドーア編『システムとしての日本企業』NTT 出版社)。

宮島英昭 (2021)「株式相互持ち合いの形成と解体：21 世紀における日本企
　　業の株式所有構造の深化」(武田晴一編『高成長期日本の産業発展』東
　　京大学出版会)。

宮島英昭編 (2017)『企業統治と成長戦略』東洋経済新報社。

吉川満 (1992)「米国のコーポレートガバナンス」『商務法事』No.1299。

Coles et al.(2008). "Boards Does One Size Fit All?," *Journal of Financial
　　Economics*, Vol.87.

Prowse, Stephen(1994). *Corporate Governance in an International
　　Perspective: A Survey of Corporate Control Mechanisms among Large
　　Firms in the United States, the United Kingdom, Japan and Germany.*
　　Monetary and Economic Department, Bank for International Settlements.

Yafet, Yishay(1995). "Corporate Ownership, Profitability and Bank-firm Ties,"
　　Journal of Japanese and International Economics, Vol.9 No.2.

第 5 章

日本のコーポレート
ガバナンスの変化

　1990年代の日本経済の長期不振や企業の業績悪化を機に、日本の
コーポレートガバナンスの問題点を指摘し、その改革を求める声が高まっ
た。

　すでに1980年代から日本のコーポレートガバナンスに問題が起っ
たことも指摘され始めた。特に、80年代後半のバブル期、株主を無機能
化するプロセスで、経営者へのチェックメカニズムとして会社法が用意
したプロセスの有効性が著しく低下したこと、そのために、経営者への
チェックに空洞化が生じ、社会の価値観や倫理観に合わない経営者の行
動、企業の行動がとられたこと、従業員主権という主権概念にマッチし
たメカニズムがほとんど作られていなかったことが批判された(日本経
済新聞社(1995) ; 伊丹、加護野(1997) ; 伊丹(2000))。

　コーポレートガバナンスの改革が不可欠であり、他モデルに対する
株主主権モデルの優位を確立し、その拡大が規範的に望ましいという意
見が2000年代初頭には多くの支持者を見出した。もちろんこうした改
革に反対する意見も少なくなかった。既存のシステムの持続可能性がさ
まざまな角度から主張された(宮島編(2011))。

　こうした議論が進む中、日本のコーポレートガバナンスの従来の特
徴も変化を経験していた(宮島編(2011))。株式の持ち合いが解消される
動きが鮮明になった上、外国人投資家や国内機関投資家の株式所有比重
が高くなり、主な株主の行動、姿勢が変化した。また、1997年の「銀行
危機」を機に、取締役会制度など企業統治制度の改革も行われた。そこで、
90年代末以降、日本のコーポレートガバナンスがどのように変化してき
たかをみていこう。

1. 株主と経営者の関係の変化

(1) 株式持ち合いの縮小

　すでに述べたように、戦後日本では、法人間の株式持ち合いが多かったが、1990 年代以降、変化が現れた。すなわち、90 年代以降、持ち合い比率、安定株主比率が低下している。ニッセイ基礎研究所によれば、相互に持ち合っている株式が全体に占める比率 (金額ベース) は 92 年より 99 年まで 9 年連続低下し、その後も下がり続けた (宮島 (2021) ;『日本経済新聞』2000 年 9 月 22 日)。

　銀行危機が発生した 1997 年、消却原資が必要となった銀行が保有株売却を開始し、それ以降、信用リスクが急速に上昇した企業も、株価が急落した保有銀行株の売却を積極化し、数年間、持ち合い解消の動きが続いた。例えば、上記のニッセイ基礎研究所の推算で、株式の持ち合い比重は 96 年の 14％から 99 年度末に 10.53％になった。東証 1、2 部上場の非金融法人を対象にした推算でも、持ち合い比重は 97 年の 13.48％から 2006 年に 8.37％に低下した (表 5-1)。

表 5-1　持ち合い比重と国内機関投資家の株式保有比重　　(単位：%)						
	1986	1991	1997	2002	2006	2008
持ち合いの比重	14.27	14.53	13.48	10.81	8.37	8.54
国内機関投資家の保有比重	6.79	10.03	11.76	14.00	24.57	23.25

　注：サンプルは東証 1、2 部上場企業 (非金融法人)。
出所：宮島編 (2011)。

　個別企業の例をみれば、トヨタは、1999 年 3 月時点で、旧東海銀行と旧三和銀行の持株をそれぞれ 8.7％保有していたが、その後の 1 年間、両行が統合して発足した UFJ 銀行の持ち株を減らし、同銀行の持株は 4.9％に下がった。日産は、2000 年 10 月以降、旧日本興業銀行の株

式の約半数を売却した。マツダと広島銀行は、01 年 3 月期末までにそれ
ぞれ持っている全株式を市場で売却し、株式の持ち合いを解消した。旭
化成は、主要取引銀行に対して、持ち合い株の売却を持ちかけ、2000
年 3 月期末の残高は、99 年 3 月に比べ、住友銀行が 26％、第一勧業銀
行が 14％、日本興業銀行が 16％減って、この 3 行の持ち株は合わせて
4 割減になった (『日本経済新聞』2001 年 3 月 18 日 ; 同、2001 年 6 月
15 日 ;『日経金融新聞』2001 年 4 月 4 日 ; 同、2001 年 6 月 28 日)。

　　株式の持ち合いの解消を求める声はかなり前からあった。例えば、
1989 年、日米構造協議においてアメリカ側より、証券市場を閉鎖的なも
のにしているとして株式の持ち合いの解消が強く要求された。90 年代初
頭から株式保有で占める比重を高めた外国人株主は投資先企業の収益性
や経営の透明性を重視し、持ち合いの解消を迫った。こうした批判の中で、
業績の悪い企業は依然として持ち合い比率を高位に保ったものの、優良
企業は進んで持ち合いを解消し、外国人株主などのモニタリング下に高
株価を維持する方向を選択した。株価急落で銀行株の保有リスクが上昇
したことが持ち合い減少を促進したのである (経営史学会編 (2004))。

　　法改正など制度的な変化と、政府の政策的な動きも持ち合いの解
消を促進した。まず、株価急落で企業の保有株式含み損が膨らむ中で、
1990 年代末、保有株式の評価に時価主義が導入されたことが持ち合いの
解消を促進した。

　　また、2001 年に銀行等株保有制限法が制定され、銀行の株式保有を
BIS(国際決済銀行) の自己資本規制の範囲 (総資産の 8％程度) に抑えた
ことも株式の売却を加速させた。銀行の保有株式売却の受け皿となる株
式買取機関の設置と、日銀による銀行売却株の買収という政策的な動き
も持ち合いの解消を促した (宮島編 (2011) ; 宮島 (2021))。

　　2001 年に自社株買いが全面解禁され、企業が購入株を金庫株として
維持することが可能になった。この自社株買いの全面解禁は持ち合い解
消の促進を目的としたものであったが、これも持ち合いの縮小要因になっ
た。自社株買いの動機として、持ち合い解消過程における株式所有構造
の調整の側面が強かったのである (宮島 (2021))。

　自社株買いには、ToSTNeTs (Tokyo Stock Exchange Training NeTwork System) 取引と呼ばれる立会外取引が導入された。ToSTNeTs による買い付けは、発行企業と友好的な関係にある大口株主が、保有株を売却する場合に利用され、2001 〜 04 年に ToSTNeTs が自社株買いの 43.3 ％を占めた。株式の持ち合いなどインサイダー保有の比率減少が大きいほど、自社株買いに占める ToSTNeTs の比率が高かった。持ち合い解消によって売却された政策保有株の一部が、この ToSTNeTs を介した自社株買いによって吸収されたのである (宮島 (2021))。

　ただ、2006 年から、2008 年のリーマン・ショック発生までの短い期間には、持ち合いが増えた。05 〜 08 年平均で、三つの証券取引所の 1 部上場企業のうち、持合い解消を進めた企業の割合が約 10 ％であったのに対して、持ち合いを強化した企業が約 35 ％もあった (宮島、新田 (2011))。この時期には主に事業会社同士の持ち合いが増えた。新会計基準導入前の 99 年を除けば、事業会社同士の持ち合いは、基本的に強化される方向にあったが、特に 05 年以降はそれまでのトレンドを大きく上回っていた (宮島編 (2011) ; 宮島 (2021))。

　しかし、2008 年からはその動きは逆転した。06 〜 08 年に「戦略的連携」の名の下に事業法人間の持ち合いを増加させた企業では、リーマン危機後に多額の減損処理として、持ち合いが減少に向かった。持ち合い比率が持続的に下落し、00 年頃の 20 ％から 14 年度には 16.3 ％にまで下がった。

　持ち合い解消の動きは歴史的に結び付きの強かった旧財閥系の企業グループにも広がった。例えば、三菱商事は、2014 年、三菱マテリアルや日清オイリオグループの株を一部売却し、「三菱金曜会」メンバーのニコンは三菱電機株の一部を手放した。三井物産も三井造船株を売った。保有資産の多い金融業にも株式持ち合い減縮の動きが広がった。例えば、14 年度、キッコーマンは千葉銀行の株式 300 万株強を手放し、保有株をほぼ半減させ、千葉銀行も政策保有株を減らした。みずほフィナンシャルグループ (FG) は原則、2014 年度に持ち合い株を保有しないとの方針を立て、持ち合い関係のあるクボタもみずほの提案に応じ、同年度上期

に 500 万株強のみずほ FG 株を処分した。

　2015 年以降も持ち合い比率は下落し、15 年の 9.2％から、16 年に 8.4％、2017 年に 8％になった。特に、15 年 6 月のコーポレートガバナンス・コードの実施で、銀行が持ち合い株式を減らした。

(2) 株式所有構成の変化

　1990 年代以降、株式所有構成が大きく変化している。最も著しい変化は外国人投資家、特に、海外機関投資家の保有比重が急上昇したことである。90 年代前半まで外国人持株比率は一桁に止まったが、2000 年に 16.5％、05 年には 24.1％へと急上昇し、15 年には 30％を超え、その後も 30％前後で推移している (図 5-1)。

図 5-1　　主要投資部門別株式保有比率　　　　　　　　（単位：％）

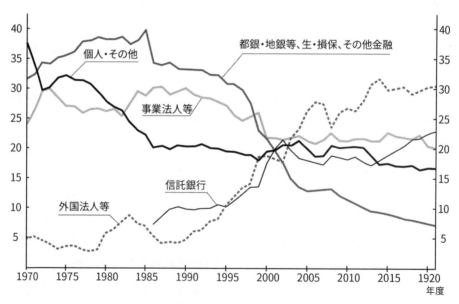

　注：1. 1985 年度以前の信託銀行は、都銀・他銀などに含まれる。
　　　2. 2004 年度から 2009 年度までは JASDAQ 証券取引所上場会社分を含み、2010 年度
　　　　以降は大阪証券取引所または東京証券取引所における JASDAQ 市場分として含む。
出所：『2021 年度株式分布状況調査の調査結果について』。

　海外機関投資家は国際分散投資を基本として、割安な地域の株式を組み入れて運用成績の向上を目指し、1990 年代以降、株価が割安であった日本株を買う行動をとった。企業側も、すでに述べたように株式の持ち合いを解消する誘因があり、その場合、新たな株主を探す必要に迫られた。また、時価総額の増大を経営目標に揚げる企業が増えたことも、海外機関投資家の保有を増やす要因になった。

　海外機関投資家の投資対象は基本的に MSCI(Morgan Stanley Corporate International Japan) インデックスの組入銘柄に限られており、これらの企業が東証時価総額に占める比重は 80％近くに達していた (宮島編 (2017))。海外機関投資家はこれら銘柄の中で頻繁な銘柄入れ替えを行い、売買回転率は 1990 年の 1 前後から 2008 年以降には 4.5 前後にまで上昇した。

　かつて外国人投資家が買う株式はハイテクや自動車など国際優良株と呼ばれる銘柄に止まっていたが、2000 年代以降、海外機関投資家の投資対象は製薬、精密機械企業に広がり、さらに、中規模・新興企業にまで広がった (宮島編 (2011))。総じて、資本効率が高く、情報開始に積極的な企業で外国人株主の比率が高い。実証研究によれば、海外機関投資家の投資対象として、規模が大きい、収益性が高い、高い格付を取得し、海外売上比率が高いなど、すでに市場で名声の確立した企業が強く選好された (Miyajima and Kuroki(2007))。

　また、信託銀行、投信・投資顧問会社、保険会社など国内機関投資家、特に信託銀行の保有比重が大幅に上昇してきた (図 5-1)。1990 年代前半に 10％前後だった国内機関投資家の株式保有比率は、2003 年度末には 20％を超えた (宮島編 (2017))。創業者一族やグループの中核企業、取引先銀行などの「安定株主」で占められていた筆頭株主が相次いで機関投資家に入れ替わった。例えば、日本 IBM、住友不動産、コマツ、ニコンなどでも国内機関投資家が実質的な筆頭株主になった。

　とりわけ、信託銀行の保有比率上昇には 2000 年の年金制度改正のインパクトが大きかった。すなわち、年金制度改正で、01 年に年金資金運用基金 (現在、年金積立金管理運用独立行政法人 (GPIF)) が設立され、

国内株への運用が本格化した。また、年金の積み立て不足を補おうとする保有株を拠出する企業が増え、生命保険から信託銀行へと年金資金が流入するとともに、厚生年金・国民年金の積立金が、それまでの資金運用部への預託から市場運用に変更された。海外投資家の保有株も信託銀行名義になることが多かった。

(3) 株主の発言、経営者への短期経営圧力の強化

株式保有における比重を急速に高めた機関投資家は経営者に株主の利益を意識した経営を求めた。外国人投資家は、株主価値最大化といった観点から経営に「物を言う」株主であった (小寺 (2010))。「物言わぬ」安定株主の時代から、株主が「物を言う」時代に変わっているのである。

2001年、カルパース (キャリフォルニア公務員年金基金) が、株式を保有していた60社以上の日本企業の株主総会で、監査役選任や役員退職金支払いの件で反対票を投じた。企業が株主総会で提出する議案を分析し、賛否を機関投資家に助言する議決権行使助言会社 (ISS) が01年より日本でも活動を始めた。多くの企業に投資している海外機関投資家は特定企業の議案の内容を詳しく検討する時間がなく、ISS が作成するリポートを参考にしたり、推奨に従って議決権を行使する。

前述したように、国内機関投資家も株式保有比重を高めており、この国内機関投資家による経営者への圧力も強まっている。1998年、国内機関投資家としては初めて旧三井信託銀行が、反社会的行為を行った企業の退任役員への退職慰労金支給議案に対する会社提案に異議を唱えた。

2000年代前半には厚生年金基金連合会 (現企業年金連合会) のガイドラインの公表、日本証券投資顧問業協会の「議決権行使に関する自主規制ルール」の決定に対応して、委託を受ける信託銀行、投資顧問会社 (投資一任役員会社) では、議決権行使委員会が詳細な基準を定め、それを事前に企業に提供し始めた。04年には厚生年金基金連合会のインハウス運用分の反対行使比率は25%に達し、投資顧問業でも、04年に同比率が10%、05年には15%に達した。00年代半ばから、機関投資家の反

対行使比率が上昇し、会社提案の議案が否決される可能性が現実的となった (宮島 (2021)；宮島編 (2017))。

　つまり、2000 年代に入り、国内機関投資家の議決権行使が実質的な意味を持ち始め、その後の 20 年間、機関投資家による議決権行使の影響力が強まった (宮島編 (2017))。

　こうした国内外の機関投資家の行動の影響で、経営者は、短期の企業業績指標に敏感になった。例えば、海外機関投資家の持株比率が高い企業ほど、経営者の ROE に対する感応度が高いことが知られている。海外機関投資家の株式所有で、株主による経営の規律付けのメカニズムが働いているとみることができるが、しかし、マイナス面として、経営者が株主の短期業績改善の要求に振り回され、安定的な経営が難しくなっている面もある。外国人投資の増加が近視眼的な企業経営を誘発するといった批判が強まる所以である (宮島編 (2011))。

2.　取締役会の制度改革

　コーポレートガバナンスのもう一つの重要な側面が経営者と取締役会の関係であり、したがって、企業統治制度の整備の核心の一つが取締役会制度であるが、1997 年以降の取締役会改革でこの関係にも変化が現れた。日本の取締役会改革の方向は、機構改革、規模縮小、社外強化の三つに向けられた。すなわち、経営と監督の組織未分離、大きな取締役会、内部昇進者からなる取締役の構成といった日本企業の取締役会の三つの特徴が 1997 年以降改革されていったのである (宮島編 (2017))。取締役会の重要な変化をみておこう。

(1) 執行役員制の導入

　まず、執行役員制の導入である。前述したように、日本企業の取締

役会のメンバーは経営を執行する主体でもあって、監督と執行が組織的に分離されずにいた。それゆえ、取締役会による経営のチェックができず、取締役会の機能が形骸化していた。その改善のために、新たに執行役員というポストを設けて、経営を執行する役員は取締役から外してこの執行役員に担わせた制度が執行役員制である。つまり、経営の監督と執行を組織的に分離する制度である。この制度の導入によって役員の業務遂行責任を明確にし、取締役会を活性化することができる。また、取締役数が減少し、人件費が削減され、迅速な意思決定ができる。

　こうした効果を期待して、ソニーが 1997 年に日本企業としては初めて執行役員制を導入し、98 年には、日清食品、東芝など 6 社が追随し、その後、他の電子メーカー、金融機関にも急速に普及した (宮島編 (2017) ; 経営史学会編 (2004))。このように、取締役と執行役員の機能を分離する制度を導入する企業が短期間に急増した。ただし、同制度の導入の効果は期待ほど大きくはなく、主に、取締役数削減に終わっている企業が多かった。

(2) 社外取締役導入の拡大

　1990 年代末より社外取締役を増やす動きも本格化した。取締役会メンバーに社外の人材を増やすことによって経営の監督機能を強化することが目的であった。

　1997 年 6 月、最も早く執行役員制を導入したソニーが社外取締役の増員にも最も早く取り組み、その後、NTT、リコー、UFJ ホールディングス、NEC、三菱商事、みずほホールディングス、東芝、村田製作所、信越化学工業等も社外取締役を増やした。2000 年代前半には社外出身者が取締役に占める比率が上昇する傾向が鮮明になり、その後も、独立社外取締役の選任が徐々に進展し、04 年、独立社外取締役選任企業が東証上場企業の 35％から 13 年には 61％に増加した (宮島編 (2017) ; 経営史学会編 (2004))。

　しかし、2010 年代半ばに、取締役会構成で「独立社外取締役が複数

いるが、少数派」であるという企業が多い。16 年 7 月の東証 1 部上場企業の平均取締役数が 9.29 人であるのに対して、独立社外取締役の平均人数は 2.22 人に止まる。取締役の 3 分の 1 以上または 2 分の 1 以上が独立社外取締役である会社の割合は、それぞれ 22.7％、4.6％に過ぎない。同じ時期、日経 225 採用会社の中でも、独立社外取締役が 3 分の 1 以上いる会社の割合は 27.6％に止まり、そのうち、独立社外取締役が取締役の過半数を占める会社はわずか 10 社 (4.4％) であった (宮島編 (2017))。社外取締役としてお招きできる人材数が足りず、まだ社外取締役がわずかである企業が多いのである。

(3) 委員会等設置会社及び監査役会設置会社の導入

　2002 年 5 月に成立し、03 年より施行された改正商法によって、上場会社は委員会等設置会社 (2005 年、委員会設置会社に名称変更され、現在の指名委員会等設置会社)、監査役会設置会社のいずれかの組織形態をとる必要があった。選択権が与えられる企業は資本金 5 億円以上、負債総額 200 億円以上の企業であった。

　前者の委員会設置会社は米国型のモニタリングボードをモデルとしたものである。この委員会設置会社では、監査役を廃止する代わりに、取締役の内部組織として監査、指名、報酬の 3 委員会が設置され、各委員会は取締役 3 人以上で構成される。また、各委員会の取締役の過半数は社外取締役にしなければならない。後者の監査役会設置会社は、取締役の職務執行を監査する監査役を 3 人以上おいて、そのうち半数以上は社外監査役でなければならない (宮島編 (2017))。

　2003 年 6 月の株主総会で同制度を導入した企業が現れ始め、日本経済新聞社の調査によれば、03 年 6 月末までに上場企業 36 社が同制度へ移行する見通しであった。特に、海外企業の傘下に入った企業で同制度への移行が多かった。

　企業が委員会設置会社を導入した理由としては、外国人株主にアピールできることが挙げられる。また、委員が自由闊達に経営全般に助言でき、

各委員の専門的知見を提供してもらえること、連結経営を強化することも導入の理由であった。

　ただし、同制度では、社外取締役を構成員の過半数とする3委員会を設置しなければならないといった厳しい導入要件があるために、同制度の導入に二の足を踏む企業が多く、委員会設置会社を採用する企業は少なかった。その代りに、大多数の上場会社は、監査役会設置会社となった (宮島編 (2017))。

(4) 監査等委員会設置会社の導入

　2014年の会社法改正で、15年より監査等委員会設置会社が新設できるようになった。監査等委員会設置会社には、監査役・監査役会は置かれず、代わりに、株主総会で監査等委員として他の取締役と区別して選任された取締役が監査等委員会を組織する。監査等委員は、既存の監査役会設置会社の監査役と同じく、取締役の職務執行を監査する職務権限があり、株主総会における取締役の選任議案や報酬議案についても意見を述べる権限も与えられた (宮島編 (2017))。

　この監査等委員会設置会社では、社外取締役の増員を進めやすくなった。また、社外取締役が、監査等委員としての職務を通じて会社の事情についての情報を得ることにより、経営陣の監督をより実効的に行うことができるメリットもあった。監査等委員会設置会社は、上場会社がモニタリング・モデルに基づく企業統治の改革を進めやすくするという狙いを持っていたのである (宮島編 (2017))。

　社外取締役の増員と軌を一つにして、同制度導入初年の2015年だけでも、534社が新たに選択可能となった監査等委員会設置会社に移行し、導入後まだ2年しか経たない16年8月15日現在、東証上場会社3,501社のうち648社 (18.5%) が監査等委員会設置会社になった (宮島編 (2017))。

3. スチュワードシップ (SS) コードとコーポレートガバナンス (CC) コードの制定

　2010 年代半ばにはコーポレートガバナンスについての規範も制定された。より公式的な形で、機関投資家及び企業の行動原則が定められたのである。

　まず、機関投資家の株式保有が増え、その存在感を増していたことを背景に、2014 年 1 月に日本版スチュワードシップ (SS) コード (「『責任ある機関投資家』の諸原則〜投資と対話を通じて企業の持続的成長を促すために〜」) が制定された。この SS コードは、機関投資家が、顧客・受益者と投資先企業の双方を視野に入れ、受託者としての「責任を果たす」ための原則である。具体的に、同コードでは、機関投資家は投資先企業やその事業環境等に関する深い理解のほか、運用戦略に応じたサステナビリティの考慮に基づく建設的な「目的を持った対話」などを通じて、当該企業の企業価値の向上や持続的成長を促すことが定められ、議決権行使の基準を決めることが義務付けられている。

　2015 年には、日本版コーポレートガバナンス (CG) コード (企業統治指針) も制定された。すなわち、同年 6 月 1 日より東京証券取引所による「コーポレートガバナンス・コード〜会社の持続的な成長と中長期的な企業価値の向上のために〜」が制定、実施された (宮島編 (2017))。

　この日本版コーポレートガバナンスコードは上場企業の経営者向けの行動原則として、「基本原則」、「原則」、「補充原則」の三層構造となっており、全部で 73 の原則からなる。「基本原則」は 5 つであり、①株主の権利・平等性確保、②株主以外のステークホルダーとの適切な協業、③適切な情報開示と透明性の確保、④取締役会等の責務、⑤株主との対話である (藤木 (2016))。

　なお、同コードは、弱すぎる株主の影響力の強化を図るなど、主に株主主権の方向に舵を切っている内容でおり、その限り、英米型のモニタリング・モデルへの接近を指向しているものといえる (宮島編 (2017))。

事実、同コードは、1992年にイギリスでガバナンス強化の指針として作られたキャドバリー報告書を原点にする。

　同コードの原則で、上場企業への重要な要求は二つであった。第1は、独立社外取締役を二人以上選任することであった。特に、前述したように、2015年の会社法の改正により、監査等委員会設置会社の選択が可能となったが、CGコードは2人以上の独立取締役の選任をベストプラクティスとして求めた。第2は、「政策保有株」あるいは持ち合い株を売却することであった。企業はこれらの要求を実施するか、もし実施しない場合にはその理由をコーポレートガバナンス報告書で十分に説明することが求められた(宮島編(2017))。

　第1の社外取締役の増加の要求によって上場企業の社外取締役が増えた。例えば、東証1部上場会社のうち、独立社外取締役を二人以上選任している企業の比率は、2014年21.5%から2016年79.7%へと、急速に上昇している。第2の持ち合い株の売却の要求については、例えば、三井住友フィナンシャルグループは東京証券取引所に提出したガバナンス報告書の中で、財務健全性を維持するために、政策保有株は原則として持たない方針を記していた(『日本経済新聞』2015年6月22日;同、2015年7月14日)。同コードの制定が株式持ち合いの解消に影響していたのである(宮島編(2017))。

4. コーポレートガバナンスの変化の評価

　以上みてきたように、日本のコーポレートガバナンスは2000年代以降、市場性を強める方向へと変化してきたと評価できる。「行き過ぎた市場化」が指摘されているのもその所以である。

　例えば、株式市場で国内外機関投資家の株式保有比重が上昇するに伴って、短期業績を重視する市場の圧力がより強く経営者に影響している。また、経営とチェックの機関を分離し、チェック機関に外部からの

メンバーを増やすという制度変更がなされた。それに、スチュワードシップコードとコーポレートガバナンスコードの制定も株式市場の圧力強化に促された面が強い。

　ただし、市場性が強まったとはいえ、日本のコーポレートガバナンスには組織性も働いている。すなわち、日本経済をリードする大企業、あるいは近年急成長した新興企業で、伝統的な関係ベースの仕組みと、市場ベースの仕組みが結合している (Aoki et al.(2007)；オールコット (2010)；Jackson and Miyajima (2007))。市場性と組織性が絡み合っているという意味で、日本のコーポレートガバナンスは「ハイブリッド型」であるといえる (宮島編 (2011))。

　しかし、それは近年に限った現象でもない。戦後、日本のコーポレートガバナンスでは常に市場性と組織性が絡み合っていたからである。近年の環境及び制度の変化によって、市場性と組織性の新たな絡み合いが模索されているとみた方がよかろう。

参考文献

伊丹敬之 (2000)『日本型コーポレートガバナンス－従業員主権企業の論理と改革』日本経済新聞社。

伊丹敬之、加護野忠男 (1997)『ゼミナール経営学』日本経済新聞社。

小寺宏昌 (2010)「日米の経営者報酬の現状と問題点」『証券アナリストジャーナル』6 月。

経営史学会編 (2004)『日本経営史の基礎知識』有斐閣。

ジョージ・オルコット (2010)『外資が変える日本的経営－ハイブリッド経営の組織論』日本経済新聞出版社 (Olcott, G(2009). *Conflict and Change: Foreign Ownership and the Japanese Firm*, Cambridge University Press).

全国証券取引所協議会『2021 年度株式分布状況調査の調査結果について』日本取引所グループ。

『日経金融新聞』。

『日本経済新聞』。

日本経済新聞社 (1995)『ゼミナール日本経済入門第 10 版』日本経済新聞社。

藤木裕 (2016)『入門テキスト金融の基礎』東洋経済新報社。

宮島英昭 (2021)「株式相互持ち合いの形成と解体：21 世紀における日本企業の株式所有構造の深化」武田晴一編『高成長期日本の産業発展』東京大学出版会。

宮島英昭編 (2011)『日本の企業統治』東洋経済新報社。

宮島英昭編 (2017)『企業統治と成長戦略』東洋経済新報社。

宮島英昭、新田敬祐 (2011)「株式所有構造の多様化とその帰結：株式持ち合いの解消・「復活」と海外投資家の役割」宮島英昭編『日本の企業統治：その再設計と競争力の回復に向けて』東洋経済新報社。

Aoki,M et al.(2007). *Corporate Governance in Japan: Institutional Change and Organizational Diversity*, Oxford University Press.

Miyajima, H. and F. Kuroki(2007). "The Performance Effects and Determinants of Corporate Governance Reform," in Aoki, M.,G. Jackson and H. Miyajima (eds.), *Corporate Governance in Japan: Institutional Change and Organizational Diversity*, Oxford University Press.

第6章

コーポレートガバナンスの
日独比較

　第4章でみたように、日本企業のコーポレートガバナンスには特徴的な姿が多く観察される。これらの特徴は他の先進諸国と比べ、特殊なものであるという意見も多い。しかし、本当にそうなのか。実際は、日本のコーポレート・ガバナンスは海外のそれとの間に相違点だけでなく、共通点も多い。また、過去には異なったが、近年になっては類似しつつある特徴も少なくない。

　そこで、本章では、ドイツと日本のコーポレートガバナンス上の共通点と相違点を明らかにする。次章ではアメリカと日本のコーポレートガバナンスを比較し、共通点と相違点を明らかにする。

1.　日独の共通点

(1) 株式所有構造

①　株式所有の高い集中度：大株主への集中

　日本と同じく、ドイツでも、支配的大株主への株式集中度が高い。ドイツで特定の株主単独で50％以上の持ち分を所有している企業が多い。例えば、ドイツ上場企業の資本金総計の90％は大株主の過半数所有下にあり、多数の株主に分散している企業は最大100社の中で十数社に過ぎない。また、1980年代末、上位200社のうち、約9割の企業で25％以上の持分を持つ株主がいた。ドイツ大企業の平均で上位5位までの株主の持ち分比率が40％を超えている (Prowse(1994)；Edwards and Fischer(1994)；Roe(1993)；吉森(1994)；高橋編(1995)；小佐野(2001))。このように支配主体が明確な大企業が多い点は、日本との共通点であり、アメリカやイギリスとの違いである。

②　高い法人株主所有比重

　日本と同様に、戦後ドイツの場合も、「個人」の保有割合が低位にあり、法人企業の株式保有の割合が高かった。表6-1によれば、個人の株

式保有割合は、1990 年頃に 2 割を下回っているのに対して、法人の株
式保有比重は高い。同時期に、企業、銀行、保険会社・年金基金の保有
分を合わせれば、ドイツ国内株式の 64％に達する (表 6-1)。株式所有
を基準にしていえば、3 分の 2 の会社が他社支配下にあるといわれる (吉
森 (1994))。中でも、金融機関より事業会社による株式保有が多く、例
えば、84 年、ドイツでは非金融機関が全株式の 36.1％を保有していた
(Edwards and Fischer(1994))。90 年頃にも、非金融機関が上場株式の
約 4 割を保有している (表 6-1)。

表 6-1　証券取引所に上場された会社の株式所有構造 (1990 〜 91 年)

(単位：％)

		日本	ドイツ
金融機関	銀行	25.2	8.9
	保険会社	17.3	10.6
	公的・民間年金	0.9	-
	投資信託、その他	3.6	-
	合計	47	19.5
非金融機関	企業	25.1	39.2
	家計	23.1	16.8
	政府	0.6	6.8
	海外	4.2	17.7

出所：深尾、森田 (1997)、40 頁。

③　株式の持ち合い

　ドイツも日本と同様に、国内の銀行、保険会社、企業間に株式持ち
合いが進んでいる (高橋編 (1995) ; 吉森 (1994))。例えば、1990 年頃、
株式の持ち合いは全株式の 2 割を超えているといわれる (Bhide(1993))。
　ドイツでは、同じ企業グループ内の企業間にお互いに株式を所有す

る「分散所有型コンツェルン」が多く、それゆえ、企業間の株式持ち合いが多い。

　歴史的に株式持ち合いが進んだのはヴァイマル共和政下の1920年代半ばである。第1次世界大戦の敗戦後、深刻な不況とハイパーインフレーションに苛まれた企業は、産業合理化を進めるとともに、コンツェルンを形成した。金融コンツェルンの形成であるが、このコンツェルン内の企業間には株式の持ち合いが増え、また、人的な交流・結合が進み、企業ネットワークが作られた。それ以降、ドイツ国内株式会社の90%以上が資本的関係によってあるいは個人的にお互いに結びついている二つもしくはそれ以上の企業グループ内企業であるとされる（テオドール・バウムス（1994）; O'sullvan(2000)）。

　第4章でみたように、日本でも戦後、旧財閥系企業間の株式持ち合いが増えたことと似通っている。ただ、ドイツの株式持ち合い比率は日本に比べれば低かったとはいえ（高橋編(1995)）、第5章で述べたように、1990年代後半以降、日本の株式持ち合いが解消されていって、現在の株式の持ち合い比率は日独の間にかなり近接している。

(2)「物言わぬ」安定株主と株主総会の形骸化

① 物言わぬ安定株主

　日本と同様に、ドイツ企業の株式の大きな部分は、長期的な取引関係にある他会社や金融機関（銀行や保険会社等）によって保有され、株式市場では株式が少ししか取引されていない企業も多い（深尾、森田(1997)）。多くの株式が長期間保有され続けているのである。この場合、株式所有の目的は短期的なキャピタルゲインや配当等にあったわけでなく、長期的関係の維持にあった。例えば、表6-2でみるように、機関投資家のうち、長期固定的な株式保有を目的とする株主の株式保有比重が日独共に高い。いわゆる安定株主が多いのである。このように安定株主の存在が大きいという点でも日独は共通である（吉森(1994)）。

表 6-2　日本、ドイツにおける株式所有分布（推定された投資目的別）(1990 年)

（単位：%）

	日本	ドイツ
個人	20	4
機関投資家：長期固定的	40	27
機関投資家：純粋な投資目的	6	3
企業	30	41
政府	ほとんどなし	6
海外投資家	4	19

出所：深尾、森田 (1997)、39 頁。

　　こうした安定株主は、経営について「物言わぬ」株主である点でも日独の共通点が見出せる。実際に、ドイツでは、株主が企業の業務執行委員会や取締役会に対して直接及ぼす影響力が小さいとされる（深尾、森田(1997)）。また、安定株主は短期的な利益を求めないだけに、経営者が短期の利益急増を目指さず、長期視点で利益を再投資することができるようになる (Charkham(1994))。このように、安定株主の存在によって、長期的視点からの経営者の経営が促されるという点も日独の共通点である。

② 株主総会の形骸化

　　日本と同様に、ドイツでも株主による最高議決機構である株主総会が形骸化されている（吉森 (1994)）。例えば、業務執行に関する決定を株主総会で行うことができるのは執行役会の請求があるときのみである（深尾、森田 (1997)）。何より「物言わぬ」安定株主が大株主になっているからである。さらに、ドイツの場合は、日本とは異なる株主総会の形骸化理由もある。ドイツでは、ほとんどの株主が銀行に株式を寄託しており、株主の代りに銀行が株主総会で議決権を行使するが、銀行は株主総会の前にすべての議題について、寄託されている株式の所有者に賛否の議決意図を伝える。反対する株主は委任状にその旨を明記し、銀行は、反対

の委任状に沿って議決権を行使することができる。しかし、大部分の株主は委任状を送り、銀行の意向に任せる (吉川 (1992))。株主総会が無機能化するのである。こうした株主総会の形骸化で、株主が最高経営責任者に対する監視、処分機能を発揮していない状態であるといえる。ここにも日独の共通点を見出せるのである。

(3) 経営監督機関の弱い監視機能

経営の監視機構として、日本の取締役会に該当するのがドイツの監査役会 (Aufsichtsrat) である。第 4 章で述べたように、日本の取締役会が形骸化されたのと同様に、ドイツでもこの監査役会の経営監視機能は弱い。監査役会の監視機能が無機能化・形骸化し、モニタリング機能を失っているとされる (高橋編 (1995))。

ドイツの株式会社の監査役の起源は 19 世紀半ばにまで遡る。当時、監査役は出資者で、かつ、一種の相談役でもあり、業務執行者を任命して、監督する立場にあった。1870 年には相談役の継承として法的に監査役会の設置が義務付けられた。その後、株式会社の定款によって経営者の選任権を監査役会に与えるのが慣行になっていたが、1937 年に、法律で監査役会が業務執行を担当する者を選任することが定められ、65 年の株式法改正では監査役会の職務と権限、特に、監査役会が業務執行を監督することが定められた (深尾、森田 (1997) ; 高橋編 (1995))。

監査役会メンバーのほとんどが社外監査役であるが、この社外監査役会役員への報酬が高額である。厳しく経営者を追求すると高い収入を「棒にふる」ことになるため、監査役会の経営監視機能は低下し、経営側の「同盟」のように行動する傾向がある。監査役会による経営監視義務の遂行は極めて不十分であり、虚構とさえいえると指摘される (吉森 (1994) ; Cable(1985))。

さらに、監査役会が執行役会の経営技術の向上に見合う能力や、革新的、専門的な監視技術を見出すに至っていない (吉森 (1994) ; 高橋編 (1995))。企業が巨大化し、その経営内容が複雑化しており、監査役が企

業の具体的経営の問題に精通するのは困難であるためである (深尾、森田 (1997))。

　ドイツでは、監査役会の資本側監査役はすべて社外監査役でなければならず、労働側によって推薦される監査役も一定数以外は外部の者である (吉森 (1994))。このように、監査役会のメンバーのほとんどが社外監査役であることも、監査役会の監視機能の限界に影響する。社外出身の監査役は企業の経営についての理解のため、企業の執行役員からの情報に頼るしかない (O'sullvan(2000))。監査役会役員が他の方法で企業内の情報をえることもほぼ不可能に近い。もちろん、重要業務については執行役から監査役会に事前報告をし、監査役が質問をし、また監査役会が情報を求める権利をも持っている (Prentice and Holland ed.(1993)；Roe(1993))。しかし、執行役会が監査役会に与える情報は少なく、不十分であり、かつ時宜を失している場合が多い。執行役員から監査役会へ提出される資料、情報は実質的な内容に欠けるものが多いためである (吉森 (1994)；小佐野 (2001)；Edwards and Fischer(1994))。

　また、日本と異なり、ドイツでは監査役会および執行役会の役員が他社の役員を兼任することが多い。例えば、3 社以上を兼務する役員が36％に達し、監査役会役員の他社役員の兼務が多すぎるとまでいわれる (吉森 (1994))。このように、監査役の多くがいくつかの会社の監査役や取締役を兼務しているため、時間が不足している問題がある (深尾、森田 (1997))。1965 年の法改正によって、一人が監査役の職を超えて兼任することを禁止しているものの、子会社の役員兼務はこれに算入されないため、依然として多くの企業の監査役を兼務している (吉森 (1994)；深尾、森田 (1997))。

　監査役会の会合頻度も少ない。法律によって監査役会は原則として3 カ月に 1 回招集になっているが、一般に年に 2 〜 4 回開催される。その会合でも、形式的審議に付されるに過ぎない (Roe(1993)；深尾、森田(1997))。

　事実、企業の収益性、安定性に大きな問題がない限り、監査役会における意思決定は執行役会議長によって行われ、正式な監査役会会議で

は形式的承認に終わることが多い。監査役会が経営陣による決定事項を事後的に承認するという傾向も強まっている (深尾、森田 (1997)；吉森 (1982)；吉森 (1994))。支配的株主グループが監査役会を無視して、経営陣に直接指示を出す企業すらある (ロー (1996))。

その背景には、監査役会の中に従業員代表が含まれていることがある。すなわち、従業員代表が監査役会に入っているため、経営陣は会社の機密情報が外部に漏洩することを警戒して重要問題を公式の監査役会で討議したがらない上、監査役会に最高経営者責任者が参加しない。監査役会が資本側代表と労働側代表に二分される結果、労使の利益代表の交渉の場と化し、会社の長期的利益の観点からの討議は行われがたい。そのため、資本側代表である監査役会会長と執行役会会長二人で、あるいは主要株主の代表である資本側代表役員を交えて非公式に決定することがあるといわれる (深尾、森田 (1997)；吉森 (1994)；ロー (1996))。

(4)「強い」経営者

日本の場合、株主総会が形骸化され、取締役会の経営者チェック機能も弱いだけに、経営者のパワー・影響力は強い傾向がある。同様に、ドイツの場合も、株主総会が形骸化され、監査役会の経営者規律付け機能が弱く、経営者や経営陣のパワー・影響力が強い。もう一つの共通点である。

まず、執行役会会長の影響力が強大である場合が多い。企業の経営活動の内容、問題に最も精通しているのが執行役会の会長である。そのため、企業の業績が普通であれば、執行役会の会長が最も大きな権力、影響力を保持している (高橋編 (1995)；吉森 (1982))。

機構としての執行役会に強い権限が与えられ、執行役会は強大な集権パワーを持つ集合体である。執行役員の任期は 5 年であり、「重大な事由」があるなどよほどのことがない限り、その任期が保障される (深尾、森田 (1997)；Roe(1993))。

それに加え、ドイツで経営陣は監査役会にも強い影響力を持つ。本

来は、経営を監視する組織である監査役会に対して、大企業の3分の2で、執行役会が大きな支配力を有している (深尾、森田 (1997) ; 吉森 (1994))。例えば、執行役会は、資本側監査役会役員の候補者を提案し、それが株主総会にも提案されるが、株主総会が形骸化されているため、執行役会が監査役候補者を決定する段階で事実上監査役が決まることになる。このように、執行役会は監査役選任を通じて監査役会に大きな影響力を行使する。そのため、監査役は執行役に従属してしまう傾向すらある (深尾、森田 (1997) ; Roe(1993) ; 吉森 (1994))。

　(3) で述べたように、監査役会の対経営者監視機能が弱いが、これも経営者が「強い」ことを裏付ける。取引関係、株式持ち合い、個人的関係の結果として会社間で相互に監査役会役員が派遣されることが多い。特に、ドイツでは、取引先企業から監査役メンバーとして派遣されるのが一般的である (高橋編 (1995))。その場合、それぞれの社外監査役と会社の関係は馴れ合い的となり社外監査役が独立性を維持し得ない。監査役会の対経営者監視機能は働かず、事実上、経営者による自己監視または自己支配が実現される。企業レベルの共同決定、経営戦略、経営計画の策定や決定について執行役会はほぼ完全な自由度を有することになる (吉森 (1982) ; 吉森 (1994))。

　このように、「強い」経営者・経営陣であることも、日独のコーポレートガバナンス上の共通点であるといえる。

(5) 従業員主権：従業員の強い影響力

　企業は誰の利益のために存在するかという点でも、ドイツと日本の企業統治制度上の類似性がある。つまり、企業は従業員の利益のために存在するという認識が企業内で共有されていることがドイツと日本企業のコーポ―レートガバナンス上の類似性の一つである (吉森 (1994))。第4章で述べたように、日本のコーポレートガバナンスは建前は株主主権であるが、本音は従業員主権、あるいは従業員メインである。同じように、ドイツも共同体感覚が背後にあって従業員主権的な考え方に社会的親和

性がある (伊丹 (2000))。

　日本の取締役会は実質的にほとんど全員が従業員代表になっており (伊丹 (2000))、ドイツでも、共同決定法という法制度のもとで、日本の取締役会と同じ位置付けである監査役会に、その半数の従業員代表、あるいは労働側代表が監査役として参加している。

　ドイツの監査役会に労働側代表が入るようになったのは戦後である。監査役会が設けられた当初は、監査役はすべて株主の代表によって構成された。1920 年 2 月、法的に労働評議会 (the Works Council) から 2 名が監査役会に入れるように定められたが、ナチ政権下の 34 年 1 月に、その条文は削除された。しかし、戦後の 47 年 3 月、監査役会に労働組合の枠を新設するという組合の要求をイギリス軍政府が受け入れ、経営者も合意し、監査役の一部を従業員代表とする制度が導入された (Charkham(1994))。それが法的に裏付けられたのは 51 年である。すなわち、51 年、石炭・鉄鋼業共同決定法 (＝「モンタン共同決定法」) が制定され、石炭、鉄鉱石、鉄鋼業に従事する、従業員 1,000 名超の企業では、株主と従業員をそれぞれ代表する同数の監査役と 1 名の中立の監査役からなる 11 名で監査役会を構成することが定められた。

　さらに、52 年 10 月に制定された「1952 年経営体制法」は、原則として被用者 (従業員) 数が 500 名以上の中小企業では、被用者代表監査役が監査役会において占める割合を監査役総数の 3 分の 1 にすること、被用者代表監査役は 2 名まで当該企業の被用者の中から選出せねばならないこと、被用者代表監査役が 2 名を超える場合には、当該企業の被用者である必要はないことが定められた (村田 (1978))。また、76 年 5 月に制定された「共同決定法」(「被用者の共同決定に関する法律」) では、前述したモンタン共同決定法適用企業 (石炭・鉄鋼部門の売上 50％以上) 以外の企業に対しても、監査役会における出資者選出監査役と被用者選出監査役が同数になることを規定した (村田 (1978) ; 吉森 (1982))。その後、監査役の一部を従業員代表とする制度は、他の産業にも広がった (深尾、森田 (1997))。

　現在も、従業員 2,000 人超の企業では監査役の半数を被用者選出代

表が、従業員 2,000 人以下では、監査役の 3 分の 1 を被用者選出代表が
それぞれ占めている (深尾、森田 (1997) ; Edwards and Fischer(1994))。
被用者選出代表の監査役には、当該企業の従業員代表と、従業員に限定
されない被用者代表、すなわち当該企業に組合員のいる労働組合代表が
含まれる。一般に、12 名構成の監査役会と 16 名構成の監査役会の場合
は労働組合代表監査役が 2 名であり、20 名構成の監査役会の場合は 3
名になる (村田 (1978))。1988 年、売上高上位 100 社のうち、監査役会
を設けている 87 社の事例をみれば、542 名が該当企業の従業員代表で、
187 名が労働組合代表監査役であった (Charkham(1994))。

　このように、企業の経営をチェックする機関で従業員の代表が占め
る比重が大きいこと (アルベール (2011)) に、日独のコーポレートガバ
ナンス上の共通点を見出すことができるのである。

2. 日独の相違点

(1) 経営監督機関と執行機関の分離：独の二元構造

　ドイツは、経営監督機能を担う監査役会と、業務執行機能を担う執
行役会 (Vorstand) が人的にも法形式的にも完全に分離されている。つま
り、経営の監視と執行の両機能が完全に分離され、別々の機関によって
担当される二元構造である (吉森 (1994) ; 小佐野 (2001) ; 高橋編 (1995))。
経営の監督機能を持つ取締役会と、経営を執行する経営会議が同じメン
バーからなる日本との大きな違いである。

　ドイツの株式会社は監査役会を設置することになっており、この監
査役会は業務執行の監督ないし監視の機関として、事実上日本の取締役
会と同じ職務権限を持っている。すなわち、取締役、代表取締役社長の
指名・解任など人事への介入はもちろん、業務執行の監視、業務内容お
よび資料の閲覧・検査、現金、有価証券、商品などのチェック、資金の
調達および運用、固定資産への投資、他社への資本参加、株主総会の招集、

年度決算の確定などに携わる (村田 (1978) ; 吉森 (1994) ; 相沢 (1993) ; 高橋編 (1995))。特に、76 年に成立した「共同決定法」によって、監査役会は監査役の 3 分の 2 以上の多数決で執行役会役員を任命、解任する権利を持っている。監査役会に与えられている権限が強いのである (村田 (1978) 深尾、森田 (1997) ; 吉森 (1982) ; 伊丹 (2000) ; 高橋編 (1995) ; Charkham(1994))。

　一方の執行役会は企業の最高方針を決定する業務執行機関として、取締役会とも呼ばれる。しかし、日本でいっている「取締役会」とは異なり、ドイツの執行役会 (＝取締役会) は、日本の常務会に近い (村田 (1978) ; 高橋編 (1995) ; 深尾、森田 (1997))。

　法的にも、ドイツの株式法の規定によって、株式会社では監査役会と執行役会が別の機関になっており、「共同決定法」でも、従業員 1,000 人以上の企業では役員会を監査役会と「執行役会」との二重構造と定めている。

　人的にも両機関は分離されている。すなわち、同一会社において取締役は監査役を兼任できないし、監査役は取締役の継続的代理人または指揮職員になれない (高橋編 (1995) ; 深尾、森田 (1997) ; 村田 (1978))。実際、前述したように、執行役員は社内の者であるに対して、監査役会のメンバーは社外の者であることも、両機関の人的な分離を表している。

　執行役会会長を終えた者が次の監査役会に入ることは少なくないものの、執行役会役員から監査役会役員、監査役会副会長、監査役会会長のいずれかに昇進した者の比率は低い (高橋編 (1995) ; 伊丹 (2000))。

　このように、経営の監視と執行の両機能が、組織的に、人的に分離される二元構造になっていることは、日本との違いである。

(2) 多い同族企業における所有と経営の未分離

　日本に比べるとドイツには、はるかに多くの同族企業が存在する。例えば、1996 年、ドイツ売上高上位 1,000 社のうち、家族所有企業が 38.6％である。2013 年日本では家族所有企業が 7.6％に過ぎない (宮島

編 (2017))。日独の違いである。ドイツに限らず、イタリア、スペイン、スウェーデンなど大陸欧州諸国も、株式所有構造が創業者一族優位の状況にある (Bhide(1993)；宮島編 (2017))。

　こうした同族企業では所有と経営が分離されていない。第 2 章でみたように、戦後日本の大企業経営者のほとんどは内部昇進型サラリーマン経営者で、自社の株をそれほど持っておらず、所有と経営が分離されていることと対照的である。日本と比較すれば、ドイツの方が所有と経営の分離が遅れているのである (吉森 (1982))。

　さらに、同族・家族経営企業が株式市場に上場して、所有と経営が一部分離される場合も、議決権がつかない優先株を発行することが多い。株主に企業の経営権に影響を与えることなしに資本市場から資金調達ができるからである (山本 (1991))。

　それゆえ、株主が経営に介入し、影響を与えることもそれほどない。同族の支配力が維持され、株主による経営の規律付けの可能性が極めて低いところに、コーポレートガバナンス上の日独の相違点を見出すことができる。

(3) 上場企業の少なさによる弱い株主影響力

　ドイツの場合、上場企業が少ない。大企業の中でも、上場しない企業が少なくない (Edwards and Fischer(1994)；吉森 (1994))。そもそも上場可能な株式会社形態の企業がドイツは他国に比べ相対的に少ないことが背景にある。例えば、1960 年に株式会社数が 2,558 社、83 年に 2,118 社に止まり、その後、95 年には約 3,500 社まで増加しているとはいえ、有限会社の約 65 万社に比較すればかなり少ない (高橋編 (1995))。株式会社になれば、ディスクロージャーの制約・要件が厳格になるため、企業情報を公開したがらない企業が多いからである。また、1976 年共同決定法の成立以来、その適用を受ける株式会社では監査役会に従業員を参加させることが義務付けられており (深尾、森田 (1997)；高橋編 (1995))、これも株式会社になることを妨げる理由の一つである。

　さらに、株式会社の中でも、上場していない企業が多い。例えば、1991 年のドイツの株式会社 2,806 社のうち上場企業は 665 社に止まっている。95 年にも、約 3,500 の株式会社のうち上場会社は約 650 社に過ぎない。法人企業のうち、上場している企業の比重が低い。例えば、86 年、ドイツの企業の全売上高のうち、上場企業の割合は 1 割弱に止まっており、同割合が 3 割に達するイギリスよりかなり低かった(Edwards and Fischer(1994)；Prowse(1994))。96 年にもドイツの売上高上位 1,000 社のうち、上場企業の割合は 14.5％に過ぎない。同年、上場企業割合の約 28％であるイギリスを大幅に下回る。さらに、2013 年、上場企業の割合が 50％を超える日本と比べると、その格差がより大きい(Charkham(1994)；深尾、森田 (1997)；宮島編 (2017))。

　上場していない企業では、株主が企業経営に影響を与えたり、経営者の規律付けの機能を果たすこともない (Edwards and Fischer(1994))。ドイツでは未上場企業が多く、こうした企業では株主の影響力が小さいところにも日独のコーポレートガバナンス上の違いがあるのである。

(4) 監査役会に対する株主の影響力

　日本の場合、経営をモニタリングする機関 (取締役会) に対する株主の影響が弱いのに対して、ドイツでは、経営をモニタリングする機関である監査役会に対する株主の影響力が強い。コーポレートガバナンス上のもう一つの日独相違点である。

　まず、前述したように、ドイツでは、株式会社の監査役会メンバーの半数は株主代表になることが法的に定められており、株主代表は株主総会が選ぶ。株主代表監査役の任期は 4 年であり、株主代表の解任は株主総会の投票の 4 分の 3 以上で決まり、任期途中の交代は日常的でない(高橋編 (1995)；深尾、森田 (1997))。そして、大株主が支配している会社や同族会社など株式所有が集中している企業では、支配株主ないしその利益代表が監査役会に入っており、有力株主が監査役会の役員になっている場合も多い (深尾、森田 (1997)；吉森 (1982)；村田 (1978))。

　さらに、1976 年の共同決定法で、2,000 人以上従業員がいる企業で、監査役会の会長 (議長) は株主から選出されることになっており (深尾、森田 (1997))、実際、監査役会会長が株主代表によって選ばれることが多い。この会長が重要な権限を持っている。つまり、監査役会会長は会社に常駐しており、取締役は重要な事項を監査役会会長に報告しなければならないため、会長には重要なインサイダーの情報が入る。監査役会の議長のポストを占める場合には、企業の意思決定過程に大きな影響を与えることができる。ドイツ企業の監査役会の重要事項について株主側の意向が結局は通るような制度的工夫がなされているのである (伊丹 (2000))。

　実は、有力株主の存在如何が監査役会の経営者監視機能の強弱を決めている。例えば、有力株主がいない企業では、執行役会に対する監査役会の監視機能が弱体化しているのに対して、有力株主が存在する場合には監査役会がその本来の経営者監視機能を発揮し、また経営戦略策定に対しても大きな影響力を行使するとされる (吉森 (1994))。有力株主の存在と監査役会の対経営者モニタリング機能が補完的な関係にあるのである。このように、経営をチェックする機関に対する株主の影響力にも日独間の違いがあり、これもコーポレートガバナンス上の重要な日独相違点である。

参考文献

伊丹敬之 (2000)『日本型コーポレートガバナンス－従業員主権企業の論理と改革』日本経済新聞社。

小佐野広 (2001)『コーポレートガバナンスの経済学』日本経済新聞社。

高橋俊夫編 (1995)『コーポレート・ガバナンス－日本とドイツの企業システム』中央経済社。

テオドール・バウムス (1994)「ドイツにおけるコーポレート・ガバナンス－制度と最近の展開」『商務法事』No.1363。

深尾光洋、森田泰子 (1997)『企業ガバナンス構造の国際比較』日本経済新聞社。

宮島英昭編 (2017)『企業統治と成長戦略』東洋経済新報社。

ミシェル アルベール (1991)『資本主義対資本主義』竹内書店新社。

村田和彦 (1978)『労資共同決定の経営学』千倉書房。

山本征二 (1989)『ドイツの金融・証券市場－実務への手引』東洋経済新報社。

吉川満 (1992)「米国のコーポレート・ガバナンス (上・中・下)」『商事法務』No.1299(9月)、No.1034(11月)、No.1308(12月)。

吉森賢 (1982)『西ドイツ企業の発想と行動』ダイヤモンド社。

吉森賢 (1994)「ドイツにおける会社統治制度－その現状と展望」『横浜経営研究』第 15 巻第 3 号。

ロー、マーク・J(1996)『アメリカの企業統治』東洋経済新報社 (Roe, Mark J. (1994) *Strong Managers, Weak Owners: The Political Roots of American Corporate Finance*, Princeton University Press)。

ロナルド・ドーア『日本型資本主義と市場主義の衝突』東洋経済新報社 (Dore, Ronald (2000). *Stock Market Capitalism: Welfare Capitalism-Japan and Germany versus the Anglo-Saxons*, Oxford University Press).

Bhide, Amar(1993). "The Hidden Costs of Stock Market Liquidity," *Journal of*

Financial Economics, Vol.34.

Cable, John(1985). "Capital Market Information and Industrial Performance: The Role of West German Banks," *Economic Journal*, Vol.95 No.1.

Charkham, Jonathan P. (1994). *Keeping Good Company: A Study of Corporate Governance in Five Countries*, Clarendon Press.

Edwards, Jeremy and Fischer, Klaus(1994). *Banks, Finance and Investment in Germany*, Cambridge University Press.

O'Sullivan, Mary(2000). *Contests for Corporate Control: Corporate Governance and Economic Performance in the United States and Germany*, Oxford University Press.

Prentice, D.D. and Holland, P.R.(ed.)(1993). *Contemporary Issues in Corporate Governance*, Oxford Law Colloquium.

Prowse, Stephen(1994). *Corporate Governance in an International Perspective: A Survey of Corporate Control Mechanisms among Large Firms in the United States, the United Kingdom, Japan and Germany*, Monetary and Economic Department, Bank for International Settlements.

Roe, M.J. (1993). "Some Differences in Corporate Governance in Germany, Japan and America," in T. Baums, R.M Buxhaum and K.J. Hopt eds.,*Institutional Investors and Corporate Governance*, Walter de Gruyter.

第 7 章

コーポレートガバナンスの
日米比較

　従来、日本とアメリカのコーポレートガバナンスは対照的であり、その違いを強調する主張が多かった。1990年代以降の日本企業のパフォーマンス低下を背景に、日本のコーポレートガバナンス制度を世界「スタンダード」であるアメリカ型に変えるべきという主張もなされてきた。実際、アメリカ型をモデルにして、日本のコーポレートガバナンス制度の一部改革、変更が行われたことは第5章でみたとおりである。しかし、コーポレートガバナンス上の日米の共通点も少なからず、なおかつ、最近の変化によってかつての日米の相違点が共通点へ変わる面もある。日本とアメリカのコーポレートガバナンスを比較して、どのような共通点と相違点があるかをみておこう。

1.　日米共通点

(1) 所有と経営・支配の分離

　第2章でみたように、戦後日本大企業の経営陣は主に内部昇進型のサラリーマン経営者であり、それゆえ、自社の株式を多く保有する経営者はほとんどない。主力の株主と経営陣が別になっており、所有と経営・支配は分離されているといえる。アメリカの場合、日本よりはるかに早い時期から、所有と経営・支配が分離されていた。企業の所有権を持っている主体 (株主) が企業の支配権を握っている主体 (経営者) と別であったのである (ローウェスタイン (1989)；ロー (1996))。

　1890年代以降、アメリカにおいて大企業体制が形成されていく中で、俸給経営者が経営を握る「経営者革命」が起った。起業家でも、オーナーでもない専門経営者が経営を行い、所有と経営・支配が分離された (Chandler(1990))。また、20世紀の変わり目の合併ブーム、1920年代の合併ブームがその傾向を促進した。つまり、合併ブームに参加したか、買収された企業の所有者 (＝所有経営者) の多くは経営から離れ、単なる株式所有者に転化していった (谷口、須藤編 (2017))。それ以降も、大企業

のトップマネジメントは俸給経営者が主流であり、彼らは経営する企業の
株式をほとんど保有していなかった。例えば、50 年に、アメリカの鉄道、
電力、製造企業の 765 人の経営者のうち、自分が経営する企業の普通株
を 5 ％以上保有する者はわずか 6.1 ％に過ぎなかった。それゆえ、株式所
有に基づくパワーはほとんど持っていなかった (谷口 (2002))。

　このように、企業の所有と経営・支配が分離されることに日米のコー
ポレートガバナンス上の共通点を見出すことができる。ただし、第 3 章
でみたように、1980 年代以降、米企業では自社株買いによって経営者に
ストックオプションが与えられる例が増えたものの、発行株式全体でいえ
ば、経営者が保有する株式の割合は低い。所有と支配・経営の分離は続い
ているのである。

(2) 取締役会の弱い経営監視機能

　制度的に、アメリカで取締役が最高経営責任者と執行役員を監督す
るという形をとっているが (小佐野 (2001))、取締役会が形骸化して経
営者に対する有効な監視機能をほとんど果たせない (P・オスターマン
(2003)) ことも、日米のコーポレートガバナンス上の共通点である。エン
ロン事件など 90 年代末から 2000 年代初頭相次いで起こった経営不祥事
はこうした取締役会の形骸化を表していた。

　米企業の取締役会が十全に機能しなかった理由は、まず、取締役会と
経営陣の人的な重なりにあった。例えば、1983 ～ 86 年、米フォーチュ
ン 500 産業企業の 85 ％以上の企業で、取締役会会長と CEO が同一人物
であった (Pearce and Zahra(1991) ; 深尾、森田 (1997))。

　また、歴史的に、20 世紀前半に社内で昇進して取締役になった者が
取締役会で占める割合が急上昇した。例えば、合併ブームで形成された
合同企業 40 社で、1900 年取締役全体のわずか 1.4 ％でしかなかった内
部昇進者は、10 年 6.7 ％、20 年 19.9 ％に上昇し、30 年までに 27.4 ％
を占めるに至った。当初はほとんど存在しなかった内部昇進の取締役が、
1930 年には取締役の 30 ％弱を占めるになったのである (谷口 (2002))。

　表7-1で分かるように、米上位25社の取締役の中で内部昇進者が占める割合は1890年代末に3.5％から、1919年には37.5％に急上昇し、39年には半数を超えた。その代りに、所有者が取締役会で占める比重は急低下した。40年頃、アメリカでは、取締役会において内部昇進者が多数を占める企業が典型的類型となった(谷口(2009))。戦後になっても取締役会で占める内部昇進者の比率は上昇し、59年には55.1％になった(表7-1)。メイベル・ニューカマー氏の調査によれば、52年の米産業企業94社の取締役1,308人の57.1％を現執行役員と元執行役員が占めた(Newcomer(1952a) ; Newcomer(1952b))。

表7-1　米上位25社の取締役の出身別構成　　　　　　　(単位：名、％)

年		内部昇進者、専門経営者	所有者	金融関係者	法律関係者	他企業関係・その他	不明	総計
1899	(人数)	10	165	69	17	26	68	287
	(比重)	3.5	57.5	24.0	5.9	9.1		100.0
1919	(人数)	111	90	57	17	21	36	296
	(比重)	37.5	30.4	19.3	5.7	7.1		100.0
1939	(人数)	177	43	63	17	45	15	345
	(比重)	51.3	12.5	18.3	4.9	13.0		100.0
1959	(人数)	222	11	62	13	95	13	403
	(比重)	55.1	2.7	15.4	3.2	23.6		100.0
1979	(人数)	161	6	47	15	178	10	407
	(比重)	39.6	1.5	11.5	3.7	43.7		100.0
1999	(人数)	63	10	38	11	203	6	325
	(比重)	19.4	3.1	11.7	3.4	62.5		100.0

　注：比重は不明を除いた総計から計算。
出所：谷口(2005)。

　このように、1950 年代まではフルタイムのサラリーマン経営者がほとんどの企業で取締役会の主力メンバーになり、取締役の多数派は社内昇進組であった。人的に、経営の業務執行と経営者に対する監督・監査が重なったのである。こうした経営と監督の人的未分離の背景には、取締役会の主な役割が自ら会社を経営することにあり、取締役が会社の業務執行を行うべきものと伝統的に考えられてきたことがある。実際、多くの州の会社法で、「会社の業務は取締役会によって執行されなければならない」と定められていた (深尾、森田 (1997))。このように、日本とは異なる制度、異なる考え方に基づいたとはいうものの、結果的に、取締役会が形骸化し、取締役会の経営者監視機能が弱かった点で日米は共通であったのである。

　他方、1960 年代以降になると、社外取締役が増え、取締役会での社外取締役のウェートが上昇していく。表 7-1 によれば、米上位 25 社で 79 年に、「他企業関係者・その他」の勢力が増していき、取締役のうち 43.7％を占めた。「金融関係者」と「法律関係者」まで加えると、6 割が社外取締役になった。対して、同じ年に、取締役のうち内部昇進者は 4 割を切っている。80 年代初頭の調査によれば、日本企業における社外取締役の割合は 5％であったの対して、米企業においては 57％であった。社外重役が取締役会の過半数を占める企業が 8 割以上であった (加護野、野中、榊原、奥村 (1983))。90 年の調査では、取締役会で社外取締役が半分を超える企業が、米製造企業では 86％、非製造企業では 91％に達した (Charkham (1994))。91 年、アメリカの上場企業 934 社を対象とした実証研究では、平均 11 人の取締役中のうち 7 人 (約 64％) が社外 (＝独立) 取締役であった。2005 年時点の調査では、S&P500 の上場企業で、取締役のうち独立取締役の割合が 75％を超えていた (Bhagat and Black(2002)；Gordon(2007))。前掲の表 7-1 で、99 年には内部昇進者の比率は 2 割を切ったのに対して、「他企業関係者・その他の比率」が 6 割を超え、「金融関係者」と「法律関係者」まで合わせると、8 割近くなった。13 年の日本企業の社外取締役比率の平均値が 15.2％に止まるのに対して、08 年にアメリカの社外取締役比率は 74％にもなっている (宮

島編 (2017))。米国において、主要大企業は通常、相当程度、社外取締役を任命しており、経営者・執行役員をモニタリング・監督する主な担い手が社外取締役になったのである。

　社外取締役が増え、彼らが取締役会の多数派になった理由としては、企業の外部から、株主の権益を保護するという理念が段々強く求められたことが挙げられる。例えば、1956 年以降、ニューヨーク証券取引所は、すべての米上場企業に対して取締役会中に、最低 2 名の社外取締役を含むべきことを要求してきた (吉川 (1992))。また、70 年代に経営不祥事が相次ぐ中、ニューヨーク証券取引所は、すべての上場企業は取締役の委員会として監査委員会を設置し、同監査委員会は社外取締役のみからなるべきという上場基準を定め、78 年に発効した (Charkham(1994) ; 深尾、森田 (1997))。71 年設立の NASDAQ も企業に同じ上場基準を定めた。こうした証券取引所の上場基準設定が社外取締役を増やす契機になった (Charkham (1994))。また、反トラスト法などによる規制のもとで、企業買収活動を積極的に行うために、社外の法律界や業界あるいは金融界の専門家を必要とする場合が多く、それゆえ、社外取締役を増やす企業が少なくなかった (加護野、野中、榊原、奥村 (1983) ; Charkham(1994))。

　こうして社外取締役を増やしたが、取締役の経営者を監視する能力は高まらなかった。まずは、社外取締役が独立性に欠け、時間が不足し、情報も十分でなかったからである。特に、社外取締役の 3 分の 2 は、自らも他社の CEO であるために多忙であり、その企業の情報収集に時間を注ぐ余裕もなかった。しかも、社外取締役のうち、銀行家や弁護士などが含まれており、彼らはその企業に役務を提供していることが多い。取締役の任期も 1 ～ 3 年で比較的短い。

　そのため、経営者監視の責任を果たす励みになるものを持っておらず、取締役は CEO の視点を通して会社を見ているに過ぎなかった (深尾、森田 (1997) ; Charkham (1994) ; ローウェスタイン (1989))。こうして、社内取締役が多かった時期にも、社外取締役が多かった時期にも、取締役会が形骸化し、取締役の経営者監視機能が弱かった。日本との共通点である。

(3)「強い」経営者

　前述したように、戦後日本企業では経営者が強いパワーを持っていることにコーポレートガバナンス上の重要な特徴があるが、米企業の経営者も、取締役会及び取締役との関係からも、株主との関係からも、強い立場にある。つまり、米企業の経営者も取締役会、株主からの自律性を享受しており、「強い」経営者こそがアメリカの企業統治の特徴である(P・オスターマン (2003)；ロー (1996))。強い経営者の存在が日米の企業統治構造上の共通点であった。

　まず、経営者と株主との関係についてみれば、次の 2 で述べるように、1970 年代まで米企業の株式の大半は個人が保有し、株式所有構造が分散されていた。株式保有の分散によって、企業の権力を握るものは株主ではなく経営者となった (ロー (1996))。株主提案、特に取締役候補の提案についての制約が厳しく、経営者による重要な提案は間違いなく株主が認め、提案が拒否された例はほとんどなかった (ローウェスタイン (1989)；深尾、森田 (1997))。

　「経営判断の原則」が広く認められていることが株主と経営陣の間の直接の意見交換を制約している。会社に関する情報は、通常一般に公開されているものに限られ、インサイダー取引規制で株主もインサイダー情報を入手すると株式の売買が自由にできなくなるため、初めから情報を入手しないよう行動する傾向がある。株主相互間の情報交換についての制約も厳しい。この結果、米国では、株主が経営陣に対し強制力を持った指示を与えることが困難となっており、経営を積極的にモニタリングする株主も少ない。さらに、委任状に関する手続き規制、経営陣による買収対抗手段等によって、投資家が経営に積極的に関与することが極めて困難になっている (深尾、森田 (1997))。株主から経営者への圧力がそれほどかからないため、経営者の自律性は高く、経営者は株主に対する強い立場を堅持している。

　次に、取締役会との関係でも経営者は強い立場にある。制度的には取締役の裁量権は広く、取締役会の権限は弱くない。だが、現実では、

経営者の影響力が強く、経営者によって取締役及び取締役会の権限が制限され、経営者は経営で多くの自律性を享受している (深尾、森田 (1997))。

　例えば、法律上は取締役会が CEO を選任することになっている。しかし、実際に取締役会がその権限を行使するのは会社が危機的な状況に陥った場合に限られる。通常の場合、CEO 自身が後継者を決定し、取締役会は承認しているに過ぎない。

　また、経営陣のボーナスや俸給を決めるのは社外取締役であり、取締役は配当金額やその他の経営上の事項について、株主の意向を確認せずに自らの責任において決定しえる。しかし、社外取締役の3分の2は他社の CEO であるために、CEO の報酬決定に影響を与えるインセンティブが弱く、CEO 報酬にストックオプションとストックアワードが使われる、多額の自社株買い計画を CEO の提案どおり承認している (Charkham(1994)；Lazonick(2014a)；Lazonick(2014b))。

　逆に、経営者が取締役の報酬及び任免の決定に強い影響力を持っている。例えば、多くの上場企業において、取締役の報酬を決める上で CEO が重要な役割をしている。また、多くの大企業で社外取締役からなる指名委員会が設置されており、その役割は取締役の選任にある。しかし、現実では、取締役の選任に当って経営者の影響力が大きい。経営者が取締役を決定し、取締役会では、経営者が推薦した候補者の承認に止まっている (深尾、森田 (1997)；Prowse(1994))。

　このように、経営者は取締役の報酬及び任免を決定するパワーを基に、取締役会における議論を実質的にリードし、取締役会に強い影響力を及ぼす。それが取締役会の経営者監視機能を弱めている (Charkham(1994)；Pearce and Zahra(1991)；深尾、森田 (1997))。

　米大企業の経営者は、株主、取締役及び取締役会に対して強いパワーを持って、また、高い自律性を保持しており、これが日米のコーポレートガバナンス上のもう一つの共通点である。

(4) 機関投資家の株式保有比重の増大と経営者への圧力強化

① 機関投資家の株式保有比重の増大

　アメリカでは、長い期間、個人が株式の大半を所有しており、他の株主はそれほど目立たなかったが、1960年代以降、年金基金、投資信託、生命保険会社など機関投資家の手中に株式所有が集中する傾向が強まった。その結果、90年代後半には、機関投資家が最大の株式保有主体になっている（表7-2）。第5章で述べたように、日本でも80年代より海外法人、信託を中心に機関投資家の株式保有比重が急上昇している。90年代以降、機関投資家の株式保有が大半になっている点も日米の共通点であったのである。

表 7-2　米機関投資家及び個人の株式保有構成比、1952 ～ 1997 年

（単位：10億ドル、%）

年	株式総額	個人	（外国人）	（保険会社）	（民間年金）	（公的年金）	（ミューチュアル・ファンド）	機関投資家
1945	118	93.0	2.3	2.4	0.3	0.0	1.5	4.3
1950	143	90.2	2.0	3.3	0.8	0.0	3.2	7.4
1955	282	88.1	2.3	3.2	2.2	0.1	3.4	9.2
1960	420	85.6	2.2	3.0	3.9	0.1	4.7	12.1
1965	735	83.8	2.0	2.9	5.6	0.3	5.0	14.0
1970	841	68.0	3.2	3.3	8.0	1.2	5.2	28.5
1975	846	59.0	3.9	4.9	12.8	2.9	4.7	36.7
1980	1,614	59.6	4.9	5.2	14.8	2.9	3.1	35.2
1985	2,319	48.6	5.9	5.6	21.3	5.2	5.1	44.9
1990	3,537	51.2	6.9	4.6	15.9	8.3	7.1	41.5
1995	8,331	48.6	6.3	5.4	14.2	9.0	12.8	44.3
1997	12,776	42.7	7.2	5.7	13.8	10.2	16.2	49.3

出所：O'Sullivan(2000), p.156.

　表7-2 によれば、1950 年代にまで一桁に止まった機関投資家の株式保有の割合が 60 年代以降持続的に上昇し、90 年代後半には個人を抜いている。機関投資家の中の内訳をみれば、年金基金 (私的年金、公的年金)、ミューチュアル・ファンドの順であり、機関投資家のうち最大の株式保有主体が年金基金である。

　年金基金のうち、まず、主に企業年金を中心とする民間年金が株式保有を増やした。第 2 次大戦後の富の蓄積、平均余命の伸張、早期退職志向の高まり、高齢者の世話をする世代の活力低下等で、退職後の貯蓄の重要性が高まり、年金への需要が増大した。そのため、米企業が年金基金を導入する動きが広がり、年金加入者も増加した (ロー (1996)；Sass(1997)；O'sullvan(2000))。企業年金の資産も増加し、1981 年で機関投資家の資産全体の 74.8%にも達した。

　1950 年代に、民間年金は、生命保険会社を通して国債や抵当証券などの確定利付証券中心の投資を行い、株式運用比率は 1%に過ぎなかったが、60 年代より株式運用を増やし始め、確定給付型企業年金の資産の多くが株式市場で運用された (三和 (1999)；O'sullvan(2000)；Sass(1997))。その背景には、年金制度の成熟化に伴い、既加入者の高齢化が進み、退職者等への給付支払いが増加したことがある。企業経営者が年金の運用収益を重視し始め、企業年金の運用依頼先も既存の保険企業に加えて、銀行・信託会社、投資顧問業者へと拡大し (Sass(1997)；三和 (1999))、年金制度の総収入のうち株式投資運用益の占める割合が増大した。ただ、企業年金は 85 年から株式売却に転じる動きが表れるなど、80 年代後半にその勢いは弱まり、90 年代には株式保有比重 14%前後で安定的に推移した。

　公務員年金をはじめとする公的年金も、民間年金より少し遅い時期から株式運用を増やしていった。まず、公務員年金もその資産を拡大し、1980 年代を通して企業年金のそれよりも急速に成長し、90 年に公務員年金の資産は機関投資家の資産全体の 30.5%を占めた (三和 (1999))。公的年金は、60 年代までリスクの低い固定金利商品への投資が多かったが、70 年代以降、その資産を株式運用にシフトし始め、80 年代半ば以降、

公的年金の株式運用率が急速に高まった。確定拠出型年金の資産として公務員年金の資産が株式市場に流入し、90 年代半ば、公的年金の資金の約半分を株式で保有するようになった (三和 (1999) ; ロー (1996))。

　年金基金と共に、株式への投資を増やしたのがミューチュアル・ファンドである。1950 年代に全米株式の 3 ～ 4％を保有するに過ぎなかったミューチュアル・ファンドは、80 年代半ば以降、株式投資を急速に増やし、90 年代後半には 15％以上の株式を保有し (表 7-2)、アメリカの企業統治において重要な役割を果すようになった (ロー (1996) ; 三和 (1999))。

　ミューチュアル・ファンドが株式投資を増やすきっかけは、MMF (Money Market Fund) の導入と普及であった。1971 年に開発された MMF は短期金融債に投資するものであり、70 年代後半から次第に人気を集めた。とりわけ、州・地方政府の年金基金はミューチュアル・ファンドなどを通じて資産を運用されるようになり、ミューチュアル・ファンドの純資産額が増加した。当時、市場金利と銀行金利との格差が拡大したため、銀行預金から MMF への資金流出が加速した。82 年の税制変化で企業の退職年金方式として 401 (k) プラン・IRA(個人年金制度) が作られ、この退職プランの資金もミューチュアル・ファンドに流入した (三和 (1999) ; Sass(1997) ; O'sullvan(2000))。96 年、こうした退職プランの資金もミューチュアル・ファンドの資産の 35％を占める中で、ミューチュアル・ファンドの金融資産の半分が株式であった (O'sullvan(2000) ; ロー (1996))。

② 機関投資家の投資行動変化と経営者への圧力

　小額の株主はいわゆる「ウォール・ストリート・ルール」に沿って投資を行った。株式投資した企業の経営に不満足であったり、株価が下がれば、投資家がその所有株式を売却する方法を選択することであった。例えば、大企業の業績が悪化して株価下落が懸念される場合、好業績の企業の株式に買い換え、この場合は、経営者を監視する役割は、マーケット・メカニズムにおいて果たされる (三和 (1999))。個人株主だけでなく、機関投資家も、株式保有が小さかった時期には、この「ウォール・ストリート・

ルール」に従う投資行動を取った。

　　しかし、1980年代より、機関投資家は「ウォール・ストリート・ルール」を放棄した(三和(1999))。年金資産の拡大とともに機関投資家の株式保有の規模が大きくなり過ぎ、機関投資家が証券市場でその株式を売却すれば、大幅な株価の低下をもたらすためであった。つまり、持ち株を市場で売却するという方法をとれば、株価を急落させるため、その方法をとることが容易でなくなった(高橋編(1995)；谷口、須藤編(2017))。

　　その代りに、機関投資家のインデックス運営が拡大した。インテックス運用は予め投資対象の目安となる代表的な指数を決めそれに連動する運用成果を目指す運用方法であり、S&Pのようなマーケット・ポートフォリオに近いポートフォリオを構築し、取引コストを削減し、市場並みのパフォーマンスを達成しようとする運用戦略である(三和(1999))。1960年代に巨大化した年金基金は制度改革によって「受託責任」を明確にし、運用者責任が問われるようになったため、インデックス(index)運用を始めた。

　　さらに、1985年頃より年金基金の運用担当者によるインデックス運用が急増した(Charkham(1994))。93年、企業年金は株式運用資産の35.9%をインデックス・オンリーで運用しており、公務員年金は51.7%をインデックス・オンリーで運用していた。上位15公務員年金基金の株式資産のうち、インデックス運用の比率は70〜80%にも達した(三和(1999))。

　　他方、1973、74年の証券市場の暴落により、積立不足の年金基金が続出し、この年金基金のスポンサーは、資金運用会社のファンド・マネージャーの選定に積極的に関与するようになった。ファンド・マネージャーの報酬はその運用資産規模に左右されるため、運用資産の獲得をめぐって競争が激しく展開された。その中で、ファンド・マネージャーの投資目的は、スポンサーに対する運用評価を上げることのみに絞られた(三和(1999))。

　　年金基金のスポンサーがファンド・マネージャーの選定及び投資行動により積極的に関与した背景には1974年に成立したERISA(エリサ

法＝被用者退職所得保障法) があった。ERISA は、経営者の指示による
年金への積立および未積立に対して政府が支払保証をする代り、積立規
則を強化する内容であった (ロー (1996))。この積立規則 (rule) は主に
二つであった。プルーデント・マン (prudent man) のルールと分散投資
のルールがそれであって、このルールを機関投資家に義務付けた。前者
のプルーデント・マンのルールは年金加入者、受益者の利益に合致すべ
く、基金を慎重に運用する義務であり、後者の分散投資のルールはポー
トフォリオ選択にあたって多様な選択を行う義務であった (三和 (1999) ;
Sass(1997) ; O'sullvan(2000))。

　従来は、未積立もしくは運用規定の不明確さのために、年金給付に
伴うリスクが労使によって共同負担されていたが、このエリサ法の制定
により、年金資産も企業価値に組み入れられることが明確になった。年
金資産のキャピタル・ゲイン獲得を目的とした株式投資が正当化され、
企業側はこうしたリスクを負担しなければならなくなった。その結果、
機関投資家はキャピタル・ゲインの追求の圧力を強く受けるようになる
とともに、年金マネージャーが直面する法的なリスクも高まった (三和
(1999) ; ロー (1996))。それに対応して、機関投資家は分散投資を行い、
そこで採用されたのがインデックス投資であった (ローウェスタイン
(1989) ; ロー (1996) ; 三和 (1999) ; Bhide(1993))。

　インデックス運用を行う機関投資家は、二つのタイプがある。第 1
に、カルパース、カルスターズ、NYC など外部のファンド・マネジャー
が運用する年金基金である。この場合は、標的企業のパフォーマンスの
改善よりは株式市場全体のパフォーマンスの改善が運用成果の向上につ
ながるため、簡単に標的企業の株式を売却することはない。また、この
タイプの機関投資家のファンド・マネジャーたちは、投資先企業の進む
べき方向やその企業に対する監督についてほとんど貢献していない。投
資先企業が市場全体の相場に合う程度の業績を出すことを求める (小佐
野 (2001) ; ローウェスタイン (1989))。

　もう一つのタイプの機関投資家は年金の約半数を占めるイン・ハウス
型である。内部のファンド・マネジャーが運用する年金基金 (CREF) や、

内部にファンド・マネジャーを持ちアクティブ運用する年金基金 (SWIB)
である。この場合には、標的としている企業に特有の問題を提案し、経営
者にその要求をのませることを主眼とする (小佐野 (2001)；ロー (1996))。

　高齢化とともに金融資産としての株式の価値を高めるような社会的
要請が高まった上、資金運用のパフォーマンス競争が激化し、何れのタ
イプの機関投資家も資金運用が短期的になり、短期的な利益を最大化し
ようとする (深尾、森田 (1997)；三和 (1999))。

　そのため、1980 年代半ばより、機関投資家はそれまでの受動的な態
度を変化させ、企業経営に積極的に発言するようになった。特に、大企
業や優良企業などでは、機関投資家は企業経営への介入を積極的に行い、
株主価値重視の方向へと企業を動かし始めた。いわば「株主反革命」で
ある (小佐野 (2001)；三和 (1999))。株主提案権の行使などを通じて経営
への直接影響を及ぼしたり、短期業績が相場より低いと、業績を引き上
げるよう声高に要求し、場合によってはその企業の CEO の解任を迫り実
現させたりした (谷口・須藤編 (2017)；小池 (2015))。

　第 5 章で述べたように、近年、日本においても 1980 年代以降のア
メリカと同様に、外国人や信託など機関投資家の株式保有が増えて、こ
うした機関投資家が短期的な利益を求め、経営に積極的な発言を行って
いる。ここにも日米の共通点がみられるのである。

2. 日米相違点

(1) 株式保有集中度及び株主構成の差

① 株式所有の分散

　株主から企業経営への影響力を現す一つの尺度が株式保有の分散度
(あるいは大株主への集中度) である。株式所有が分散すればするほど、
株主の影響力が小さくなる傾向があると想定できるからである。アメリ
カでは 20 世紀を通して、支配的大株主への株式保有の集中度が低かっ

た。特定企業の既発行株式数の 5 〜 10％を保有する大株主はほとんどいなかった。筆頭株主といえども、議決権を持つ株式をせいぜい 1 〜 2％程度しか保有していないことが多い。日本やドイツなどの大陸ヨーロッパ諸国で、支配的大株主への株式集中度が高いことと対照的である (小佐野 (2001))。表 7-3 によれば、1990 年代初頭に、上位 5 位までの株主の保有比率はアメリカが日本より大幅に低い。

表 7-3 　非金融大企業の株式所有分散度 　　　　　　　(単位：％)

	アメリカ	日本
5 大株主の保有比率の 平均値 (Mean)	25.4	33.1
5 大株主の保有比率の 中央値 (Median)	20.9	29.7
標準偏差	89.6	13.8

出所：Prowse(1994)、p.35。

　　逆に、株式が少量かつ広範に保有され、分散する株主が米大企業の基本的特徴になっている (ロー (1996)；小佐野 (2001))。アメリカ企業は、日本より株式保有がはるかに分散化されているのである。例えば、前掲の表 7-3 で、1990 年代初頭の非金融大企業において、アメリカの株式保有の標準偏差が日本のそれより大きい。こうした分散された株式保有は、株主が短期的な利得を求めて短期取引を行うことと関係する (Prowse(1994))。

　　株式分散所有の理由として、証券法や他の規制によって金融機関の企業株式保有と株主権限行使が制限されたことが重要であるが (Prowse(1994)；Bhide(1993))、歴史的に 19 世紀末から株式所有の分散が進んでいた。すなわち、19 世紀末、大規模合併のために、また、大量生産工場の建設のために、大企業は大量資金を必要とし、それゆえ、多数の分散された投資家から証券市場を通じて資金を調達した。この時期、

株式市場の役割は、大部分の企業にとって、創業者およびその相続人が
分売、あるいは合併を通じた換金を望んだ時に、彼らにその出口を提供
することであった。相続人が遺産を売却し、経営者が新株発行によって
資金調達するにつれ、株式保有は分散化された (ロー (1996))。

② 高い個人株主の保有比重

　アメリカで株式所有の分散が著しかったのは、個人による株式所有
比重が高かったことと正の相関関係があった。すでに述べたように、
1980 年代以降、アメリカに機関投資家による株式保有比重が急速に高
まったものの、それまで個人の株式保有が圧倒的に多かった。表 7-4 に
よれば、90 年にも、日本では個人株主が所有する普通株は全体の 2 割強
に過ぎないのに対して、アメリカでは個人が普通株の半分を保有してい
る。少なくとも 70 年代まで個人株主の株式保有比重において日米間の
差が大きかったのである。

表 7-4　アメリカにける普通株の保有構成 (1990 年)　　　(単位：%)

株式保有主体	アメリカ	日本
金融機関	30.4	48.0
(銀行)	0.0	18.9
(保険会社)	4.6	19.6
(年金基金)	20.1	9.5
(その他)	5.7	-
非金融企業	14.1	24.9
個人	50.2	22.4
外国人	5.4	4.0
政府	0.0	0.7

出所：Prowse(1994)、p.21。

③　安定株主の不在

　特定法人による株式所有の集中度が高い日本と異なり、アメリカで
は株式が分散所有されていることはすでに述べたとおりであるが、日米
間には誰が大株主になるかの違いもある。企業や金融機関が長期的な取
引関係にある他の企業の株式を保有しているかどうかの違いである。米
銀行は株式保有に対して消極的であり、ほとんど他の企業の株式は所有
しない。単一の金融仲介機関がアメリカの個別企業の株式の 1％以上を
所有することは稀である。日本と違って、企業と金融機関間の株式持ち
合いも存在しない。つまり、日本企業では経営者に対して影響力を持
つ長期的な安定株主があるのに対して、米企業では、長期的な取引関係
にある他の会社の株式を保有することはみられず、安定株主として行動
する大株主がいない (小佐野 (2001) ; 深尾、森田 (1997) ; ロー (1996) ;
Charkham(1994) ; Prowse(1994))。

(2) 株主のパワーの差

　アメリカでも法的に認められる株主の権利は少なくない。例えば、株
主は、情報を求める権利をはじめ、資本構成や企業の性格を変えるような
基本的な変更を承認または拒否する権利も有する。また、取締役の選任
に関与する権利、その他必要な場合に影響力を行使する権利も持つ (ロー
ウェスタイン (1989))。その点では、日本と変わらない。

　しかし、日本と違って、特定株主の保有比率が低く、株式が分散所
有され、かつ、少額保有の個人が主な株主である場合が多い。それゆえ、
総じて、アメリカでは株主が経営者に与える影響が弱い。株主の影響力
が弱いこと、その意味で弱い株主がアメリカの企業統治の重要な特徴に
なっている (小佐野 (2001) ; ロー (1996))。ここにもコーポレートガバナ
ンス上の日米の相違点を見出せる。

(3) 経営者規律付け方式の差と経営者監視機能の強弱

① 経営者の規律付け方式の差

　経営者の規律付けの仕方にも日米の違いがある。すなわち、日本では、経営者の規律付けが株主と経営陣の直接的なコミュニケーションに依存しているのに対して、アメリカでは、株式市場が企業支配権の売買市場として機能している (深尾、森田 (1997))。

　前述したように、アメリカには安定株主が存在しない。長期にわたって株式を保有し、企業の情報に詳しい株主がいないだけに、株主による経営者の規律付けも行われにくい。とりわけ、個人株主の株式保有が圧倒的に多かった 1970 年代まで、個人株主が経営に圧力をかける方法は保有株式を市場に売却するしかなかった。株式市場で企業の支配権である株式が自由に売買されることによって、経営者への圧力が果たされる、「市場志向的」なコーポレートガバナンスである。これは、日本のように、金融機関、取引企業など安定株主によって制度的な形で経営者へのコントロールを確保する「ネットワーク指向型」・「組織型」コーポレートガバナンスと対照的である (ドイツのゲルムはコーポレート・ガバナンス・システムを 4 類型に分類し、アメリカを市場志向的なコーポレート・ガバナンス・システムとみて、日本型、ドイツ型、ロマン型の 3 類型のシステムをネットワーク志向型のコーポレート・ガバナンス・システムという (Gerum(2007))。

　こうした経営者規律方式の違いは、日米の企業資金調達システムの差に負うところも大きい。つまり、第 11 章でみるように、戦後の日本では、主な資金調達手段が銀行借入れであり、経営者のモニタリングの担い手、経営者規律付けの主体は銀行であった。対して、米国では内部資金以外には株式や社債の発行が主な資金調達手段であり、経営者の規律付けを確保する主体は株主と債券保有者であり、特に個人株主であった (藤木 (2016))。日本の銀行中心の金融市場・金融システムと、米国の「資本」市場中心の金融市場・システムの違いが、両国の経営者規律付けのタイプの違いを作り出したのである (藤木 (2016))。

②　株主による経営監視機能の弱体化

　長期に株式を保有しつつその企業の情報を収集・保有する株主が少ないだけに、株主が大企業経営に干渉するには限界がある。連邦証券取引員会規則による制約のため、上場企業の株主が経営判断に関する事項について経営陣を拘束することも難しい (深尾、森田 (1997))。例えば、取締役選任をめぐって経営陣に対抗するためには、自ら費用を負担して他株主に提案事項を連絡して委任状を集める必要があるが、それにはコストも伴う。それゆえ、株主が取締役の候補者を株主総会に提案することは難しい (深尾、森田 (1997) ; ローウェスタイン (1989))。つまり、戦後のほとんどの期間、株主は大企業の経営にそれほど影響を及ぼさず、経営者は事実上株主による監視を免れていた。株主による経営者の監視が弱体化しているのである (P・オスターマン (2003) ; ロー (1996))。アメリカでは監視役としての株主は多くの企業の中で潜在的な要素ではあるものの、ただちに頼れる要素である例はごくわずかであった (ローウェスタイン (1989))。

(4) 株主総会の活発度の差

　法的に、定款に定めた場合のみ株主総会で経営判断に関する議決を行いえるという枠組みはアメリカと日本の共通点である (深尾、森田 (1997))。しかし、株主総会が形骸化している日本とは対照的に、アメリカでは株主総会が相対的に活発であり、コーポレートガバナンス上、株主総会の存在が大きい。実質的に企業経営をチェックする機能を一部果たしてもいる (吉川 (1992))。このような株主総会という制度機構の機能程度の差にも、日米のコーポレートガバナンス上の相違点が表れているのである。

参考文献

伊丹敬之 (2000)『日本型コーポレートガバナンス−従業員主権企業の論理
　　と改革』日本経済新聞社。

小佐野広 (2001)『コーポレートガバナンスの経済学』日本経済新聞社。

加護野忠雄、野中郁次郎、榊原清則、奥村昭博 (1983)『日米企業の経営比較：
　　戦略的環境適応の理論』日本経済新聞社。

小池和男 (2015)『なぜ日本企業は強みを捨てるのか−長期の競争 vs 短期の
　　競争』日本経済新聞出版社。

高橋俊夫編 (1995)『コーポレート・ガバナンス−日本とドイツの企業シス
　　テム』中央経済社。

谷口明丈 (2002)『巨大企業の世紀− 20 世紀アメリカ資本主義の形成と企業
　　合同』有斐閣。

谷口明丈 (2005)「アメリカ巨大企業のコーポレート・ガバナンス (1899 年−
　　1999 年) −取締役と執行役員の分析−」『立命館経済学』第 54 巻第 3 号。

谷口明丈 (2009a)「アメリカにおける内部昇進型経営者：GE のケースを中心
　　に」(パネル報告Ⅱ『トップ・マネジメントへの道−内部昇進型経営者
　　の国際比較』(経営史学会第 44 回全国大会)『経営史学』第 43 巻第 4 号。

谷口明丈、須藤功編 (2017)『現代アメリカ経済史−「問題大国」の出現』有斐閣。

P・オスターマン (2003)『アメリカ・新たなる繁栄へのシナリオ』ミネルヴァ
　　書房。

深尾光洋、森田泰子 (1997)『企業ガバナンス構造の国際比較』日本経済新聞社。

藤木裕 (2016)『入門テキスト金融の基礎』東洋経済新報社。

マーク・J. ロー (1996)『アメリカの企業統治』東洋経済新報社 (Roe, Mark J.
　　(1994). *Strong Managers, Weak Owners: The Political Roots of American*
　　Corporate Finance, Princeton University Press)。

宮島英昭編 (2017)『企業統治と成長戦略』東洋経済新報社。

三和裕美子 (1999)『機関投資家の発展とコーポレート・ガバナンス』日本
　　評論社。

吉川満 (1992)「米国のコーポレートガバナンス」『商務法事』No.1299。

ローウェスタイン　L. (1989)『ウォールストリート・ゲーム―アメリカ株式
　　市場の悲劇』ダイヤモンド社 (Lowenstein, Louis(1988). *What's Wrong
　　with Wall Street*. Addision Wesley Publishing Company。

Bhagat, S. and Black, B.S.(2002). "The Non-correlation between Board
　　Independence and Long-term Firm Performance," *Journal of Corporation
　　Law*, 27.

Bhide, Amar(1993). "The Hidden Costs of Stock Market Liquidity," *Journal of
　　Financial Economics*, Vol.34.

Chandler, Alfred Jr. (1990). *Scale and Scope: The Dynamics of Industrial
　　Capitalism*. Harvard University Press.

Charkham, Jonathan P.(1994). *Keeping Good Company: A Study of Corporate
　　Governance in Five Countries*. Clarendon Press.

Gerum, S. Elmar (2007). *Das deutsche Corporate Governance-System*,
　　Stuttgart.

Gordon, J.N(2007). "The Rise of Independent Directors in the United States,
　　1950-2005: Of Shareholder Value and Stock Market Prices," *Stanford
　　Law Review*, Vol.59 No.6.

Lazonick, William(2014a). "Taking Stock: Why Executive Pay Results in an
　　Unstable and Inequitable Economy," *Roosevelt Institute White Paper*,
　　June 5.

Lazonick, William(2014b). "Profits without Prosperity," *Harvard Business
　　Review*, September.

Newcomer, Mabel(1952a). *The Big Business Executive: the Factors that Made
　　Him 1900-1950*, Columbia University Press.

Newcomer, Mabel(1952b). "The Chief Executive of Large Business Corporation," *Explorations in Entrepreneurial History*, Vol.5. No.1.

O'Sullivan, Mary(2000). *Contests for Corporate Control: Corporate Governance and Economic Performance in the United States and Germany*. Oxford University Press.

Pearce, John and Zahra, Shaker A. (1991). "The Relative Power of CEOs and Boards of Directors: Associations with Corporate Performance," *Strategic Management Journal*, Vol.12.

Prowse, Stephen(1994). *Corporate Governance in an International Perspective: A Survey of Corporate Control Mechanisms among Large Firms in the United States, the United Kingdom, Japan and Germany*. Monetary and Economic Department, Bank for International Settlements.

Sass, A.Steven(1997). *The Promise of Private Pensions: The First Hundred Years*. Harvard University Press.

第 8 章

日本企業の研究開発

1．戦後日本の研究開発の展開

　戦後日本企業の研究開発活動についてみておこう。企業の研究開発活動をとらえるデータとして、政府集計の研究開発データには問題がある。例えば、これらのデータには企業の製品・製造技術の開発に関わる活動のすべてが反映されるわけではない。また、企業だけでなく、政府及び関連組織など公的組織の研究開発活動まで含めて集計される。しかし、日本の研究開発活動を包括的に捉える数量的指標が他には得られない。そこで、政府の R&D データの限界に注意しながら、まず、政府の研究開発データから日本企業の研究開発活動を概観しておこう。

(1) 研究開発の自主化及び高度化のプロセス

　第 2 次大戦直後、日本の技術力及び技術水準は世界的にみれば遅れていた。そこで、1950 年の外資法制定を契機として日本の技術導入が本格化した。ただ、50 年代半ばまでの間には技術導入は限定された。低生産水準で、新規の設備投資の起こりようがなく、新規の設備投資に伴う新技術への需要誘発も低水準に止まったためである。

　しかし、1950 年代後半以降、海外からの技術導入が急速に増加した。58 年まで年当り技術導入件数は 200 ～ 300 件でほぼ安定的に推移し、60 年代には技術導入件数が 300 ～ 600 件台となった。後述するように、68 年に技術導入の 1 次自由化が行われ、第一次オイルショックまでの間、技術導入は着実な増勢を続けた (後藤 (1993)；木下、鈴木 (1989))。

　大ざっぱな産業分類でいえば、戦後一貫して、技術導入が多かったのは機械、電気機械、化学の 3 産業であった。戦後のリーディングインダストリーで、技術の重要性が比較的に高い産業であった。特に、電子産業の技術導入が活発であり、電子計算機、半導体、ソフトウェアなど、時代に先駆けて生み出された基本技術の多くが輸入された (明石 (2002)；今野 (1993)；後藤 (1993))。これらの産業では、部品、装置、機械、材料など中間財、資本財の技術に止まらず、家電、自動車などその需要が急伸した

消費財の生産に関する技術導入も多かった。

　　こうした活発な技術導入には様々な要因があった。何より、進んだ技術を導入しようという企業側の強い誘因が存在した。競争相手に先んじられると、市場での地位が脅かされるという競争圧力に加えて、国内所得の上昇に伴う需要拡大で高い利益率と高成長を期待できる事業に必要技術を確保する誘因があった。また、海外からの競争が制限された国内市場の急速な成長は、設備投資を誘発するとともに国内企業による進んだ技術の需要を誘発した。前述したように、1968 年の技術導入の自由化など政府政策も影響した。折しも世界的な情勢が技術の導入、移転にとって望ましい状況にあったという時代的な要因も加わった (後藤 (1981) ; 後藤 (1993))。

　　国内の技術開発と技術導入は相互促進的に働いた面もあった。すなわち、導入技術が国内の技術水準を高め、一層の研究開発を誘発するとともに技術導入が増加し、国内の技術的基盤の存在が技術導入の理由にもなった (後藤 (1981) ; 後藤 (1993))。特に、技術進歩が活発な時期や分野では、技術導入を行う機会と、自らの研究開発を活発に行う可能性が共に増加した。例えば、大企業についての通産省調査で、1957-62 年において、研究開発費の 3 分の 1 は導入技術に関連した研究であった。また、海外から導入された新製品、新しい生産プロセスを、いっそう改良する方向の研究開発が全体の研究開発努力に占める割合がきわめて高かった (後藤 (1981))。

　　しかし、1960 年代後半から 70 年代、国内での自主技術の開発が増え、海外技術導入への依存度は下がり始めた。研究開発の「自主化」と高度化が始動したのである。例えば、研究費に占める技術導入額の比率は 50 年代後半から 60 年代までは 15％前後であったが、70 年代に入ると下落し、78 年に 7％水準にまで下がった (今野 (1993))。技術・知識ストックの成長で技術導入の役割が次第に低下した。

　　技術の導入から自主技術へのシフトが進んだ背景には、第 1 に、日本の技術水準が欧米水準に近接、到達したことがあった。例えば、国産技術と競合する導入技術が、65 年には約 45％であったが、70 年には約

70％になっており、特に一般機械、電気機械部門で導入技術の約 80％前後が国産技術と同種のものであった (木下、鈴木 (1989))。第 2 に、導入したいと思うような技術が枯渇しつつあった。例えば、導入技術に占める新技術の比重が低下し、65 年に導入技術のうちの約半分が新技術であったが、70 年には 4 分の 1 にまで減少していた。第 3 に、技術導入の対価、付帯条件が導入側の日本に不利になり、収益面での有利さを含めて自主技術開発への切り替えが促進された。例えば、輸出市場制限やクロス・ライセンスなど技術導入をめぐる付帯条件が増加した上、複数の企業による同一あるいは同種の技術の導入が増え、それが導入側の導入条件を不利にした (明石 (1995))。

　自主技術開発が進んだ結果、慢性的に出超であった技術料収支が徐々に改善され、さらには、技術の入超が増えていった。例えば、1971 年の技術輸出額は 213 億円、技術輸入額は 1,638 億円で収支比率 0.13 倍であったが、90 年代前半には技術輸入より技術輸出が多くなった (日本銀行『国際収支統計月報』; 浦野 (1996))。横ばいになっていた技術輸入と対照的に、技術輸出は増え続け、06 年には技術輸出が技術輸入の 3.4 倍、11 年 5.8 倍、2016 年に 7.9 倍、2020 年 5.5 倍になっている (文部科学省 (2022))。

　技術輸出のほとんどは製造業で行われ、そのうち、輸送用機械が半分以上で、次が医薬品製造業で 2 割程度を占める。研究開発費の投入が多い産業に技術輸出も集中している。また、技術輸出の相手先国をみれば、対米が約 3 分の 1 で、次が対中 (約 15％)、対英 (10％弱)、対タイの順であり、中で、親子会社間の技術輸出が多いのは、対米と対タイで、その地域への技術輸出の 9 割以上であった (文部科学省 (2022))。企業活動のグローバル化が研究開発の成果の取引にも表れているのである。

(2) 企業中心の研究開発投資及び研究開発の主力産業

　日本の研究開発支出のうち、戦後一貫して、民間による支出が大きかった。民間部門が研究開発投資の約 8 割を負担し、公的部門は 2 割を

負担するに過ぎなかった。その意味で、日本の研究開発は民間主導型であった。この民間支出の中で圧倒的な部分は企業による負担であった。例えば、2020 年の例をみれば、日本の研究開発費で企業部門が約 73％を負担した (文部科学省 (2022)；今野 (1993))。研究開発における企業の重要性、役割が極めて大きかったのである。

　産業別にみれば、研究開発投資は製造業に集中していた。2018 〜20 年研究開発費の平均で、製造業が 87.8％を占めており、非製造業は12.2％に止まっていた。研究開発投資の 9 割近くが製造業で行われていることになる。2000 年にも研究開発投資のうち製造業が占める割合はほぼ同じで、時間を遡っても変わらない。

　製造業の中では、1950 年代後半から 70 年代前半にかけて石油化学、製油精製、鉄鋼、機械工業、電機産業が高い伸び率であったが、70 年代以降は、電気・電子機械、自動車などいわゆる戦後のリーディングインダストリーへの集中が顕著であった (後藤 (1993)；今野 (1993))。こうした傾向は最近にまで続き、例えば、2020 年、製造業の研究開発のうち、輸送用機器製造業が 3 分の 1 を占め、次にコンピュータ・電子・光学製品製造業が 2 割強を占めており、その次が 1 割程度の医薬品製造業である (文部科学省 (2022))。一貫して、電子、自動車、精密機械などで企業の研究開発投資が活発に行われているのである。

2. 研究開発の組織

(1) 組織体系

　前述したように、日本の研究開発支出は民間企業によるものが圧倒的に多く、企業が研究開発の最も重要な主体であった。その企業がどのような組織体系で研究開発活動を行ったかをみておこう。

　一般に、日本企業の研究開発組織は 4 つの層からなっている。第 1に、既存事業から離れた、長期の規則的研究にあたる基礎研究所あるいは、

中央研究所、第2に、既存の事業・製品・技術に関連する近未来の技術開発にあたる開発研究所、第3に、既存製品の改良・改善にあたる設計・開発部 (呼称は、企業によって、技術部、開発部、設計部等多様)、第4に、工場に属し、生産部門に直結した生産技術部門である。前3者の層では、研究開発の分業体制がとられており (小池編 (1991))、また、第2から第4までの層は事業部内の組織である。

　ただ、この4層の組織すべてを整えている企業はそう多くはない。例えば、事業により直結している第3と第4の層の設置は早く、かつ設置している企業も多いが、第1と第2の層を設けている企業は少ない。産業によっても状況は異なって、例えば、日本の電機電子産業の場合、ほとんどの大手企業が第3、第4の層に加えて、第1層の全社的な部門 (中央研究所、あるいは基礎研究所) を持っている (青木 (1992))。

(2) 研究開発組織の変遷

　そこで、第1と第2の層の研究開発組織を日本企業がどのように整備してきたかをみておこう。まず、1960 ～ 65 年ごろ、第1層の中央研究所の設置ブームが生じた (明石 (1995))。電機メーカーを中心に、中央研究所が新設、強化され、海外からの導入技術を基礎に改良型技術や新製品を開発するセンターになった (経営史学会編 (2004)；今野 (1993))。電機メーカーだけでなく、東レもこの時期に中央研究所を設けている。こうした中央研究所設立ブームは、様々な事業所に分散していた研究開発機能の集中化の動きでもあった (エレノア・ウェストニー (1995))。

　この第1次中研設立ブームの理由は、第1に、「資本自由化」、技術導入の自由化を控え、通産省が大手企業中心に研究所の設置を呼び掛けたことである (明石 (1995))。第2に、高度成長期に入り、企業の多角化が進み、一企業が取り扱わなければならない研究開発分野がより広くなった。それゆえ、基礎研究、共通基盤技術の研究の必要性が高まった。第3に、1950 年代まで海外からの技術導入に大きく依存し、技術導入の対価としての特許料の支払いが多額に上るという状況であった上、60 年

代以降、外国からの技術導入が次第に困難となり、たとえ導入できても、その条件はそれまでよりも厳しくなると予想された。したがって、技術供与相手との取引交渉力を高めるために、クロス・ライセンスが有用であり、そのためには見返りとして提供できる自前の技術を開発しなければならなかった (経営史学会編 (2004))。そうした中で、基礎研究の重要性が強調されるようになってきた。

　この時期の中研設立ブームで日本企業の研究開発部門の組織整備が開始されたとみてよかろう (明石 (1995))。先端的な技術や新製品の創出という点で中央研究所の役割が大きかった (経営史学会編 (2004))。しかし、第一次中研ブームは、第 1 次石油危機等による減量経営の流れの中で比較的短期間で収束した (経営史学会編 (2004))。また、この第 1 次中研ブームは「経営者の間に連鎖反応を生んだ流行であって、研究成果を生産に結び付ける段階に達せず、やがて基礎研究が企業の生産に関係がないことが知られ、批判されて、勢いを失った」(中山 (1995))。

　第 1 層の全社レベルの研究所の第 2 次ブームは 1980 年代央に生じた。基礎研究所ブームである (明石 (1995))。その代表的な例が 84 年 8 月設立の明治乳業のヘルスサイエンス研究所、同年 9 月設立のファナックの基礎技術研究所、85 年の日立の基礎研究所であり、この時期、40 以上の全社研究所が設立された (榊原 (1995))。

　このブームの背景に、米で知的所有権・知的財産権が保護・強化されたことが挙げられる。こうした米企業の行動への対抗上、他社との技術提携やクロスライセンシングを図る場合、基礎的な技術や知識が戦略上重要な武器になりつつあった (榊原 (1995))。折しも、低コストの資金を大量に調達できたことも中研ブームを煽いだ。

　だが、この時期、海外では、「中央研究所の縮小と産業連携が進行しているさなかに」あって、「ひとり日本企業は基礎研究所を新設したり、既存中央研究所における基礎研究を拡大したり」した (西村 (2003))。その後、長期不況の進行とともに「1990 年代半ばには産業界の基礎研究志向も雲散霧消」した (経営史学会編 (2015))。

　1980 年代には、事業部レベルの研究所、つまり第 2 層の研究所も整

備されていった。80年以降、生産施設ごとに部門別研究所を設置したため、新たな研究所設立の大きな波がもたらされた (エレノア・ウェストニー(1995))。80年代半ばの日本能率協会の調査によれば、電気5社で、シャープは6つ、三菱電機が9つ、日立と東芝が10、松下が14の研究所を持っていた。

(3) 事業部主導の研究開発組織体系

　全社レベル研究所の整備の中でも、日本企業の研究開発組織体系は事業部主導のものであった。基礎研究所はあくまで事業部支援的な役割を担うに止まり、製品開発活動における研究・開発の役割は支援的であり、中研も事業部支援の立場にあった (浦野 (1996) ; 明石 (1995))。逆に、第3層の開発組織の役割が大きかった。例えば、技術部、製造部門のエンジニアリング部門がR&Dプロセスにおいて中心的役割を果たしたとされる (青木 (1992))。

　さらに、1970年代には事業部主導の研究開発組織体制がより強まった。例えば、キャノンは69年に中央研究所を設立したが、77年に名称を製品技術研究所に変更した。その狙いは、研究活動の中心を「基盤技術」からオイルショック後の環境に対応した新製品の開発へシフトすることであった (日本能率協会 (1987))。久保田は中央研究所を廃止する代わりに71〜72年に各事業部に技術研究所を設立し (エレノア・ウェストニー(1995))、中央研究所にあった製品関連の研究部門もこの技術研究所に移動した。

3. 事業・ニーズ重視の開発活動

(1) 開発重視

　企業の研究開発活動にはその目的・性格が異なるものが含まれており、したがって、その活動を区分する必要がある。研究開発活動の分け方は何を基準にするかによって異なる。最も一般的な区分は、研究ステージ別に基礎・探索研究、応用研究、開発研究に分けることである。また、研究開発のスパンを基準に、短期、中期あるいは長期に分けることもある (今野 (1993))。

　研究開発費を基礎研究、応用研究、開発の三つの分野に分けた場合、1990 ～ 2020 年、企業の研究開発費のうち、開発が圧倒的に多く、90年に研究開発費の 71.8％、2020 年に 76.7％を占めた。次が応用研究で、同じ年にそれぞれ 21.8％、15.9％を占め、基礎研究費は 6 ～ 8％に止まった (文部科学省 (2022))。日本企業は商品化に近い開発段階に多くの人材と資金を投入しているのである。その背景には、研究開発部門と事業部門が相互間にセグメントされにくい構造であることがある。こうした構造であるため、事業部門や本社が研究開発部門に対して要求する内容に敏感にならざるを得ない。その結果、研究開発組織が自らの研究開発費の配分を増加する戦術として、応用研究、商品開発のための研究費の配分を大きくした (若杉 (1989))。

(2) 事業・ニーズ重視の開発

　日本企業は、「既存事業分野でのニーズ指向の研究開発」が多い (明石 (1995))。例えば、1980 年代に企業の研究開発のテーマが研究部門内のニーズを指向したものは 45％に止まり、その他は企業全体のニーズを反映した。研究開発のテーマの提案のうち、事業部からものが 40％であるという調査もある (坂倉 (1988)；今野 (1993))。研究開発のテーマの提案が、市場に直結している事業部門からなされる場合が多かったのであ

る。こうした日本企業の研究開発指向上の特徴は、アメリカ企業とは異なるものであった。米企業では研究開発プロジェクト提案の発生源として研究開発部門の比率が高く、研究開発部門の独自性が相対的に強かった (浦野 (1996))。

　日本企業では、研究開発の情報源としても、事業部の製造と営業両部門が重要であった。製造部門の技術的な課題や営業部門の市場ニーズに関する情報が研究開発部門に提供され、それに基づいて研究テーマの検討がなされた (今野 (1993))。

　研究開発戦略も、生産工程、販売部門、マーケット部門からフィードバックされた情報を反映しながら決定されることが多かった。マーケットオリエンティド型あるいは生産現場の要請を強く反映した研究開発戦略が形成され、研究開発の方向付けは、生産工程の効率化型、デマンドプール型の研究開発に重点を有するものとなった。日本企業の研究開発資金の配分においても、生産部門、販売部門の戦略的意思が強く反映されるシステムが存在するといわれる (若杉 (1989))。

　顧客ニーズとの関連では、研究・開発テーマのニーズ発生元として「マーケティング部門からの顧客ニーズ」が最も多く、R & D のテーマのニーズ発生元としては「マーケティング部門からの顧客ニーズが最も多かった (明石 (1995) ; 明石 (2002))。日本企業の研究開発活動は、市場ニーズ充足型あるいはマーケティング部門牽引型の色彩が濃いといえる。

　生産現場との関連では、日本企業の研究開発において生産現場重視の原則が適用されていた (若杉 (1989))。

　Mansfield の調査 (Mansfield(1988)) によれば、米企業でも、研究開発プロジェクトの発生元として、マーケティング部門、製造部門、顧客も一定の重要性があるものの、日本に比べ、研究開発部門の重要性が高かった。特に、電気機械産業でこうした日米の違いが著しかった (表 8-1)。

表8-1　日米企業の研究開発プロジェクトの発生元

産業	国	研究開発部門	マーケティング部門	製造部門	顧客
合計	日本	45	18	15	15
	アメリカ	58	21	9	9
化学	日本	49	23	15	3
	アメリカ	45	25	14	8
電気機械	日本	47	21	5	27
	アメリカ	90	7	1	1
一般機械	日本	44	22	11	20
	アメリカ	56	21	4	18
自動車、輸送器具、金属	日本	48	8	25	13
	アメリカ	51	25	12	11

注：調査企業は 100 社で、米 65 社、日本 35 社。

出所：Mansfield(1988).

4. 日本企業の研究開発の仕組み

　日本企業の研究開発の仕組みの特徴をローゼンバーグとクラインが提案した連鎖モデルで描くことができる。まず、図8-1 に基づき、開発の連鎖モデルを簡単に説明しよう。

| 図 8-1 | 開発の連鎖モデル |

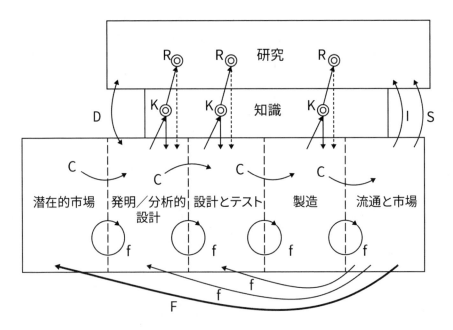

注：Cは技術革新の中心的連鎖、f、Fは短回路フィードバックと長回路フィードバック。
　　K－Rは科学と技術革新との関連であり、Dは科学から発明へ、Sは市場から科学へ。

出所：Kline and Rosenberg (1988).

　このモデルは、発明から市場へ至るあらゆる局面での科学との交互作用、連鎖が強調されており、この連鎖には5本のルートがある。第1のルートは、技術革新の中心的連鎖であるCであり、技術革新の引き換えとなる着想は発明と分析的設計の二つであり、特に、分析的設計の方がより一般的である。第2のルートは一連のフィードバックによるつながりを指すfとFであり、それぞれ短回路フィードバックと長回路フィードバックである。特に後者は、新しい発明や分析的設計の可能性に関連する情報が中心である。第3のルートは (K－R) であり、科学と技術革新の連鎖である。第4のルートはDで、科学から発明へのルートであり、第5のルートはSで、市場から科学へのルートである。

　こうしたルートの中で日本企業の製品開発仕組み上の重要な二つの特

徴が現れる。下流部門の活動が活発であることと、短回路フィードバック
が活発で、有効に利用されていることである。

(1) 下流部門の活動の活発さ

　第 1 に、革新の中心的経路 C について、日本企業の活動はイノベー
ションのより下流の局面、例えば、製品の再設計など、より市場に近い
ところで活発である。また、イノベーション・プロセスを科学に結び付
ける相互作用的経路 K-R において日本企業は、開発段階 (設計のやり直し、
テスト等) で相対的に優れた力を見せる。例えば、日本企業が一番関心
をもつのは設計や製造の局面においてである。

　これが可能になるのは、人事部による人事交流で、研究所と技術部
の間の機能面の区分が流動的になり (青木 (1992))、研究開発をさせる人
材が企業内でかなり流動的に配置されるからである。

　大企業 13 社、勤続 10 年目 (前期) と 20 年目 (後期) の技術者 120
名を対象とする調査によれば (小池編 (1991))、ほとんどの技術者は 20
年勤続する間に最低 2 回の異動を経験している。平均異動回数は勤続 10
年目の技術者が 2 回、20 年目が 4.7 回で、技術者は 4 〜 5 年に 1 回の
割合で頻繁に異動している。特に、後期の異動頻度が多く、昇進と勤続
地の変更が後期で多い。

　研究所から事業部へ、技術部署から現業部署への異動が多く、研究
者や技術者のかなりの人が研究開発部門を超えた製造部門やマーケティ
ング・営業部門との間の移動を経験している。表 8-2 で、移動経験者が
全体の 63.3 ％で、そのうち、開発から生産技術・製造部門への移動が
31.7 ％と最も多く、次が営業部門への移動で 24.5 ％である。再配置先と
して企画部門も有力であるが (小池編 (1991))、電機、自動車メーカーで
は、研究→開発→製造の太い異動ルートが定着している (小池編 (1991))。

表 8-2	技術者の配転状況			（単位：％）
	割合		割合	
基礎研究→開発	12.3	営業部門への移動	24.5	
開発→生産技術・製造	31.7	他企業・機関への移動	8.7	
開発→基礎研究	5.9	移動経験なし	36.7	
生産技術・製造→開発	21.6			

出所：雇用職業総合研究所 (1988)；浦野 (1996)、101 頁。

　人事ローテーションによって技術者は研究開発以外の部署に完全に移籍することも少なからずある。通常、企画に携わっていた中央研究所の研究員数名は技術部へ永続的に配属になることがあり、開発部門 (および研究部門) の出身者が生産部門に多数在籍していた (後藤 (1981)；青木 (1992))。

　研究開発従事者が「らせん階段の昇進プロセス」を経験してゆくこともある (若杉 (1989))。エレクトロニクスや通信分野の研究開発従事者の場合、新入社員と中研に入ったもののうち、生涯を通じて研究開発に携わるのは比較的少数である。「標準的」なキャリアーパスは、中央研究所に勤務して次に事業部の研究所へ移り、その後事業部門の管理職やスタッフ職につくことである (Westney and Sakakibara(1985)；エレノア・ウェストニー (1995))。このように、日本の研究開発従事者あるいは開発技術者の多くはライン管理者への強い指向性を持っており、この点は米の開発技術者との大きな違いである (榊原 (1995))。

(2) 短フィードバック (f) の効果的利用

　第 2 に、日本企業はより短フィードバック (f) の効果的利用において優れている。つまり、日本企業は、市場から生産へ、生産から再設計へ、製品の設計から分析的設計へというような短回路のフィードバックを効果的に利用してきた。

　こうした活発な短回路のフィードバックが可能になったのは、研究開発部門と製造部門や販売部門など他の部門との関わり合いが密接であるためである (若杉 (1989))。特に、新製品開発プロセスにおける研究・開発・製造部門の組織的連携が強く、とりわけ、開発段階で現場との相互交渉やフィードバックが重視される (青木 (1992))。

　このように部門間関わりを密接にすることができるのは、近接する機能単位間、職場間の人員ローテーションなどにより水平的なコミュニケーションが容易であるからである。

　まず、一時的な人事交流の形でフィードバックが図られる。例えば、開発部門の担当者が一時的に生産ラインの技術指導にあたったり、研究部門に出向くといった短期的・一時的交流が盛んに行われる。新製品の設計が完了すると、技術者は一時製造部門に移って生産ラインの準備の監督に当ることもある (浦野 (1996) ; 青木 (1992))。このように、人的な移動・交流に基づいた部門間の密接な協力関係は、専門化と分業化の徹底した欧米企業には見られない日本企業の研究開発の特徴である (浦野 (1996))。

　また、開発のプロジェクトチームを立ち上げる際は、その中に近接する諸機能単位、諸職場の人材を入れて、水平的なコミュニ―ケーションが図られる。例えば、プロジェクト・チームには研究開発から企画、生産、品質管理、販売・マーケティング、サービスなどそれぞれ異質なバックグラウンドをもった人間が含まれる (野中 (1989))。その上、関係する部門がボールを相互に投げ合いながらプロセスを進展させていく。各段階が横一線に並んでボールを投げ合うような形で相互作用を行う。

　具体的に、製品開発において設計→試作→生産→販売という開発のフェーズをオーバーラップさせる。設計がまだ完全には終了しない段階から試作を始め、試作がある程度進んだところですでに生産を開始する。新製品開発のフェーズを重ね合わせ、関係者が相互の機能を侵食し合いながら移動させる (竹内、野中 (1985)、(1986) ; 野中 (1986))。そこで、「ラグビー型 (方式) 開発」、「刺身 (sashimi)」方式、「オバーラッピング・フェーズ・アプローチ」、「サイマル・エンジニアリング」(simultaneous engineering) と 呼 ば れ る (野 中 (1989) ； 今 井 (1991) ; Takeuchi and

Nonaka(1995))。乗用車の開発の例で、日本企業のプロジェクトは成員
の多様化が特性であり、エンジニアリングや工程エンジニアリングの進
行に伴って、技術的な問題を解決するプロセスが製品コンセプトの創
造や製品プランニングとほぼ並行して開始される (クラーク、藤本隆宏
(1987) ; クラーク、藤本 (1993))。

　　もちろん、新製品の開発にあたっては日米のメーカー共に、研究開
発部門、製造部門、営業部門といった多部門からのメンバーによるプロ
ジェクト方式をとるのが一般的である。しかし、その内容に日米の間に
かなりの違いがある。アメリカでは、同一製品のプロジェクト内にさら
に作業の段階ごとに別個のチームを擁し、段階ごとの分業化が徹底され
る。段階ごとの仕事引継ぎ方式である。そのため、開発段階と生産段階
の調整機能は脆弱である。対照的に、日本企業は、プログラム・マネー
ジャーを中心としてスタート時点に多部門からのスタッフの意見を取り
まとめ、プロジェクトの各段階がほぼ同時に進められる中で随時コミュ
ニケーションがとられる (浦野 (1996))。

　　このように、日本企業の研究開発、製品開発では、作業への垂直的
統制がそれほど厳格でなく、むしろ、作業単位間に作業調整のためのコ
ミュニケーションが行われる (青木 (1992))。その過程で別々のグルー
プに属する人々が同時にコミットして情報を共有し、情報のリダンダン
シー (redundancy、冗長) が有効に活用されている (野中 (1989) ; 今井
(1991))。

5.　日本企業の開発の強みと弱み

　　こうした日本企業の研究開発の組織や仕組みから、日本企業はどの
ような強み・長所を持っているか、逆に弱み・短所を持っているといえ
るか、それらについてみておこう。

(1) 強み・長所

　日本企業の研究開発の強みとして、第 1 に、製品開発のスピードが速いことである。製品コンセプトの創造や製品プランニングとがほぼ並行して開始し、技術革新プロセスに関わるほとんどすべての部門を巻き込んで、学習が展開されるため、開発リードタイムが圧縮され、開発時間が短縮される。つまり、新技術で製品化しその製品を市場に出す時間が短くなる (明石 (2002) ; 野中 (1989) ; 當間 (1995))。古いデータであるものの、米 NSF の調査 (1976) によると、研究開発に着手してから企業化するまでの期間は、アメリカが 4 年、イギリス 6.7 年、西ドイツ 5.6 年、フランス 7.3 年であるのに対して、日本は 3.5 年に過ぎない (若杉 (1989))。Mansfield の実証研究によれば、80 年代にも、日本企業の研究開発に着手してから完成させるまでの期間は欧米企業に比べて短い (Mansfield(1988))。

　第 2 に、製品開発のフレキシビリティの高さである。市場ニーズを取り込むことに比重を置いた新製品開発を中心とする研究開発であり、ユーザーニーズの認識に基づく設計を行うだけに、市場競争状況の変化に弾力的に対応できる。開発中の製品・技術の内容を短い期間内に「修正」でき、再設計が可能である (今井 (1991) ; 明石 (2002))。

　第 3 に、応用技術開発における強さである。戦後日本企業で、研究者のキャリアーパスは研究開発部門が他の事業部門との深い関連性を維持することを可能とする基本的な要素となり、応用研究や商品開発における効率性を著しく高め、応用技術の開発で大きな成果をあげた (若杉 (1989) ; 宮本、阿部、宇田川、沢井、橘川 (2007))。

　第 4 に、漸進的改善における強さである。人の移動・交流で自然な親近感や信頼関係が生まれるとともに、研究開発と生産の間の強い結びつきで製品と生産工程の漸進的改善の能力が高まった (Rosenberg and Steinmuller(1988) ; Mansfield(1988) ; 青木 (1992) ; エレノア・ウェストニー (1995) ; 明石 (2002))。

　第 5 に、部門間にまたがる配転の容易さで人の移動が増え、少なか

らぬ技術移転が可能であった。技術者のキャリア・マネジメントの一部に技術移転が有機的に組み込まれた (榊原 (1995))。

　最後に、「らせん階段の昇進プロセス」の経験は研究開発に従事する者に企業全体の意思決定に関わる情報や商品企画、生産販売それぞれに関わる情報を習得させる機会をもたらし、様々なスキルが組織的に開発され、蓄積された (若杉 (1989)) ; 竹内、野中 (1985) ; 野中 (1986))。

(2) 弱み・短所

　他方、日本企業の研究開発上の弱みも少なくなかった。第 1 に、前述したように、日本企業は、短い回路 (f) の利用に長けている反面、長い回路 (F) を利用して、根本的に新しい可能性を見つけ出すことはあまり得意ではない (青木 (1992))。新しい科学的研究を発明に結び付けるリンク (D) に相対的に弱いが、日本企業の技術者の集団志向がこの問題点を増幅する。つまり、極限追求への妥協を生じさせ、時に創造的アイデアを提案することを躊躇させる (野中 (1989))。実際に、1990 年代までも、既存製品をベースとした開発や改良が日本企業の研究開発の支配的形態であった (明石 (1995))。

　第 2 に、事業部門の要請に応えて、市場ニーズに沿った短期的なテーマばかりに追われ、長期間にかけて地道に行われる基礎研究に対する資金配分は重視されず、長期的には基礎的な研究開発能力が低下する可能性がある (今野 (1993) ; 若杉 (1989))。実際、1980 年代と 90 年代にも、基礎的な領域、基礎的な技術は、他先進国からの導入に多く依存している (浦野 (1996) ; 若杉 (1989) ; Mansfield(1988) ; Rosenberg and Steimueller(1988))。

　第 3 に、第 2 とも関連するが、市場ニーズを取り込むことに比重を置いた新製品開発を中心とする研究開発は同質的競争となる。企業間の製品や技術の類似性をもたらすため、顧客から見た差異は少なく、各企業が利益をあげる期間が短くなり、利益率水準も低くなる (明石 (2002))。

　第 4 に、開発のスピードアップを通じた市場ニーズへの即応という

パターンは、不可避的に研究者・技術者を疲弊させる (明石 (1995))。例えば、問題が発生した時、成員全員が動きまわらなければならなくなり、オーバーワーク人的疲労に繋がる (野中 (1989) ; 竹内、野中 (1985))。実際に、日本の開発技術者は相対的に長時間働いていた。例えば、1 週間の平均勤務時間が日本の開発技術者は 53 時間、アメリカの開発技術者は 44 時間であり、日米間に 10 時間弱の開きがあった。また、開発を進めていくうえで多くの日本人開発技術者がタイム・プレッシャーを強く感じているという調査結果もある (榊原 (1995))。

　第 5 に、情報のリダンダンシーによるイノベーションの生成は、組織間の争いを頻繁にし、それによって労力の無駄とお金の無駄が発生している可能性もある (野中 (1989))。

参考文献

青木昌彦 (1992)『日本経済の制度分析－情報・インセンティブ・交渉ゲーム』筑摩書房 (Aoki, Masahiko(1988). *Information, Incentives, and Bargaining in the Japanese Economy*, Cambridge University Press)。

明石芳彦 (1995)「日本企業の研究開発・技術開発・製品開発」(明石芳彦、植田浩史編『日本企業の研究開発システム－戦略と競争』東京大学出版会)。

明石芳彦 (2002)『漸進的改良型イノベーションの背景』有斐閣。

浦野恭平 (1996)「日本企業の研究開発の特徴と課題 - 研究開発組織をめぐって」『商経論集』(北九州大学)、第 31 巻第 3・4 号。

エレノア・ウェストニー (1995)「日本企業の研究開発」(青木昌彦、ロナルド・ドーア編『システムとしての日本企業』NTT 出版社)。

木下宗七、鈴木和志 (1989)「研究開発と経済成長」(宇沢弘文編『日本経済－蓄積と成長の軌跡』東京大学出版会)。

クラーク、K. B. 、藤本隆宏 (1987)「自動車の製品開発におけるオーバーラップ型問題解決」『ビジネス・レビュー』Vol.34、No.4。

クラーク、K. B. 、藤本隆宏 (1993)『製品開発力：日米欧自動車メーカー 20 社の詳細調査』ダイヤモンド社 (Clark, K. B. and Fujimoto, T. (1991). *Product Development Performance*, HBS Press).

経営史学会編 (2015)『経営史学の 50 年』日本経済評論社。

小池和男編 (1991)『大卒ホワイトカラーの人材開発』東京経済新報社。

雇用職業総合研究所 (1988)『技術者のキャリア形成に関する調査研究』。

今野浩一郎 (1993)『研究開発マネジメント入門』(日経文庫)、日本経済新聞社。

後藤晃 (1981)「日本の技術進歩と研究開発」『季刊　現代経済』Summer。

後藤晃 (1993)『日本の技術革新と産業組織』東京大学出版会。

榊原清則 (1995)『日本企業の研究開発マネジメント』千倉書房。

坂倉省吾 (1988)「民間研究所を中心とする研究管理の実態調査報告」『研究技術計画』Vol.3 No.1。

竹内弘高、野中郁次郎 (1985)「製品開発プロセスのマネジメント」『ビジネス・レビュー』Vol.32 No.4。

竹内弘高、野中郁次郎 (1986)「新たな新製品開発競争：リーディングカンパニーにみられる 6 つの特徴」『ダイヤモンド・ハーバード・ビジネス』April-May。

當間克雄 (1995)「技術革新の結合連鎖モデル」『商大論集』(神戸商科大学経済研究所)、第 47 巻第 2 号。

中山茂 (1995)「企業内研究開発活動の隆興ー中央研究所ブーム」中山茂、後藤邦夫、吉岡斎編『通史　日本の科学技術』第 3 巻、学陽書房。

西村吉雄 (2003)『産学連携ー「中央研究所の時代」を超えて』日経 BP 社。

日本銀行『国際収支統計月報』。

日本能率協会 (1987)『先進企業三〇社にみる研究所運営活性化実例集』日本能率協会。

野中郁次郎 (1986)「日本企業の製品開発プロセスと問題点」『ダイヤモンド・ハーバード・ビジネス』April-May。

野中郁次郎 (1989)「製品開発とイノベーション」(今井賢一、小宮隆太郎編『日本の企業』東京大学出版会)。

宮本又郎、阿部武司、宇田川勝、沢井実、橘川武郎 (2007)『日本経営史〔新版〕』有斐閣。

文部科学省 (2022)『科学技術指標統計集 2022』。

若杉隆平 (1989)「研究開発の組織と行動」(今井賢一、小宮隆太郎編『日本の企業』東京大学出版会)。

Klein, Stephen J. & Resenberg, Nathan(1986) . "An overview of innovation," In R. Landau & N. Rosenberg (eds.), *The Positive Sum Strategy: Harnessing Technology for Economic Growth*. National Academy Press.

Mansfield, Edwin(1988). "Industrial R&D in Japan and the United States: A

Comparative Study," *American Economic Review*, Vol.78, Issue 2.

Rosenberg, Nathan and Steimueller, W. Edward(1988). "Why are Americans Such Poor Imitators?," *American Economic Review*, Vol.78 Issue 2.

Takeuchi, Hirotaka and Ikujiro Nonaka(1995). "The New Product Development Game," *Harvard Business Review*, Janauary-February.

Westney, D. Eleanor and Sakakibara, Kiyonori(1985). "The Organizational and Careers of Engineers in the Computer Industry in Japan and the United States," *Working Paper*, Massachusetts Institute of Technology.

第 9 章

労使関係及び人的資源管理の日米比較史：1970 年代まで

　「日本は終身雇用、アメリカは短期雇用」という認識が半ば通念となっている。しかし、日米の歴史を振り返ってみれば、日米の労使関係モデルが鮮やかな対照をなしているかのような通念はかなり疑わしい。歴史的に日本とアメリカの労使関係及び人的資本管理には類似点が少なくなかった。

　20世紀初頭までの工業化初期、間接雇用制度 (内部請負制、請負親方制) に基づく、「人」の移動の時代から、両大戦間期には、中核労働者を企業内に囲い込む内部労働市場 (Internal labor market) の形成の時代へと変わり、戦後にも継承・発展されていった。

　この内部労働市場の存在は、国際的に見ても、きわめて一般的な現象であった。ほとんどすべての先進国には、強力な内部労働市場が存在していた (ドーリンジャー、ピオレ (2007)。内部労働市場の成立は、経済の一定の発展段階ではごく普遍的な現象であったのである (小池 (1962))。日本とアメリカも例外でなかった。

　内部労働市場が形成されると、企業内に長く勤める構成員が増えていって、それゆえ、長期雇用が広がる。また、社内で人材を育てて、有効に活用するための人事、教育システムも整備されていく。したがって、労使関係及び人的資源管理において日米の共通点も多かったはずである。そこで、本章では、戦後から1970年代までの日米比較分析を通じて、労使関係及び人的資本管理における両国の共通点と相違点を解明する。

1. 日米共通点

(1) 内部労働市場の形成と類似なタイプ企業の存在

　第1次大戦期を経てから、日米両国で、成長する大企業を中心に内部労働市場が形成、普及した。

　内部労働市場は、労働に対する需要の変動に対して企業内における配置換えと昇進の規則によって対処する仕組み・労働市場モデルである

(尾高 (1988))。主に中核労働者を雇入れ、その後、社内の規則に基づき、採用、配置、ローテーション、教育を図り、賃金も企業内ルールにより決められる。人的資源の管理が規則に基づく手続きで行われ、個人の恣意が排される中で、現場の仕事が直接的、かつ中央集権的に企業によって管理される (ジャコービ (1989) ; 伊藤編 (1996))。企業の外部で人の自由な移動を前提に市場メカニズムが働く外部労働市場と対照的である。

　この内部労働市場が 1920 年代頃より日米両方で形成され、戦後にもその仕組みが続いた。この時期、大企業が従業員に雇用保障、内部の昇進階梯、技能訓練などを提供することが日米共通に観察された (Mills and Montgomery(1945) ; 小池 (1977) ; ジャコービ (1999) ; キャペリ (2001))。

　アメリカ大企業の中にはかなり異質的な企業が共存しており、それぞれの企業が形成している内部労働市場は多様であった。それゆえ、そのすべての大企業が日本企業と類似した内部労働市場を有していたわけではなかった。

　例えば、いくつかの基準から米大企業を分類してみると、第 1 に、サラリーマン型 (salaried model) 内部労働市場モデルとブルーカラー型 (industrial model) モデル、第 2 に、組合企業と組合不在大企業、第 3 に、テイラリズムをベースにした HRM(Human Resource Mangement) 企業とヒューマン・リレーションズをベースにした HRM 企業が代表的な分類である。

　第 1 の分類でのサラリーマン型内部労働市場は、生産労働者をホワイトカラーと同様に「社員」として扱い、レイオフを行わないため、「ホワイトカラー・モデル」とも呼ばれる。このタイプの企業の労務管理は、終身雇用、人材開発の重視、従業員参加などの特徴を持っており、成功している企業も多く、戦後日本の大企業と類似するタイプである (ドーリンジャー、ピオレ (2007)。対して、ブルーカラー型では、労働者のレイオフによって景気下降に対する調節を行い、生産労働者を生産要素としてしか扱わない (ジャコービ (1989))。

　第 2 の分類では、IBM やイーストマン・コダック社など組合不在大企業は雇用の安定に力点を置いて、事業の沈滞期に給与カット、労働時

間削減、配転など、日本の大企業と同じ手法をとって景気の波を切り抜ける。この組合不在大企業群が戦後の日本の大企業と類似している。対して、組合モデル企業は企業が失職中の補償を行うかぎりで労働者の定期的なレイオフを容認する企業である (ジャコービ (1999)；ジャコービ (1989))。

第3の分類は人的資源管理方式による分類で、IBM、コダック、ポラロイドなどヒューマン・リレーションズをベースにした HRM 企業が雇用安定を重視し、日本企業と類似している (萩原、公文編 (1999)；Katz and Darbishire(2000))。

したがって、サラリーマン型、組合不在大企業、ヒューマン・リレーションズをベースにした HRM 企業はお互い重なる企業が多く、これらの企業が雇用関係及び人的資源管理において、日本の大企業と類似な企業である (ドーリンジャー、ピオレ (2007)；ジャコービ (1999))。

(2) 長期雇用と中核労働者の雇用安定

内部労働市場が形成、拡大された先進国のほとんどにおいて、一定の時期、長期雇用される労働者 (例えば、正社員) が増えて、彼らの雇用が安定した (ドーリンジャー、ピオレ (2007))。1970 年代まで日米ともに経験をつみながら勤続を続ける従業員が多くなった (猪木 (1994))。雇用期間と雇用安定性という面で日米の共通点がみられたのである。詳しく見ておこう。

戦後の日本企業で長期雇用が多いことは周知のとおりであるが、戦後のアメリカの大企業においても、内部労働市場が広がり、長期雇用が増える傾向にあった。例えば、勤続年数 20 年以上の者の割合は 1892 年の 27％から、1968 ～ 81 年には、49％ (ブルーカラー) ～ 82％ (管理職及び専門職) に推算され、2 ～ 3 倍上昇している (Jacoby and Sharma(1992))。78 年の調査によると、どの年齢層でも、5 年勤続勤続者はその後も勤務し続ける可能性が高く、特に、30 歳台初めの人々では、その割合は 50％近くに達していた。Hall(1982) の調査によれば、80 年

代初頭に、アメリカと日本の自動車産業の労働者を比較すれば、雇用の安
定性がほぼ同程度であった。

　ブルーカラーの中でも長期勤続者が増え、平均勤続年数が長くなっ
たが、より早く伸びた長期雇用者はホワイトカラーであった。戦後アメ
リカでは、ホワイトカラー層が急速に増大し、1970 年には全労働力の
47.9％と、ほぼ半数を占めるようになった。アメリカで、1900 年にホ
ワイトカラーが有職者の 17.6％を占めたが、2000 年には 59.4％を占め
るに至ったとの推計もある (谷口 (2007))。実は、就業者の中で、ホワイ
トカラーの割合が傾向的に上昇することは高度に発達した資本主義国で
一般に見出される現象であった。

　アメリカ社会で、1950 年代後半、「組織人 (organization man)」が
流行語になったが、この言葉は米就業者の中で最も大きな部分を占めよ
うとしている新しいホワイトカラー階層を表現したものである (ハッカー
(1970))。フォーチュン誌編集長だったウィリアム・H・ホワイトが 56
年に出版した同名の本 (The Organization Man(『組織の中の人間』) が大
ヒットしたことがきっかけであった。ホワイトによれば、organization
man は、アングロサクソン族の白人、プロテスタント、大卒の者で、最
初就職した企業でいい給料をもらいつづけ、30 ～ 40 年間、その職が保
証されている者であった。組織に対し献身する新しい人間類型で、個人
主義を捨て去り、会社に依存し、会社に忠誠を尽くす人々であった。日
本でいう、典型的な「会社人間」である。当時アメリカで、一般的な大
学生の大部分は有名企業で安定した職を見つけ、組織人になることを何
よりも望んでいた (ハッカー (1970))。

　一社に長くキャリアを積んで、長期雇用される層がこのようにアメ
リカで増えていったが、こうした組織人は、戦後日本企業の平均的なサ
ラリーマンの姿と変わらない存在であった。高学歴で、長期勤続の性向
を持つ労働者が増えていったことに、日米の共通点を見出せるのである。

(3) 先任権 (Seniority)

　　長期雇用が増えていったのは、長く勤めた者を優遇する施策が施されたためでもあろうが、その一つが先任権である。後述する年功賃金もその一例であるが、レイオフ・再雇用、異動と昇進、休暇取得などにおいて先任権が重要である。日本企業で、このような先任権の慣行がホワイトカラーだけでなく、ブルーカラーにも普及され、定着したが、アメリカでも先任権が存在し、機能した。先任権の存在も人的資源管理及び労使関係上の日米の共通点だった。

　　先任権が最初に導入されたのは、1930 年代のニューディール期の労働改革の時であるが、その後、労働組合運動の台頭、戦後の「産業宥和」の過程などを通じて、先任権はさらに広く導入され、次第にルール化されていった (伊達 (2002))。鉄道業などすでに戦前から先任権規則を導入した産業もあるが、戦後に、自動車、鉄鋼業など製造業を中心に先任権を導入する産業、企業が増え、70 年代には先任権規則が大量生産体制におけるアメリカ的職場関係を支配したとされる (ピオリ、セーブル (1993) ; 伊達 (2002))。

　　特に、組合企業で先任権がより重要な役割を果たしているが、非組合企業の中でも、多くの企業が先任権を適用しており、その重要性において、組合企業との差はそれほど大きくない (Abraham and Medoff (1985))。

　　米企業では昇進の決定に先任権が重要な要素になっていた。とりわけ、ブルーカラー職場では、厳密に入社年月順に賃金の高い仕事へ昇進するルールが定着している。ドレンジャーとピオリによる 1964 ～ 69 年、75 社以上の企業の米経営者、管理者、組合幹部の調査で、勤続年数に応じて高い収入を得る職務に昇進していく慣行が定着していた (須田 (2010))。80 年代半ばのアブラームらの調査によれば、組合企業でより頻繁に、かつ、より厳格に先任権が昇進に適用されているものの、組合企業、非組合企業共に昇進に先任権を適用する例が多かった。例えば、非組合企業の時給労働者の 56 %、残業代免除のサラリーグループの 60 %、残

業代非免除のブルーカラー労働者の 48％が、勤続年数が長いことが昇進に有利であると答えていた (Abraham and Medoff(1985))。

　小池の調査によれば、1970 年代から 90 年代まで、労働需要が減少した時、雇用を減らす手続きが細かく記されており、ほぼそのとおり実行されていた (小池 (2016))。"First-in、last-out" で、勤続の逆順に機械的に解雇されていく (小池 (1977) ; 同 (1994))。このように、アメリカでは製造業を中心に、昇進、解雇に先任権が厳格に適用されていたことも、日本企業との労使関係及び人的資源管理上の共通点である。

(4) 福利厚生施策の導入

　1920 年代以来、日米の大企業は長期勤続奨励などのために、従業員への福利厚生の諸施策を導入してきた。こうした福利厚生施策は、戦後にも多くの大企業で施され、手厚い福利厚生がみられた。傷病手当制度、有給休暇、企業負担の健康医療保険、退職年金制度 (＝加入者の勤務期間や給与などに基づく計算式によって規定される年金制度)、従業員持ち株制度が導入された。また、従業員の住宅取得のための低金利ローン制度を設ける企業が多く、さらに、住宅を建設して従業員に賃貸で提供する企業すらあった。

(5) 年功賃金制

　勤続年数あるいは年齢の上昇に伴って賃金が上がる年功賃金制が戦後日本に定着していることはよく知られている。

　賃金制としての「年功賃金」という概念が日本で初めて登場したのは 1950 年代末頃であり、50 年代末から 60 年代初めにかけて同賃金制の普及、定着をみた (仁田 (2003))。年功賃金制の基礎になったのは、すでに戦前からその構想があった電算型賃金であった。電産型賃金は生活給的要素と能給的要素が組み合わせられていた賃金体系であり、この生活給的要素に年功賃金が含まれていた (仁田 (2003))。その後、定期昇給

制度が導入され、生活給的要素が弱まり、年齢別、勤続別賃金格差がよ
り強まった。また、ほぼ同じ時期の56年に始まった春闘方式(産業ごと
にベースアップを何%にするかを産業別に保障賃金として決める方式)の
もとで「年齢別生活保障型賃金」の賃金カーブが定着した(経営史学会編
(2004) ; 仁田 (2003) ; 佐藤 (1999))。ただ、この年功賃金制の中でも、勤
続と年齢のどちらをより重視するかは、時期によって揺れ動いてきた(仁
田 (2003))。

| 図9-1 | 年齢別賃金の日米比較(男) |

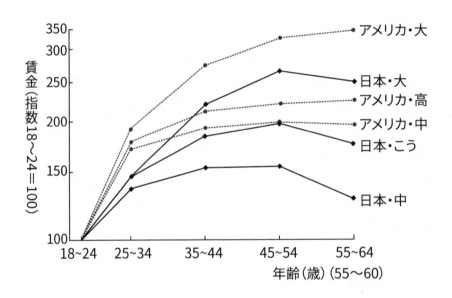

出所:小池(1991)、30頁。

アメリカの場合も、内部労働市場が形成された1920年代以降、年
功賃金の慣行が続いた。図9-1によれば、高学歴の男性労働者は年齢別
賃金カーブが年功的で、日米で極めて類似している。さらに、米国の場
合、勤続年数が職業別の賃金収入関数のきわめて安定した説明変数になっ
ている(猪木 (1994))ことを考慮すれば、アメリカの勤続年数別賃金カー
ブが年功賃金の特性をより明確に表わすといえる。
このように、日米の両方で年功賃金制の特性が表れるのは、年功賃

金と長期雇用の補完性があることを示唆する。(2) でみたように、正社員
など中核労働者を中心に長期雇用が多い日米共通点が、年功賃金という
賃金制の日米共通点と関連しているのである。

2.　日米相違点

　戦後、1970 年代頃までは、日米共に大企業で内部労働市場が維持さ
れ、その中で多くの労使関係及び人的資源管理上の共通点があったこと
を第 1 節で見たが、しかし、内部労働市場は、国別の賃金、雇用、およ
び雇用保障の幅広い多様性につながっていった。例えば、入退社、なら
びに内部労働力の配分や価格付けに関する諸規則は、万国共通ではなく、
各国特有の内容となる傾向があった (ドーリンジャー、ピオレ (2007))。
日米の間にもこの時期、労使関係及び人的資源管理において少なくない
違いも観察される。

(1) 昇進、昇給・昇格プロセスの日米相違点

① 昇進パターンの日米差

　日米企業における昇進パターンは対照的であった。日本企業での「遅
い選抜」、「ゆっくりとした昇進」、「遅い昇進選抜方式」と、アメリカ企業
の「早い選抜」の違いである (小池 (1981) ; 小池 (2005) ; 須田 (2010))。

　米企業では、昇進に関して、入社当初から「トーナメント移動」の
形をとった (Rosenbaum(1984))。早い段階から昇進競争をさせ、早い昇
進を可能にしていたのである。日本では、課長職まで 10 ～ 15 年の間に
は同期入社者の間に格差をほとんどつけなかった。昇給差が小さく、昇
給幅も大きくなかった (関口 (2014))。地位の違いなどによって同期間に
決定的な差がつくのは入社後十数年経てからである。大体、課長職以降
になるが、この時点からトーナメント方式が実施され、エリートへの分

岐点にくるのである (花田 (1987))。したがって、米企業での昇進プロセスは個人間短期競争過程、日本企業は長期にわたる個人間内部昇進競争の過程であったということができる。

② 昇給・昇格プロセスの日米差

昇格プロセスにも日本企業と米企業の間に大きな違いがあった。ブルーカラーに査定が行われるかどうかの違いである。

日本の大企業では、ホワイトカラーのみならず、ブルーカラーに対しても、査定付き定期昇給、昇格が行われた。ブルーカラーにも成績査定があり、それで上位の社内資格への昇進が決まったのである。管理職になるまでマニュアルワーカーもノンマニュアルワーカーも人事考課があり、昇給決定に個人査定が入った (森口 (2013)；須田 (2010))。

アメリカ企業は、日本と違って、組合がある限り、成績査定がブルーカラーにはない。マニュアルワーカーの昇給は労働組合と会社側の団体交渉で決定し、個人査定は入らない場合が多かった (小池 (2016)；須田 (2010))。

(2) 採用、職務編成・配置における日米の相違点

① 採用における日米差

日本で、人事部による新規学卒者の定期一括採用方式がとられてきたのはよく知られている。日本だけでなく、アメリカでもキャンパス・リクルーティング (CR、Campus recruiting) という経路で新卒採用を行っている。つまり、米でも、CR で毎年周期的に新卒採用を行ってきた (関口 (2014)；日本労働研究機構 (1996)；冷泉 (2009)；海老原 (2012))。

しかし、アメリカは、日本より新卒者の採用ルートが多様である。CR は、あくまで新卒採用者一部のみを対象とした採用ルートであり、CR 以外にも、「職業紹介業者」「求人広告」などのルートが新卒採用ルートとして使われた。また、新卒採用時期に関しても、日本ではほとんどが年度初め (4 月) の一括採用で同時入社し、採用時期を同じくするのに対して、

アメリカでは個別採用が多い。新卒の場合も、5・6 月、12 月の年 2 回の大学卒業時に合わせた採用が多く、またその時期に採用が限定されているわけでもない (関口 (2014))。

② 職務編成・配置における日米差

　企業内移動 (異動) の頻度・柔軟性の度合いにおいても日米の違いがみられた。すなわち、アメリカでは、固定的な職務配置が行われたのに対して、日本では、柔軟な職務編成・職務配置が特徴である (森口 (2013))。こうした両国の違いは労働組合が追及することが違うことに負うところが大きい。つまり、厳格な職務統制を追求するアメリカの組合、作業組織へのもっと柔軟なアプローチをとる日本の組合の違いである。こうした違いから米企業を「職務統制」モデル、日本企業を「ホワイトカラー」モデルと類型化することもできる (ジャコービ (1999))。

　企業内移動 (異動) は職場内移動と職場間移動からなる。職場内移動は、日常的な移動であるローテーション、同一職場内での仕事内容の部分的な変更である。職場間移動は、キャリアの幅を広げるための横の移動、キャリア転換のための「配置転換」などである。日本企業では、高度成長期と不況期に雇用保障のための配転や職種転換、「出向」が部分的な広がりを見せ、ブルーカラーの出向や転籍が安定成長期に雇用調整手段として大手企業を中心に広がった。高度成長期以来、ホワイトカラーのみならず、ブルーカラーが移動することも特別視されなくなった。制度的には日本の多くの大企業で大括りの職種に基づく人事労務管理を行っており、それが企業内移動を制度的に容易にした (久本 (2008))。

(3) 人事部の日米差

　日本企業は本社人事部が独自の地位と権力を持っている。アメリカ企業に比べて強い権限を持って、その相対的な強さが際立っている (久本 (2008))。日本企業の人事部の強さの源泉は、職制ルートでの人事管理の仕方、人事部が関与する範囲の広さにある。例えば、日本企業では、

米企業に比べ、人事部が人事管理の諸機能のラインに対する強い権限を持っている。人事部の役割の大きさの日米差である (加護野、野中、榊原、奥村 (1983)；八代 (1992)；山下 (2008)；久本 (2008))。その違いは「社員個別のヨコのキャリア (配置転換)」に人事部が直接関与するかどうかに端的に表れている。日本では、人事部が人員調整のための事業部門間の配置転換にライン管理者よりも実質的な権限を保持していた (平野 (2006))。日本の人事部に「ヨコの内部労働市場」を管理する「強い人事権」が与えられているのである。それに加えて、人事部は社員の格付けと昇進にも関与する (ジャコービー (2005))。対照的に米企業の人事部は配置転換に関与せず、その人事決定を補助するための制度上の整備を行うに止まる (加藤 (2002))。経営者と財務部署が策定した戦略の遂行において経営者のビジネスパートナーに近い役割を果たす (平野 (2011)。したがって、アメリカでは、個別企業によって本社人事機能の多様性がみられる (ジャコービー (2005))。

　こうした人事部の役割の日米差によって、人事部及び人事管理の集権度も日米には違う。日本企業では人事部の集権性がアメリカより強い (ジャコービー (2005))。日本では、本社人事部による集権的人事管理が行われ、人事に関してはかなり中央集権的で、会社全体の視野に立つ体系的な人材配置を可能にする人事権が人事部に集中していた (須田 (2010))。人事部による集権的な人事管理が行われたため、人事部に情報が集まり、高い人事情報蓄積能力を持ち、それに基づく人事評価が行われたことが本社人事部の強い権限を維持させた (平野 (2011)；伊藤編 (1996))。

　対して、米企業の人事部の集権度は相対的に低かった。アメリカでは人事管理がラインに分権化され、ラインの長が、その下の組織の人事権を握っていることが多く、人事部の社内の位置付けは低かった (ジャコービー (2005))。実は、アメリカでは、全産業労働者の 20％が人事部を持つ企業に雇用されていたに過ぎなかった (ジャコービ (1989))。

(4) ホワイトカラーとブルーカラー間格差の日米相違

　日米では、労働者間の待遇面、雇用保障面で、ホワイトカラーとブルーカラーの格差が異なった。アメリカでは戦前以来の格差が依然として根強くあったのに対して、日本では戦後にその格差が急速に縮まった。

　待遇面では有給休暇、年金、職務保障などに加えて、短い労働時間、深夜業がないことなどが含まれ (ジャコービ (1989))、アメリカではこの待遇でホワイトカラーとブルーカラー従業員の間に大きな格差があった (森口 (2013))。ホワイトカラーが受ける待遇が、1950 年代半ばまでに一部のサラリーマン型企業のブルーカラーにまで拡張され、「カラーライン」が塗り消されたものの (ジャコービ (1989))、多くの企業では待遇面の格差は依然残っていた。賃金面でも、マニュアルワーカーとノンマニュアルワーカーの差が大きかった (須田 (2010))。サラリーマン型モデルの米企業は少数のエリート企業に過ぎなかったのである (ジャコービ (1989))。

　ホワイトカラーはレイオフに対してはほぼ予防されていた反面、ブルーカラーはレイオフ、それに引き続いてリコールが行われ、職場に復帰するという体制の中で働いてきた (オスターマン (2003))。

　日本では、戦後間もない時期から工員と職員、つまり、ブルーカラーとホワイトカラーの格差が撤廃され、1960 年代後半以降、大企業ではホワイトカラーとブルーカラーの昇給体系が完全に一本化され、工職の格差を小さくすることが日本の雇用管理上の特徴になった (仁田 (2008) ; 森口 (2013))。職員層の賃金レベルが次第に低下し、工員層のそれに近づきつつ、ブルーカラー労働者とホワイトカラーのスタッフとは、年齢・賃金プロファイル、勤続年数別価値、企業福祉費の割合などにおいて近似するようになった (小池 (1963))。

　日本企業は、ホワイトカラーとブルーカラー従業員について「正社員」としての一元管理を行った (森口 (2013))。雇用維持の面でも、後述するように日本は職工混合組合であることもあり、正社員であれば、ホワイトカラーとブルーカラーの雇用安定度はそれほど変わらなかった。

　歴史的には、戦前日本職工間の身分差が大きかった。しかし、終戦後の労働改革と熾烈な労使紛争を経て職工身分差は縮まり、一般労働者がホワイトカラーのサラリーマンのように扱われるものになった。

(5) 労働組合の違い

① 組織単位の違い

　戦後の労働組合にも日米の差があった。よく知られているように、アメリカは産業別組合体制である反面、日本は企業別組合がメインであった。ただ、アメリカは戦前から産業別組合が強かったが、日本では、戦前には企業別組合はそれほど多くなく、また、戦後になっても、しばらくの間は、産業別組合がメインの組合組織になっていくことが予想されていた。しかし、上部団体の行動がしばしば失敗し、「企業別組合」が産業別組織から離脱する事態が起り (仁田 (2008))、さらに、1952 年の「電産・炭労争議」、53 年の日産争議などの産業別組合の敗北が企業別組合に転換する決定的なポイントになった (橋本、長谷川、宮島 (1998))。その結果、50 年代後半に、9 割弱の労働組合が企業別組合になり、この時期、「企業別組合」が確立された。

② 組合員構成の違い

　組合の組合員構成も日本とアメリカには異なった。アメリカと違って、日本の企業別組合は職工混合組合であった。つまり、日本大企業では、管理職になるまではマニュアルワーカーもノンマニュアルワーカーも同じ労働組合に所属した (須田 (2010 ; 仁田 (2008))。日本でこうした独特な職工混合が形成されたのは 1948 年であり、この時点で、大多数の企業で工職混合の「従業員組合」が成立した (森口 (2013))。

　当初は、工員と職員が別の組合を結成するところもあったが、この工・職別々に組織された組合も、炭鉱など少数の例外を除き、次第に統一されていき、一企業の正規従業員が一丸となる組織ができあがっていった (仁田 (2008b))。

　その背景としては、第 1 に、戦時期と戦後直後期を通じて、生活難が厳しく、人員整理が頻繁であったことから、従業員一体組織によってこれに抵抗する必要があった。第 2 に、従業員主導の企業再建によって生活再建を図るために、職員の力だけでは不十分であった。そのため、職工の統一により積極的だったのは職員組合側であった。逆に、工員組合の側は、戦前以来の身分差別の経験などから心理的抵抗があり、統一に消極的となる傾向があったとされる。第 3 に、戦時期を通じて職員数が増え、抜きんでたエリートではなくなっていた (仁田 (2008))。

(6) 対立 (米) vs 協調 (日) の労使関係

　日本企業とアメリカ企業は、経営側と労働者側間の労使関係においても違いがあった。日本では、終戦後の激しい労使紛争と労使対立から、そのマイナス面の影響を労使双方で学習し、1960 年代前半に民間大企業で協調的な労使関係が成立した (宮本、阿部、宇田川、沢井、橘川 (2007))。企業別組合も基本的に労使間の協調を指向するものであった。

　しかし、アメリカの場合は、経営側と産業別組合との交渉に基づく非協調的な労使関係が形成された (森口 (2013))。労使間には対立、衝突の関係が強かった。

　サラリーマン型モデルの米企業で労使間の信頼と協力が打ち立てられたとはいえ、ブルーカラー型モデル企業では労使間に敵対性や相互不信が強かった。ブルーカラーは必ずしも経営側が示す目標に共鳴しておらず、労働組合によって代弁されたブルーカラーの目標は、往々として企業の目標と真っ向から対立した (キャペリ (2001)；ジャコービ (1989))。

参考文献

伊藤秀史編 (1996)『日本の企業システム』東京大学出版会。

猪木武徳 (1994)「職業別に見た勤続と経験―日本と米国の比較」『経済研究』（一橋大学）、第 45 巻第 4 号。

ウィリアム・H・ホワイト (1980)『組織の中の人間―オーガニゼーション マン』東京創元社 (Whyte, William. H. Jr. (1956). *The Organization Man.* Simon and Schuster)。

S. M. ジャコービ (1989)『雇用官僚制―アメリカの内部労働市場と「良い仕事」の生成史』北海道大学図書刊行会。

M・J・ピオリ、C・F・セーブル (1993)『第二の産業分水嶺』筑摩書房。

海老原嗣生 (2012)『決着版　雇用の常識』筑摩書房。

尾高煌之助 (1988)「内部請負と内部労働市場―労働過程変革の歴史理論―」『経済研究』（一橋大学）第 39 巻第 1 号。

加護野忠男、野中郁次郎、榊原清則、奥村昭博 (1983)『日米企業の経営比較―戦略的環境適応の理論』日本経済新聞社。

加藤隆夫 (2002)「大企業におけるキャリア形成の日米比較」小池和男、猪木武徳編『ホワイトカラーの人材形成 日米英独の比較』東洋経済新報社。

経営史学会編 (2004)『日本経営史の基礎知識』有斐閣。

小池和男 (1962)『日本の賃金交渉 産業別レベルにおける賃金決定機構』東京大学出版会。

小池和男 (1977)『職場の労働組合と参加―労使関係の日米比較』東洋経済新報社。

小池和男 (1981)『日本の熟練』有斐閣選書。

小池和男 (1991)『仕事の経済学　第 1 版』東洋経済新報社。

小池和男 (1994)『日本の雇用システム―その普遍性と強み』東洋経済新報社。

小池和男 (2005)『仕事の経済学　第 3 版』東洋経済新報社。

小池和男 (2016)『「非正規労働」を考える』名古屋大学出版会。

佐藤博樹 (1999)「総論　雇用管理」(日本労働研究機構編『リーディングス　日本の労働　雇用管理⑤』日本労働研究機構。

サンフォード・ジャコービィ (1989)『雇用官僚制』北海道大学出版会。

サンフォード・M・ジャコービ (1999)『会社荘園制－アメリカウェルフェア・キャピタリズムの終焉』北海道大学図書刊行会。

サンフォード・M・ジャコービ (2005)『日本の人事部・アメリカの人事部－日米企業のコーポレート・ガバナンスと雇用関係』東洋経済出版社。

須田敏子 (2010)『戦略人事論－競争優位の人材マネジメント』日本経済新聞出版社。

関口定一 (2014)「アメリカ企業における新卒採用－その実態と含意」『日本労働研究雑誌』No.643、Special Issue。

伊達浩憲 (2002)「米国自動車産業における職場編成と先任権ルール－General Motors 社 A 工場の事例」『社会科学研究年報』第 32 号。

谷口明丈 (2007)「パネル報告Ⅳ：ホワイトカラー形成の国際比較」『経営史学』第 41 巻第 4 号。

仁田道夫 (2003)『変化のなかの雇用システム』東京大学出版会。

仁田道夫 (2008)「労働組合」仁田道夫・久本憲夫編 (2008)『日本的雇用システム』ナカニシヤ出版。

日本労働研究機構 (1996)『国際比較―大卒ホワイトカラーの人材開発・雇用システム－日、米、独の大企業 (2) アンケート調査編』(調査研究報告書 No.101) 日本労働研究機構。

橋本寿朗・長谷川信・宮島英明 (1998)『現代日本経済』有斐閣。

ハッカー (1970)『アメリカ時代の終り』評論社。

花田光世 (1987)「人事制度における競争原理の実態－昇進・昇格のシステムからみた日本企業の人事戦略」『組織科学』第 21 巻第 2 号。

久本憲夫 (2008)「日本的雇用システムとは何か」仁田道夫・久本憲夫編 (2008)
『日本的雇用システム』ナカニシヤ出版。

ピーター・キャペリ (2001)『雇用の未来』日本経済新聞社 (Cappelli, Peter
(1999). *The New Deal at Work: Managing the Market Driven Workforce*,
Harvard Business School Press)。

P・オスターマン (2003)『アメリカ・新たなる繁栄へのシナリオ』ミネルヴァ
書房。

P. B. ドーリンジャー、M. J. ピオレ (2007)『内部労働市場とマンパワー分析』
早稲田大学出版部。

宮本又郎、阿部武司、宇田川勝、沢井実、橘川武郎 (2007)『日本経営史〔新
版〕』有斐閣。

森口千晶 (2013)「日本型人事管理はいかに構築されてきたか─日米比較に
みる HRM の歴史的変遷」日本人材マネジメント協会 2013 年度コンファ
レンス資料。

山下充 (2008)「人事部」仁田道夫、久本憲夫編 (2008)『日本的雇用システム』
ナカニシヤ出版。

萩原進、公文博編 (1999)『アメリカ経済の再工業化：生産システムの転換と
情報革命』法政大学出版局。

八代充史 (1992)「大手企業における本社人事部の組織と機能」『日本労働研
究機構研究紀要』第 4 号。

平野光俊 (2006)『日本型人事管理─進化型の発生プロセスと機能性』中央
経済社。

平野光俊 (2011)「2009 年の日本の人事部─その役割は変わったのか」『日
本労働研究雑誌』No.606、1 月号。

冷泉彰彦 (2009)『アメリカモデルの終焉─金融危機が暴露した虚構の労働
改革』東洋経済新報社。

Abraham, Katharine G. and Medoff, James L. (1985). "Length of Service and
Promotions in Union and Nonunion Work Groups," *Industrial and Labor*

Relations Review, Vol.38 No.3.

Hall, Robert(1982). "The Importance of Lifetime Jobs in the U.S. Economy," *American Economic Review,*Vol.72 No.4.

Jacoby, M. Sanford and Sharma, Sunil(1992). "Employment Duration and Industrial Labor Mobility in the United States 1880-1980," *Journal of Economic History*, Vol.52, No.1.

Katz, C. Harry and Darbishire, Owen(2000). *Convergence Divergences: Worldwide Changes in Employment Systems.* Cornell University Press.

Mills, H.A. and R. E. Montgomery(1945). *Organized Labor.* McGraw-Hill.

Rosenbaum, J.H(1984). *Career Mobility in a Corporate Hierarchy*, Academic Press.

第 10 章

労使関係・人的資源管理の
現状の日米比較：
1980 年代以降

　1920 年代より日米の大企業で共に内部労働市場が形成され、第 9 章で述べたように、戦後にも中核労働者を中心に長期雇用が保証され、雇用が安定したが、80 年代以降、キャペリが指摘しているように、アメリカでは、内部労働市場の「崩壊」といわれるほど、内部労働市場が大きく変化した。市場原理を組織内部に持ち込んだ経営変革が行われ、雇用関係は一層市場原理に基づくようになり、外部労働市場も組織内部に入り込んできた。雇用保障、終身雇用、定期昇進、安定賃金といった特徴を持つ、内部労働市場中心の旧来雇用システムが大きく変化し、雇用不安が慢性化した上、長期雇用が後退し、中核労働者に対する福利厚生施策も後退した。DEC のように、教育訓練費の予算を大幅にカットする企業が増えるなど、大企業で内部人材育成が縮小された上、社員がとらなくてはならないリスクは増大した (キャペリ (2001))。人の企業間移動が頻繁になり、外部労働市場が拡大した。米大企業の旧い「家族」経営モデルが市場志向のアプローチにとって代わられたと評価されている (オスターマン (2003))。

　他方、同じ時期、日本の変化はアメリカよりはるかに小さかった。日本においても 1990 年代以降の長期不況過程で内部労働市場に一定の変化はみられたものの、依然として企業内配置転換や出向など、内部労働市場での従業員の移動が多いなど、内部労働市場を通じた人的資源の配分メカニズムが維持されている (神林 (2016))。

　その結果、1980 年代以降、労使関係及び人的資源管理における日米相違点が多くなった。もちろん、日本もアメリカと同じ方向に変化したところもなくはない。そこで、本章では、主に 1980 年代以降の変化に注目して、日米の労使関係及び人的資源管理の変化の相違点をみた上で、共通点を明らかにする。

1. 日米相違点

(1) アメリカにおける雇用不安増大

　アメリカでは、1980 年代以降、企業の雇用保障が低下し、雇用が不安定になった (キャペリ (2001))。81 年の不況より雇用不安が深刻になり、その後、景気回復期にも解雇率が上昇するなど、1995 年に至るまで雇用安定度が大幅に悪化した (Cappelli(2008))。

　1980 年代〜 90 年代のアメリカで、失業者の中に解雇、とりわけ恒久的解雇の比重が高く、またその比重が高まっていった。例えば、81 年から 95 年の間に永久的に職を失った者は総労働者の約 15％に相当し、80 年代と 90 年代の 20 年間、自主辞職率が低下したことと対照的に、永久解雇率は上昇した (キャペリ (2001))。オスターマンの推計によれば (表 10-1)、この時期、一時的なレイオフに対して恒久的なレイオフの割合が上昇した。レイオフされた者が呼び戻される可能性が低くなったことであり、例えば、90 〜 91 年の不況時のように失業率上昇分の 90％が永久解雇による時期もあった (キャペリ (2001))。

表 10-1　失業理由別構成

	1979 年	1989 年	1998 年
辞職	0.250	0.241	0.206
一時的レイオフ	0.245	0.208	0.234
恒久的レイオフ	0.504	0.549	0.559

出所：オスターマン (2003)、p.53。

　ダウンサイジングのための大量解雇の第 1 次ブームは 1982 〜 83 年の景気後退が引き金となった。80 年代後半と 90 年代前半にも企業の合理化とダウンサイジングが続いた。例えば、91 年実施した別の調査研究によれば、大量解雇を実施したのは調査対象企業の 46％に達した

(Katz and Darbishire(2000)；キャペリ (2001))。93 年に 500 社を対象に
実施した調査 (ワイアットの 1993 年企業リストラクチャリング調査) に
よれば、過去 3 年間に 72％の企業がレイオフを実施しており、同年に
社員を対象に実施した調査においてもこの 1 年間だけでダウンサイジン
グを実施した企業が 42％もあった (キャペリ (2001))。90 年代末にも、
大規模のリストラとアウトソーシング拡大で職場を喪失した者が増えた
(Cappelli(2008))。

　大量解雇の嵐は、長期雇用を重視してきた非労組大企業、例えば、
IBM、デジタル・イクイップメント (DEC)、P & G、ヒューレットパカード
(HP)、イーストマンコダック、グッド・イヤー (Goodyear)、ロックウェル・
インターナショナル (Rockwell International などにまで及んでいた (Jacoby,
Nason and Saguchi(2005)；オスターマン (2003))。

　また、正規の仕事でさえ雇用保障されない事態も起きている (オス
ターマン (2003))。AMA の調査によれば、社員全体の約 40％を占めてい
た定額給社員が解雇者の 60％以上を占めていた (キャペリ (2001))。反
面、日本では、90 年代からの長期不況期を経ながら、正社員などコア社
員の長期雇用は依然として維持されている (島貫 (2017)；森口 (2013)；
Kambayashi and Kato(2012))。例えば、82 ～ 2007 年、30 ～ 44 歳の
中核正社員で 5 年以上の残存率は安定している。勤続 5 年のゲートをく
ぐった正社員の残存率が 90 年代以降に顕著に減少したわけではない (神
林 (2017))。正社員の転職率は、男性が 3 ～ 3.9％、女性が 3.8 ～ 3.9％
で依然として低い (海老原 (2011))。20 年代以降、日米両方で形成、定
着してきた内部労働市場の中核メンバーである正社員は、アメリカの方
で大きな雇用不安の脅威に晒されており、この点で日本との違いが著し
くなっている。

　さらに、アメリカでは、不況の企業業績悪化の時だけでなく、好況
の時ですら、大量解雇を続ける大企業が続出した (オスターマン (2003))。
例えば、永久解雇率は 81 ～ 83 年の景気後退期にピークに達した後、多
少は落ち着いたものの、その後の景気回復期に上昇し続け、90 年から
95 年にかけて急上昇した (Farber(1999))。鉄鋼、石油化学、自動車など

で 1994 年、景気が後退局面を脱し利益をあげているにもかかわらず、ダウンサイジングを実施する企業が続出し、全体で 10 万名以上がレイオフされた (鈴木、大東、武田 (2004))。実際、ダウンサイジングを実施する企業の中で景気をその理由に挙げた企業は皆無であり、リストラクチャリングが 66％で、アウトソーシングが 22％であるとの調査もある (キャペリ (2001))。雇用不安が構造的になっているのである。

(2) ホワイトカラー及び管理職の雇用不安

　日本も 1990 年代末〜 2000 年代初頭、電子産業を中心にホワイトカラー、管理職の大量解雇があったものの、80 年代以降のアメリカのように、慢性的に、景気と関係なく、ホワイトカラー及び管理職が雇用不安に晒されるようになったわけではない。アメリカで、これらの層はそれまで固く雇用が保障された層である。アメリカで最も顕著な雇用関係の変化は、伝統的に最も安泰な立場にあったホワイトカラーや管理職のダウンサイジングであった (キャペリ (2001))。アメリカでの大きな変化であり、日米の違いである。

① ホワイトカラーの雇用不安増大

　第 9 章でみたように、大卒ホワイトカラーは「組織人」として長期勤続しながら企業に尽くし、代わりに雇用が保証されていた。しかし、1980 年代よりこのホワイトカラーも雇用不安に晒されるようになった。例えば、68 〜 79 年のホワイトカラーの解雇率より 80 〜 92 年の解雇率が高く、また、76 年から 90 年代まで、米上位 100 社の解雇者の 77％がホワイトカラーであったとされる (キャペリ (2001))。79 年より 95 年の間に、アメリカで 4,300 万の仕事が失われたが、そのうち、大企業の高所得ホワイトカラーの仕事がより速く失なわれた (Allen, Clark and Schieber(1999))。99 〜 2000 年の不況時のホワイトカラーの解雇率は、80 年代初の不況時のホワイトカラー解雇率とほぼ同じ水準で高く (Cappelli(2008))、特に M & A の嵐の中で、買収された企業の人員整理で

は、ブルーカラーよりもホワイトカラーの方が大量に削減されるケースが
多かった (Lichtenberg and Stiegel(1987)；キャペリ (2001))。

② 中間管理職の雇用不安増大

　1980 年代以降には、中間管理職のリストラも増え、彼らの雇用も不
安になった。戦後、この階層の者は解雇から守られ、必要最小限の業績
を維持すれば定年まで雇用が保障されていた。80 年代中頃までに管理職
が解雇されたケースは稀であり、米労働統計局 (BLS) のデータによれば、
1960 年代を通しての平均失業率が 7％だったが、管理職の失業率は 1％
を下回るほどであった (Belous(1989)；Cappelli(1992)；キャペリ (2001)；
Farber(1998))。

　しかし、1980 年代に中間管理職の解雇率が他のグループの雇用者
のそれよりも高かった。90 年代初頭にも中間管理職の解雇率が急上昇
した (Chauvin(1994)；Cappell(1992)；キャペリ (2001)；Ehrbar(1993)；
Farber(1998))。さらに、92 年より景気が回復したにもかかわらず、管
理職の解雇率は下らなかった。景気変動と関係なく、管理職の雇用不安
が増大したのである (Kletzer(1998))。

(3) アメリカにおける長期雇用の縮小

① 長期勤続者の雇用不安増大

　アメリカでは、1980 年代以降、長期勤続者の雇用不安も高まって
いる。全体雇用者の解雇に比べ、長期勤続者の解雇がより速く増えてい
る (Cappelli(2008))。ニューマーク、ポルスキーらの推計で、1976 ～
81 年と 86 ～ 91 年の二つの時期を比較すれば、後者の時期に勤続年数
がより長くなっている。年齢が高い者の解雇がより大きく増えており、
8 年以上勤続の従業員の比重は 83 年から 90 年代初頭まで下落してい
る。90 年代を通しても、長期勤続者の雇用安定の度合いが下がっている
(Neumark, Polsky and Hansen(1999))。

　対照的に、日本では、長期勤続者の雇用は安定しており、雇用の

安定は失われていない (Kato(2001) ; Chuma(1998) ; Kambayashi and Kato(2009) ; Shimizutani and Yokoyama(2009) ; 神林 (2017))。

② 長期雇用者の比重の日米差

　こうした日米の差は、長期雇用者の比重の差につながっている。ファーバーの推計で、1970 年代後半から 93 年まで、男性雇用者のうち、勤続年数 10 年以上の割合が低下し続け、93 年からは勤続年数 10 年以上の割合、20 年以上の割合が共に急速に低下した (Farber(1997))。男性社員 (58 ～ 63 歳) で一つの企業に 10 年以上在籍した者の比重は、69 年の 47％から、90 年代中頃に 29％に下落した (キャペリ (2001) ; Cappelli(2008))。オーストマンによれば、勤続 10 年以上の男性労働者の割合が、96 年の 54.9％から 2000 年には 51.6％に低下した (オスターマン (2003))。

　他方、日本では、1980 年代以降長期勤続者の割合がアメリカより高かった。例えば、ILO の 2003 年調査によれば、日本の勤続 20 年以上の者の割合は 22％で、アメリカの 9.4％と比べると高い (海老原 (2011))。

　また、1990 年代と 2000 年代に、同割合が日本では横ばいかやや上昇する傾向にあった。前述した ILO の 03 年調査で、92 年から 2000 年の間に勤続 10 年以上の割合は約 0.3％高まっている。『平成一八年版厚生労働白書』で、90 年から 2004 年の間、男性の 40 代正社員に占める勤続 15 年以上の割合は、66.3％から 62.7％に微減するに止まり、50 代で勤続 25 年以上の者では、90 年代の 43％から 2004 年に 51.2％と、8.2％も上昇している (海老原 (2011))。

　一方、アメリカで、短期雇用者の割合は上昇傾向にあった。例えば、ジェーガーとスティーブンの推計で、30 歳以上の男性雇用者のうち、勤続年数 10 年未満のものの割合は、1980 年代後半から上昇し始め、90 年代全体を通して上昇し続けたことが確認されている (Jaeger and Stevens(2000))。カペリーによれば、2000 年代前半、勤続 2 年未満の雇用者が 4 割も占めていた (Cappelli(2008))。

　それは日本の短期雇用者の割合よりかなり高い。例えば、日米の雇

用者の勤続年数は、アメリカは1年未満が2割を超え、勤続5年未満の従業員の割合が45.5％である。2006年のデータでは、勤続年数5年未満の割合が日本は34.8％であるのに対して、アメリカは54.1％にもなっている (須田 (2010)；海老原 (2011))。

③ 勤続年数の変化方向の差

米企業では、従業員の平均勤続年数が1990年代中頃を境に短くなっている。特に、白人男性の労働者の平均勤続年数の短縮が著しい (キャペリ (2001))。

対照的に、日本では、1980年代以降、平均勤続年数は伸び続け、近年には安定している。例えば、従業員1,000人以上の大企業に勤める大卒一般労働者の場合、81年から2000年まで平均勤続年数が長期化し、02年の12.2年とピークを打った後、それ以降リーマン・ショック期を除いて安定的に推移している (久本 (2008)；神林 (2017))。

その結果、雇用者平均勤続年数において、アメリカが日本より短くなっている (Kawaguchi and Ueno(2013))。例えば、1995年、OECD統計で、平均勤続年数は日本が12.9年であるのに対して、アメリカは7.9年に止まっている (須田 (2010))。

(4) アメリカにおける先任権慣行の弱化

先任権はアメリカの大手製造企業に根強く存在している。しかし、IT、金融、他のサービス業など、製造業以外で労働組合がない企業が著しく増大しており、こうした企業では厳密な先任権はみられない。産業構造の変化によって先任権が強く享受される領域が縮小されているのである。さらに、前述したように、1980年代以降、企業の合理化とリストラクチャリングの中で繰り返し大量解雇が行われているが、勤続年数が長い者も解雇を免れない場合が多い。かつては、先任権が守られ、通常は若い者、勤続年数が短い者が最初に解雇されたが、今は、解雇の際、勤続年数が長い者がレイオフの遅い順番になることはなくなった。勤続

年数に関係なく、生産性の高い者が解雇の対象順番では後ろになる。年配の従業員ほど、年収が半分の若い従業員に取って代わられる可能性が高くなった。先任権が揺らいでいるのである (Munk(1999))。

　対照的に、日本では、今も、解雇は短期勤続者のみに集中する傾向がある。解雇確率は勤続 5 年未満の階層で最も高く、勤続が長くなるにしたがって解雇確率が下落している (神林 (2017))。先任権が揺らいでいるアメリカと違って、解雇にも先任権の慣行が強く守られているといえる。

(5) 非正規雇用形態から正規雇用への移行可能性の差

　日本では労働力調査の詳細集計で、パートタイム、アルバイト、契約社員・嘱託、派遣社員を非正規雇用者と定義しているが、アメリカには、日本の正社員と同じ概念がなく、非正規雇用の概念も定まっていない (労働政策研究・研修機構 (2016))。

　ただ、アメリカでは、パートタイム、臨時雇用、下請など標準以下の仕事につく者に、コンティンジェント (contingent) あるいは代替的就業形態 (alternative employment arrangement) と呼ばれる人達を合わせると、日本の非正規雇用者の範囲と近似すると思われる。

　コンティンジェントは実際の就業期間が短いか、短期の就業を更新し、継続して就業する期待の低い者であるが、職種については、「専門職」「サービス職」「管理部門補助職」「建設・解体職」での割合が高く、業種については、「建設業」「専門・事業サービス業」「教育・保険サービス業」でその割合が高くなっている (労働政策研究・研修機構 (2016))。

　日本と違ってアメリカでは、こうした非正規雇用者が正規雇用者へ転換する可能性が開かれている。非正規雇用に関連する日米の違いである。

　アメリカでは、工場閉鎖等による失職者をみると、離職直後は非正規雇用者が多いが、時間の経過とともに、常用雇用が増えている。非自発的パートや有期雇用は常用雇用への転換過程にある場合が多い (Farber(1999))。アメリカ人材協会の調査では、派遣市場の 3 分の 1 程度が正規への就職を果たしており、企業によって派遣就業者の 8 割を正

規として採用している (労働政策研究・研修機構 (2016))。

　反面、日本では、非正規雇用から正規雇用への転換は、例外を除いて、ほとんど報告されていない。このような転換は、学卒者を正規社員として一括採用し、企業内で OJT によって教育、訓練を施すという日本的雇用慣行にそぐわないためであろう (労働政策研究・研修機構 (2010))。

(6) 福利厚生施策の後退程度

　1980 年代以降、アメリカでは内部労働市場の動揺が激しい中で、企業はそれまで手厚く維持していた従業員福利厚生施策をどんどん取りやめた。日本企業にも福利厚生が手薄になる現象がみられるとはいえ、アメリカのような急速な変化はなかった。ここにも日米の相違点が見出せる。

　例えば、アメリカでは退職年金が確定給付から確定拠出へ変わった。特に 401K プログラムであり、企業はもはや自らリスクを負って年金の給付を保証することはしなくなった。1980 年に、米国のフルタイム労働者の 84％が確定給付年金制の対象であったが、2003 年には 33％にまで下落した (Cappelli(2008))。長期勤続者に対してそれまで施してきた福利厚生の施策を取りやめる企業が増えることによって、福利厚生水準の企業間ばらつきも拡大している。例えば、労働組合を持つ企業の中でも、企業が負担する医療保険適用範囲において企業間ばらつきが拡大している (Katz and Darbishire(2000))。

2. 共通点

　次に、1980 年代以降、労使・雇用関係及び人的資源管理において日米にどのような共通の変化があったかをみていこう。

(1) 若年層の長期雇用の縮小

　本章の第 1 節でみたように、長期雇用の縮小、中核労働者の勤続年数の短縮がアメリカで著しく、その限りで日米の雇用関係上の相違が際立っているが、若年層に限っていえば、アメリカだけでなく、日本においても長期雇用が縮小され、勤続年数が短くなっている。

　浜崎らの研究によれば、日本で 20 ～ 24 歳の定着率は 1990 年代初頭より大幅に低下し始め、2000 年代にもその傾向が続いているとする。また、25 ～ 29 歳と 30 ～ 34 歳の層も、90 年代後半から 2000 年代にかけて定着率が低下している。こうした傾向は大企業ほど、大卒若年層ほど顕著であった。大卒の若い労働者で勤続年数が短縮され、長期雇用者の割合が著しく低下しているが、この現象は、同じ時期、アメリカ企業でも見られることであった (Hamaaki et als.(2012) ; Kawaguchi and Ueno(2013))。

　このように若い層の定着率が低くなっていること、また、2000 年代に若年男性社員の正社員比率が低落していること (森口 (2013)) を考え合わせると、将来、正社員の長期雇用層がますます薄くなっていくことが予測できる。将来、アメリカと同様に、日本も長期雇用が後退・縮小されていく可能性が高いのである。

(2) 非正規雇用の動向における類似点

① 非正規雇用の増加趨勢

近年に非正規雇用が増える傾向にあることも日米共通であった。

　アメリカでは、すでに 1950 年代～ 60 年代にパートタイマー、派遣労働力、臨時工など非正規労働が増大した。70 年代には、個人や集団の下請契約の者が出現し、70 年代から 80 年代にかけて、派遣企業あるいは他のチャンネルにより得られる臨時的な仕事など「非典型雇用」が著しく増加した。アウトソーシングも増えた。殊に、シリコンバレーのような集積地で派遣労働者と契約労働者の活用が活発であり、その地域での非正

規労働者の増加が著しかった (ジャコービ (1989)；萩原、公文編 (1999)；
オスターマン (2003)；労働政策研究・研修機構 (2010))。

　日本においても、1990 年代後半以降、非正社員、非正規雇用が急激
に拡大している (須田 (2010)；Farber(2007)；仁田 (2008))。例えば、87
年に 188 万 6,000 人だったアルバイトが 2002 年に 423 万 7,000 人へ
と増加した。02 年の『就業構造基本調査』によれば、非正規雇用が 1,200
万人を超えている (仁田 (2008))。2002 年に 43 万だった派遣労働者は、
07 年に 133 万人と、90 万人も増えている。

　定型業務を担う賃金の安い人材を確保でき、人件費を削減できるこ
と、業務ニーズに合わせて雇用調整をしやすいこと、2 度にわたる派遣
法改正などで派遣社員に対する規制が緩和されたことが日本で非正規雇
用が増えた重要な理由であった (須田 (2010)；海老原 (2011))。

②　女性中心の非正規労働者

　非正規雇用が増える傾向にある中で、非正規労働者の割合で女性が
男性より高いことも日米の共通点である。

　例えば、2008 年、アメリカの非正規労働者の比率は男性で 11.1％
であるのに対して、女性で 24.6％であった。日本においても、女性の非
正規雇用者の割合は 68.2％にもなっており、男性のそれよりはるかに高
い (労働政策研究・研修機構 (2010)；労働政策研究・研修機構 (2016))。

　また、男性に限っていえば、日本の非正規労働者比率は 2005 年に
8.8％、アメリカでは 7.8％で、日米の間にそれほど差はない。男性の非
正規労働者比率は低く、またその水準が日米の間に近似しているのである。

③　非正規雇用の割合

　日米共に、1980 年代以降、非正規雇用が増加する趨勢にあるだけで
なく、非正規雇用の全雇用者に占める比重においても日本とアメリカの
差は大きくない。

　まず、労働力調査の詳細集計によると、日本では、1988 年に非正
規雇用者が雇用者全体の 18％強であったが、90 年代に徐々に増加し、

2003 年には 30％を超え、さらに、08 年に 34.1％、19 年には 39％になっている。非正規労働者が雇用者の約 4 割も占めているのである (今野 (2020) ; 労働政策研究・研修機構 (2016) ; 八代 (2020))。非正規の内訳を見れば、パートが約 5 割、アルバイトが 2 割、契約社員・嘱託が 2 割程度である。主婦、高齢者、学生を出し合わせると非正規雇用全体の 4 分の 3 を占める (今野 (2020))。

　アメリカでは、1990 ～ 2000 年代に全雇用者で占めるパートタイム労働者比率は、15 ～ 20％で推移している (労働政策研究・研修機構 (2010))。また、代替的就業形態・独立契約者、呼出就業者、派遣就業者、業務請負企業就業者の四つの類型を合わせて労働市場全体の 1 割強である (労働政策研究・研修機構 (2016))。したがって、その両方を出すと、25 ～ 30％になる。日本よりは低い割合とはいうものの、かなりの割合であり、日本のそれとの差はそれほどないのである。

(3) 賃金における年功要素の弱化

　第 9 章で述べたように、年功賃金制が導入されていたのは日米の共通点であるが、1970 年代後半以降には日米共に賃金制に変化が現れた。最も重要な変化は年功要素が弱くなったことであり、こうした変化があったことも日米の共通点である。

　アメリカでは、1970 年代後半から賃金の「成果主義」化がみられた (笹島 (2008) ; ドーリンジャー、ピオレ (2007))。フォーチュン 1,000 社を対象に行ったローラの調査によれば、87 年、米大企業で最も多く普及した成果主義賃金制は、個人の業績評価をもとに基本給の昇給額を決まるメリット給 (Merit pay) であり、96％の企業がこのメリット給を導入していたとされる。6 割以上の従業員にこれを導入した企業は 58％にも達しており、全従業員にこれを導入している企業も 3 割あった。メリット給に次いで多く普及している成果主義賃金制は、個人インセンティブとストック・オプションであり、ほぼ 9 割の企業で採用され、さらに、利益分配制、従業員持株制、職能給を採用した企業も 6 ～ 7 割あった

(Lawler(1981))。

　日本においても年功要素が弱まる賃金制の変化があった。まず、能力要素がより多く導入され、年齢・勤続年数の比重が大幅に低下した。能力主義時代の基本給の柱は年齢給と職能給であるが、これが役割給へと一本化された。この役割給は、ゾーンの低い社員ほど昇給額を寛大にする形で年功的要素を抑制するものであった (石田 (2020)；久本 (2008))。

　その結果、日本企業の年齢賃金プロファイルがフラット化した (Hamaaki et al.(2012)；橋本、長谷川、宮島、斉藤 (2011))。男女共に、1990 年後半から 2010 年代にかけての 25 年間で、年齢別賃金カーブの傾きが緩やかになっている。特に、若年層と高年齢層の給与が少なくなって傾斜の緩和度合いは、勤続が長くなるほど顕著であった (神林 (2017)；海老原 (2011))。

　企業にとって、総人件費を増やさず、増員を可能にするため、給与の年功カーブを下げるしかなかった (海老原 (2011))。中途採用者を抱き込んで賃金管理を行っていかなければならなかった市場条件も勤続別賃金格差を縮める重要な要因だったと見られる。

(4) 労働組合組織率の低下

　日本では企業別組合、アメリカでは産業別組合という違いがあるものの、労働組合組織率が長期的に低下する趨勢をみせている点でも、日米は共通であった。例えば、表 10-2 によれば、アメリカで労働組合組織率は 1955 年をピークに低下しはじめ、70 年に 35％になり、その後も持続的に低下し、88 年には 27％にまで下がった。その後は低下のスピードは遅くなったが、それでも、低下傾向は続いている。2015 年、組合員割合は 11.1％となっており、特に民間部門の非農林業で、組合員割合は 6.7％にまで低下した (労働政策研究・研修機構 (2016))。

　日本の労働組合組織率もほぼ同じ趨勢であった。高度経済成長期に安定的に推移した労働組合組織率は 1976 年以降に低下傾向に転じ (宮本、阿部、宇田川、沢井、橘川 (2007))、70 年に 30％だった組織率は、

88 年にはその半分程度にまで低下した (表 10-2)。

表 10-2 　日米の労働組合組織率の推移 (1970 ～ 88 年)　　　(単位：%)

	1970	1980	1988
アメリカ	35	31	27
日本	30	23	16

出所：OECD(1991), pp.97-134。

　このように労働組合組織率が低下した主な理由も日米でほぼ同じで
あった。産業構造の変化、働き方の多様化と雇用形態の変化などである。
まず、従来、労働組合の主力をなしていた産業の雇用が減少して、労働
組合を作らない、あるいは結成しにくい産業の雇用の比重が高まった。
例えば、アメリカの労働組合の主力が、鉱業、製造業、運輸、通信、建
設などの産業に集中していたために、これらの産業における雇用の相対
的 (または絶対的) 減少が、労働組合組織率を傾向的に低下させた。とり
わけ、エレクトロニクス (ハードとソフト) やホワイトカラー職種が中心
の金融やサービス (医療・流通) の分野で、組合の組織拡大がブロックさ
れた (Katz and Darbishire(2000)；萩原、公文編 (1999))。また、前述し
たように、日米ともに非正規雇用が増加しているが、こういった人材が
多い業種では労働組合が結成されない場合が多い。このように、労組組
織率低落の経済的要因が先進国の労働組合に共通しているのである (萩
原、公文編 (1999))。

参考文献

青木宏之 (2018)「個別人事における人事部門の役割－戦後史研究の視点から」
　　『日本労働研究雑誌』No.698、4 月号。

石田光男 (2020)「賃金」『日本労働研究雑誌』No.717、4 月号。

海老原嗣生 (2011)『雇用の常識　決着版』ちくま書房。

神林龍 (2017)『正規の世界・非正規の世界－現代日本労働経済学の基本問題』
　　慶応義塾大学出版会。

今野浩一郎 (2020)「正規・非正規労働」『日本労働研究雑誌』No.717、4 月号。

笹島芳雄 (2008)『最新アメリカの賃金・評価制度』日本経団連出版。

島貫智行 (2017)「日本企業の人事管理と組織の柔軟性」『日本労働研究雑誌』
　　No.683、6 月号。

須田敏子 (2010)『戦略人事論－競争優位の人材マネジメント』日本経済新
　　聞出版社。

大東英祐、鈴木良隆、武田晴人 (2004)『ビジネスの歴史』有斐閣。

仁田道夫 (2008)「雇用の量的管理」仁田道夫、久本憲夫編『日本的雇用シ
　　ステム』ナカニシヤ出版。

萩原進、公文博編 (1999)『アメリカ経済の再工業化：生産システムの転換と
　　情報革命』法政大学出版局。

橋本寿朗、長谷川信、宮島英昭、斉藤直 (2011)『現代日本経済 (第 3 版)』
　　有斐閣。

久本憲夫 (2008)「日本的雇用システムとは何か」仁田道夫、久本憲夫編
　　『日本的雇用システム』ナカニシヤ出版。

P・オスターマン (2003)『アメリカ・新たなる繁栄へのシナリオ』ミネルヴァ
　　書房。

ピーター・キャペリ (2001)『雇用の未来』日本経済新聞社 (Cappelli, Peter

(1999). *The New Deal at Work: Managing the Market Driven Workforce*, Harvard Business School Press)。

P. B. ドーリンジャー、M. J. ピオレ (2007)『内部労働市場とマンパワー分析』早稲田大学出版部。

宮本又郎、阿部武司、宇田川勝、沢井実、橘川武郎 (2007)『日本経営史〔新版〕』有斐閣。

森口千晶 (2013)「日本型人事管理モデルと高度成長」『日本労働研究雑誌』No.634。

八代尚宏 (2020)「離職・失業」『日本労働研究雑誌』No.717、4 月号。

労働政策研究・研修機構 (2010)『欧米における非正規雇用の現状と課題―独仏英米をとりあげて―』資料シリーズ　No.79。

労働政策研究・研修機構 (2016)『諸外国における非正規労働者の処遇の実態に関する研究会報告書』。

Allen, G. Steven, Clark, L. Robert and Schieber, J. Sylvester(1999). "Has Job Security Vanished in Large Corporations," *NBER Working Papers* 6966.

Belous, Richard(1989). "How Human Resource Systems Adjust to the Shift toward Contingent Workers," *Monthly Labor Review*, March.

Cappelli, Peter(1992). "Examining Managerial Displacement," *Academy of Management Journal*, Vol.35. No.1.

Cappelli, Peter(2008). "Introduction," in Cappelli, Peter ed.,*Employment Relationships: New Models of White-Collar Work*, Cambridge University Press.

Chauvin, W. Keith(1994). "Firm-specific Wage Growth and Changes in the Labor Market for Managers," *Managerial and Decision Economics*, Vol.15 No.1.

Chuma, Hiroyuki(1998). "Is Japan's Long-term Employment System Changing? In Isao Ohashi and Toshiaki Tachibanaki (Eds.), *Internal Labour Markets, Incentive and Employment*. Macmillan Press.

Ehrbar, Al(1993). "Price of Progress: Reengineering Gives Firm New Efficiency, Workers the Pink Slip," *Wall Street Journal*, 16 March.

Farber, Henry(1997). "The Changing Face of Job Loss in the United States, 1981-1995," *Brookings Papers on Economic Activity: Microeconomics*.

Farber, Henry(1998). "Are Lifetime Jobs Disappearing? Job Duration in the United States: 1973-1993," In John Haltiwanger, Marilyn Manser, and Robert Topel(Eds), *Labor Statistics Measurement Issues*, University of Chicago Press.

Farber, Henry(1999). "Alternative and Part-Time Employment Arrangements as a Response to Job Loss," *Journal of Labor Economics*, Vol.17 Issue 4.

Farber, Henry(2007). *Labor Market Adjustment to Globalization: Long-term Employment in the United States and Japan. Working Paper* No.519, Princeton University Industrial Relations Section.

Hamaaki, Junya, Masahiro Hori, Saeko Maeda, and Keiko Murata (2012). "Changes in the Japanese Employment System in the Two Lost Decades," *Industrial and Labor Relations Review*, Vol.65 No.4.

Jacoby, S.M.,Nason, E.M. and Saguchi, K. (2005). "The Role of the Senior HR Executive in Japan and the United States: Employment Relations, Corporate Governance and Values," *Industrial Relations*, Vol.44 No.2.

Jaeger, A. David and Stevens, Ann Huff(2000). "Is Job Stability in the United States Falling? Reconciling Trends in Current Population Survey and the Panel Study of Income Dynamics," In David Newmark (ed.). *On the Job: Is Long-term Employment a Thing of the Past?*, Russel Sage Foundation.

Kambayashi, Ryo and Takao Kato(2008). "The Japanese Employment System after the Bubble Burst: New Evidence," Prepared for Conference on Japan's Bubble, Deflation and Long-term Stagnation, December 11-12, Federal Reserve Board of San Francisco.

Kambayashi, Ryo and Kato, Takao(2012). *Trends in Long-term Employment and Job Security in Japan and the United States*, Center on Japanese Economy and Business Working Papers, No.302, Columbia University.

Kato, Takao(2001). "The End of Lifetime Employment in Japan? Evidence from National Surveys and Field Research," *Journal of the Japanese and International Economies*, Vol.4.

Katz, C. Harry and Darbishire, Owen(2000). *Convergence Divergences: Worldwide Changes in Employment Systems*. Cornell University Press.

Kawaguchi, Daiji and Ueno, Yuko(2013). "Declining Longterm Employment in Japan," *Journal of the Japanese and International Economies,* Vol.28.

Kletzer, Lori G. (1998). "Job Diplacement," *Journal of Economic Perspective*, Vol.12 No.1.

Lawler, Edward E. (1989). "Pay for Performance: A Strategic Analysis," Gomez-Mejia, Luis R. (ed.), *Compensation and Benefits*, ASPA/BNA Series 3, The Bureau of National Affairs, Inc..

Lichtenberg Frank R. and Stiegel, Donald(1987), "Productive and Canges of Ownership of Manufacturing Plants," *Brookings Papers on Economic Activity.*

Munk, Nina(1999). "Finished at Forty," *Fortune*, February 1.

Neumark, David, Polsky, Daniel and Hansen, Daniel(1999). "Has Job Stability Declined Yet? New Evidence for the 1990s," *Journal of Labor Economies*, Vol.17 No.S4.

OECD(1991). "Trends in Trade Union Membership," *Employment Outlook*, July.

Shimizutani, Satoshi, and Izumi Yokoyama(2009). "Has Japan's Long-term Employment Practice Survived? Developments since the 1990s," *Industrial and Labor Relations Review* , Vol.62 No.3.

第 11 章

日本企業の資金調達

1. 戦後高度成長期と 1970 年代

　戦後高度成長期と 1970 年代に、総じて、日本企業の資金需要は旺盛であったが、それを賄うには内部資金では大幅に足りなかった。戦前に 60％に達していた企業の内部資金の比率は、50 年代後半から 70 年代半ばまで 20 ～ 40％弱に止まった。全産業ベースの内部資金 / 外部資金を計算すれば、1950 年代前半に 34％に、50 年代後半に 42％に過ぎなかった (宮崎 (2011)。さらに、この内部資金の比率は下がる傾向であり、50 年代に 35％前後を示した大企業の自己資本比率は 70 年代前半には 15％まで低下した (堀内、吉野編 (1992) ; 経営史学会編 (2004))。

　対照的に、外部資金への依存度が高かった。企業が必要な資金の過半を常に外部から調達し、50 年代前半、60 年代前半、70 年代前半には、約 6 割が外部資金であった (表 11-1)。内部資金より外部資金に多く依存したことは、同時期、ドイツ、アメリカなどと異なる特徴であった。例えば、表 11-2 によれば、米企業の外部資金依存度は 1960 年代に 2 割台に止まり、80 年代には 1 割程度に過ぎなかった。ドイツの場合も、60 年代には 3 割台で、70 年代後半以降は 2 割台であった (表 11-2)。

表 11-1　戦後日本企業の資金調達構成　　　　　　　　　　(単位：％)

期間	外部資金 / 調達額計	外部資金に占める構成比		
		増資	借入	起債
1950 ～ 54	60.1	13.1	82.6	4.3
1955 ～ 59	56.0	13.5	82.1	4.4
1960 ～ 64	59.8	16.2	81.4	4.5
1965 ～ 69	51.2	6.2	90.5	3.3
1970 ～ 74	58.2	5.5	84.2	10.3
1975 ～ 79	49.6	17.7	58.8	23.5
1980 ～ 84	38.9	29.5	46.4	24.1
1985 ～ 89	46.7	39.9	16.2	43.9

資料：経営史学会編 (2004)、317 頁 (1950 ～ 69 年は『昭和財政史 19 統計』、1970 ～ 89 年は『経済統計年報』)。

表 11-2　企業の資金調達構成の国際比較　　　　　　（単位：円）

暦年	日本			アメリカ			西ドイツ		
	外部資金	（借入）	（有価証券）	外部資金	（借入）	（有価証券）	外部資金	（借入）	（有価証券）
1963	65.4	50.4	9.0	22.0	15.6	6.4	37.8	27.2	4.0
1965	55.7	49.9	5.8	26.6	19.6	7.0	36.2	19.9	6.6
1970	50.1	42.2	6.0	39.9	14.3	25.8	39.4	21.9	3.0
1975	67.1	58.7	11.0	25.7	1.2	27.6	30.4	19.5	1.8
1980	49.1	41.2	5.9	32.4	14.4	18.0	26.8	23.6	3.2
1985	41.6	33.5	7.0	12.6	8.6	3.7	24.0	18.9	5.1
1989	55.9	34.0	16.2	8.5	18.1	12.4	25.9	22.3	3.6

注：1) 対象は非金融法人、2) 数値は資金調達総額に対する構成比、3) ▲は資金流出を示す。
出所：小野 (1992)。

(1) 銀行借入

　銀行を中心とする民間金融機関が主たる外部資金の供給源であった。1950 年代～70 年代前半に、外部資金調達の 80 ～ 90％が銀行借入であった（表 11-1）。さらに、この時期、日本企業の借入金依存度は高まる傾向にあった。例えば、製造業に携わる資本金 1,000 万円以上の全法人企業についてみると、60 年から 75 年の間に、借入金依存度が 30％から 38％へと上昇した（宮本、阿部、宇田川、沢井、橘川 (2007))。

　企業の資金調達において銀行借入への依存度が高かったのは戦時期からであった。それまでは内部資金と株式発行による資金調達が多かったが、戦時期に、株主権限の縮小にともなって資金供給力を後退させた株式市場に代わって、銀行が次第に重要な役割を占めるようになった（日高、橘川 (1997))。借入依存の資金調達のパターンは、1965 年の証券不況以降さらに明確になった。つまり、証券不況以降、企業の資金調達は

全面的に借入に依存することとなった (経営史学会編 (2004))。また、高度成長期に、金融機関経由の資金が持つ役割は主に短期の運転資金に特化していた (武田編 (2021))。銀行借入は主に企業の運転資金に充てられていたのである。

　このように、高度成長期、金融市場の中で最も重要な役割を果たしたのは貸出市場であり、特に金融機関からの借入金に依存したため、間接金融優位の構造と呼ばれてきた (榊原他 (2011))。間接金融システムが長く続いた背景には、借手の企業側にとって、インフレで実質金利が事後的に低下するから、債務者負担が予定より小さくなった上、貸手の銀行にとっても、預金者から債務者利益を得られ、なおかつ、融資先企業の倒産リスクが小さくなったからであった (橋本 (2002))。

(2) 株式及び社債の発行による資金調達

① 株式

　借入依存度が高かったことと対照的に、1950 年代と 60 年代前半、日本企業の外部資金調達額のうち、増資によるものは 15％前後に止まった (表 11-1)。株主割当の利用は高度成長期における銀行借入を補う限界的な資金調達手段であった。61 年前後に株式の比重が高まり、64 年まで「プレミアム取得による資金調達コスト低下を狙った公募増資」が活発に行われたものの (宮崎 (2011))、65 年の証券不況を境に 70 年代にかけて、株式発行による資金調達はあくまでも限界的手段に止まった。

　高い法人税と、10 〜 15％という高率の配当を支払うのが慣例であったことに加えて、新株発行に株主割当額面発行の慣行があって増資の資金調達コストが著しく高かったためである。特に、1970 年代半ばまで日本では時価発行の公募増資市場が整備されていなかった。75 年まで株主割当が株式による資金到達の大半であったが、60 年代後半まで新株発行は額面発行のみに制限され、額面金額で株式を発行して資金を集めていた。時価を大きく下回る額面発行は発行企業にとって魅力的な資金調達手段ではなかった。

　1970 年代に企業が時価発行増資を行うようになってからも、大手証券会社の自主ルール (時価と額面の差額分を 5 年以内に株主に無償増資で変換するルール) が課され、新株発行は高コストの調達手段であり続けた (経営史学会編 (2004) ; 藤木 (2016))。その結果、企業がビジネス・チャンスをとらえようとすれば、借り入れは不可避の選択であり、それゆえ、借入依存度が高くなったのである。

② 社債発行

　株式発行と同様に、社債発行も 1970 年代まで銀行貸出の補完手段に過ぎず (松尾 (1999) ; 小佐野 (2001))、外部資金のうち社債発行による資金調達は 5 〜 6%に過ぎなかった (表 11-1)。

　厳しい起債規制があったためである。終戦後、1949 年にドッジ・ラインの実施によるインフレの終息、金利引下げ＝発行条件の改訂によって起債市場が活況を呈したものの、その後は 70 年代まで、産業政策への配慮から、銀行、大蔵省、日銀などによる起債調整を通じて債券発行市場で信用割当がなされた。厳しい適債基準の規制が存在したのである (松尾 (1999) ; 榊原他 (2011) ; 志村 (1980) ; 寺西 (1982) ; 筒井 (1988))。また、戦後の高度成長期に、物的担保力を持つ基幹産業に重点的に資金を配分する制度として、担保付社債が一般化していた。そのため、事業債においては電力債が最優先であり、産業インフラや産業政策上の重点産業が重視された。実際に、60 年代と 70 年代にかけて社債を発行した企業は、電力会社の他運輸関連会社、ガス会社及び一部の製造企業に限定された。逆に、物的担保力のない成長産業にとって有担保原則が起債の障害になった。よって、70 年代まで電力企業など一部を除けば、社債発行による外部資金調達は選択不可能であり、総じて、社債発行は低調であった (花崎、深澤、堀内 (2008)) ; 松尾 (1999))。

　つまり、企業が負債によって外部資金を調達しようとする場合、事実上銀行借入以外の選択肢はなかった。政府が公社債市場の金利を規制し信用割当の場としたため自由な資本市場が育たなかったことによって、銀行を中心とする戦後の仲介型金融システムの成立したのである。

2. 1980 年代

(1) 内部資金

　1980 年代にも日本企業の資金不足は続いた。例えば、民間非金融法人の資金過不足をみれば、資金収支の対名目 GDP 比率は、1990 年度にも −8.8％になっていた (藤木 (2016))。しかし、資金不足が続く中で、資金調達構成は変化していった。内部資金の比重が高まった。企業の調達資金の中、内部資金の比重が 80 年代前半に 60％を超え、80 年代後半にも 53.3％に達していた (表 11-1)。

　内部資金が多くなったため、自己資本比率が上昇した。1970 年代のオイルショックから、先進国企業の中で最も早く立ち直ったのは日本企業で、高い競争力に基づき世界市場にけるシェアを高め、好業績を続けた。こうした中で、70 年代後半から 80 年代にかけて、利潤蓄積による社内留保が増加した。この内部留保を中心に、70 年代半ば以後、調達資金のうち内部資金の比重が上昇し、上場企業の自己資本比率も 74 年のボトムの 20％前後から上昇し、80 年代初頭には 30％を超えた。80 年代、特に 80 年代後半のバブル期に日本企業は利益の多くを内部留保した。

(2) 借入依存度の急低下と銀行離れ

　逆に 1980 年代には外部資金への依存度が低下した。とりわけ、外部資金の中では、銀行借入の比重が急激に下った。代わりに、株式、社債など証券市場からの資金調達の比重が上昇した。

　1973 年末の第 1 次石油危機によるスタグフレーション (物価上昇と景気不振の同時並行) で金利が上昇し、企業業績が悪化した。つまり、収益の低下と金利の上昇で大企業の経営利益 / 利子支払いが急速に下落した。企業には減量経営の要請が強くなり、各社は有利子負債の削減に取組んだ。その結果、75 年にピークに達した負債比率 (自己資本 (株主資本) に対する負債の割合＝ (社債＋借入)/ 純資産× 100) は急速に低下した。

　負債比率低下の主な要因は、前述したように、企業の銀行借入依存度が低下したことであった。企業は設備投資を自己資本範囲内に抑えて借入の削減を進める傾向を強めた。データによれば、1970 年代後半で投資設備額が停滞的であり、設備投資の大半を占める製造業で投資規模が減少し、主要大企業の設備投資額の伸び率が 70 年代後半に急激に鈍化した (武田編 (2021))。低成長期への移行も企業の設備投資を鈍化させ、よって、設備投資のための大企業の資金需要が弱まった (榊原他 (2011) ; 経営史学会編 (2004))。加えて、証券市場・国際市場が発達し、大企業の内外での証券発行が増加した。その結果、80 年代を通して、大企業の銀行への依存度が著しく低下した (表 11-3)。大企業の借入依存度低下は言い換えれば大企業の銀行離れであった。

　製造業に属する大企業 (1990 年基準、資本金 1,200 億円以上) の総資産に対する銀行借入比率は、70 年代の 35％から 80 年代に急速に下落し、90 年代には 15％以下にまで低下した。中小企業を含めた製造業法人企業 (資本金 1,000 万円以上) の借入金依存度も 91 年には 24％まで下がった (星岳雄・ヒューパトリック編 (2001)) ; 小野 (1992) ; 宮本、阿部、宇田川、沢井、橘川 (2007))。それまでの間接金融中心という企業資金調達の特徴が 70 年代後半から 80 年代にかけてドラスティックに変化したのである。

表 11-3　1980 年代における負債比率と借入依存度

年	負債比率		借入依存度	
	平均	標準偏差	平均	標準偏差
1980	0.25	0.16	0.92	0.18
1983	0.26	0.17	0.88	0.24
1986	0.28	0.17	0.78	0.32
1989	0.25	0.17	0.66	0.37

注：負債比率＝ (社債＋借入)/ 純資産、借入依存度＝借入 /(社債＋借入)。サンプルは東証 1 部、2 部上場の非金融企業のうち、一貫してデータを利用可能な 1,560 社。

出所：日本政策投資銀行『企業財務データ』；経営史学会編 (2004)、375 頁。

　そして、1970年代後半から都銀や地銀の長期貸出の比率が急上昇している (松尾 (1999))。企業の借入の減少が特に短期借入で著しかったのである。すでに述べたように、金融機関経由の資金が持つ役割が短期の運転資金に特化していたことを考えると、殊に、80年代に、設備投資のための借入以上に、運転資金に充てられる借入が急減したことが分かる。

(3) 株式発行による資金調達

　外部資金のなかで銀行借入の比重が下落する代わりに、増資、社債発行など資本市場を利用した資金調達の比重が上昇した (経営史学会編 (2004))。企業が銀行融資に依存してきた資金調達のあり方を、エクイティ・ファイナンス (equity finance ＝直接金融) を重視する方向へ転換し始めたのである。

　具体的に、1980年代を通して株式、ワラント債 (新株引受権付社債。債券の発行体の新株を特定の条件、特定の期間中に買い付ける権利がついた債券)、転換社債 (特定の条件のもとで株式に転換できる債券) の発行が増加した (伊藤編 (1996))。とりわけ、80年代後半のバブル期に増資や社債発行の増加が著しかった。80年代前半、資金調達のうち増資と社債発行の比重はそれぞれ 29.5％と 24.1％だったが、80年代後半には 39.9％と 43.9％へと高まった。証券発行による資金調達が 8 割を越していたのである。また、増資、社債発行による資金調達では、80年代初めから 80年代半ばにかけて海外からの資金調達の比率が上昇し、85年には 50％を超えた (橋本、長谷川、宮島 (1998))。

　まず、株式発行による資金調達についてみると、1980年代を通して、株式の公募が増加した。特に、80年代後半のバブル期に公募増資が急速に増え、銀行への依存度低下を増資への依存度で補う形になった (伊丹、加護野 (1997))。

　増資が公募方式に転換する動きはすでに 1970年代からみられた。すなわち、72 ～ 73年、過剰流動性インフレーション下の株価上昇の中、増資はそれまでの額面発行株主割当増資から時価発行公募増資に転換し、

借入に比べて増資の調達コストが低下していた (経営史学会編 (2004))。
しかし、株式の公募増資が急増したのは 80 年代になってからである。
80 年代後半の株価高騰によって増資、内部留保の資本コストが低下し、
企業は容易にエクイティ・ファイナンスを行うことができ、借入よりも
増資を選好するようになった (橋本、長谷川、宮島 (1998))。ただ、この
時期、日本企業は株式の資本コストに対する認識の誤りから、「株主には
配当を支払っておけばよい」という考え方が横行し、安易な投資に走っ
た面があった (砂川、川北、杉浦 (2008))。

(4) 社債発行

　前述したように、1980 年代に入ると、企業が社債発行によって資金
調達するケースも増えてきた。特に多く増えたのは転換社債とワラント
債の発行であった。

　すでに 1970 年代から転換社債が発行できるようになっていたが、
79 年 2 月に、起債関係者によって無担保転換社債発行にかかわる適債基
準、財務制限条項が設定され、無担保化の道が開かれた。そこで、トヨ
タと松下電器が適格とされ、無担保転換社債を発行した (松尾 (1999))。

　1980 年代前半には、企業の社債発行による資金調達が急増し、松下
電器に加えて、ソニー、本田技研などが資金調達方法を銀行借入から社
債へとシフトさせた (経営史学会編 (2004))。85 年 1 月には TDK が国内
で初の完全無担保転換社債を発行し (松尾 (1999))、以降、完全無担保普
通社債の発行が増えた。80 年代後半には、日本を代表するリーディング
企業で銀行借入から社債へのシフトが顕著になり (宮島 (2021))、大企業
の調達資金のうちの社債依存度は、90 年に 26％まで上昇した。89 年度
には社債発行額が 20.8 兆円でピークを迎え (花崎、深澤、堀内 (2008))、
90 年には無担保 500 社、有担保 700 社の社債が発行された。

　この時期、国内で転換社債、ワラント社債の発行が増えた背景には、
スワップ取引の技術的向上に加えて、借入償還と設備投資のための資金
調達需要が旺盛であったこともあるが (花崎、深澤、堀内 (2008)；松尾

(1999))、より重要な理由は、前述したように、社債発行の規制緩和が行われたことである。1981年の商法改正によってワラント債の発行が可能となり、さらに、適債基準の緩和で社債が発行しやすくなった(榊原他(2011))。83年1月、完全無担保転換社債の適債基準が緩和され、84年4月には、適債基準が一層緩和された。その後も、無担保社債発行、担保普通社債の適債基準緩和が続き、88年末まで、約500社が無担保転換社債を、約300社が無担保普通社債を発行できるようになった(松尾(1999);経営史学会編(2004))。

　国内で転換社債発行が急増した第2の理由としては、株価が堅調であったことが挙げられる。つまり、株価が持続的に上昇し、株式の値上がり期待により、社債見かけ上低利で転換社債が発行できた(花崎、深澤、堀内(2008))。例えば、株価上昇に伴って、国内転換社債の平均クーポン・レートは1986年度の2.24%から87年度1.86%、88年度1.85%、89年度1.73%へと下落した(大蔵省証券局(1987))。このように、国内での転換社債の基準レートが低下し、発行条件が一段と弾力化されたことで低金利発行が可能となった。かつてない長期金利の低下による起債環境の好転もあいまって、安定株主構造が維持される限り、普通社債よりも転換社債やワラント債の方が有利であった。その結果、1980年代後半、株価ブームを背景に、高株価を利用して有資格企業によるワラント債、転換社債の発行が盛んに行われたのである(大蔵省証券局(1987);松尾(1999);小佐野(2001);宮島、河西(2010))。

　第3に、転換社債の流通市場の急拡大により、投資魅力が高まり、社債の消化環境が良好であったことも転換社債発行を後押しした(大蔵省証券局(1987))。最後に、国内の社債発行手数料などの調達コストが低くなったこともあった。1956年6月以降一度も変更されなかった社債発行の手数料が85年4月に約50%引き下げられた上、無担保社債発行の規制緩和によって実質的な信託手数料のディスカウントが実行された(松尾(1999))。

　他方、発行地域別には、海外での社債発行が急速に増え、国内でのそれを上回った。例えば、1980年代に増加した起債のほぼ50%が海外

市場で発行されることであり、国内企業によるヨーロッパ市場での転換
社債やワラント債の発行と、日系機関投資家による大量購入が多かった
(経営史学会編 (2004))。特に、84 年から 85 年にかけて海外起債ラッシュ
が生じ、86 年度には低利スワップと日本株の先高期待から海外ワラント
債の発行が急増した (松尾 (1999))。89 年度には、海外発行 1 兆 1,199
億円に対して国内発行 7,290 億円で、海外発行が国内発行を約 50％も上
回っていた。

　転換社債発行の動きと対照的に、国内の普通社債発行は低調であっ
た。従来、一般企業の国内普通社債発行は、11 ～ 12％程度を推移して
いたが、1980 年代後半には 1 ～ 2％程度の低水準となった。例えば、
89 年度の国内社債発行は 7,290 億円で、その中で電力債を除く普通社債
の国内発行はわずか 360 億円に過ぎなかった。一般企業にとって国内普
通社債市場は傍流の中の傍流になった (松尾 (1999))。1980 年代には、
普通社債より転換社債、ワラント社債など株式関連社債の発行が増えた
だけでなく、国内より海外で、特にヨーロッパでの発行がより早く伸び、
「国内普通社債市場の空洞化」が生じたのである。

　このように、国内より海外での社債発行が多くなった理由として、
第一に、規制緩和があった。1980 年の外国為替法の改正 (新外国為替法
の制定) によって、企業は政府の事前承認なしに海外市場で無担保債を
発行できるようになった。第 2 に、ヨーロッパでの社債発行では、日本
での社債発行で課されていた、担保・収益等に多くの条件を避けること
ができた。とりわけ、日本では、社債受託制度によって受託手数料が高
く据え置かれたため、社債調達コストが高かった (松尾 (1999))。そこで、
発行企業、投資金融機関の双方が、自由・開放的で取引コストの低いユー
ロ市場での発行、引受を選好したのである (経営史学会編 (2004))。加え
て、国内外金利差も、「国内普通社債市場の空洞化」の理由になった。

3.　1990 年代以降

　　90 年代にも日本企業 (民間非金融法人) の資金不足が続いた。ただし、企業の資金不足幅は減勢を続け、98 年度に資金不足ゼロになり、99 年度からは資金余剰に転じた (藤木 (2016))。2000 年代以降も、日本企業の資金余剰続いている。

　　1990 年代以降、資金不足幅の減少と資金余剰の拡大には、不況下、企業の設備投資が低迷傾向にあり、企業の資金需要の冷え込んだ影響が大きかった (松尾 (1999) ; 榊原他 (2011))。2003 ～ 04 年、金融危機が一段落すると資金余剰幅が減少したものの、08 年のリーマン・ショック後には再び資金余剰幅が拡大し、10 年代にも資金余剰が続いている (図 11-1)。

図 11-1　　日本の主要部門の資金過不足 (2005 ～ 21 年度)

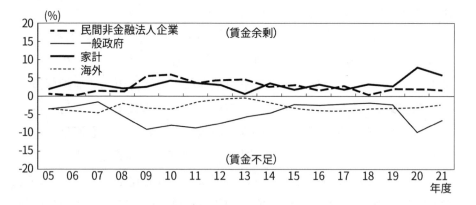

出所：日本銀行調査統計局 (2022)、4 頁。

(1) 負債比率と内部資金

　　すでに述べたように、1990 年代に、日本企業の資金収支は改善を続け、2000 年代以降資金余剰が続いたが、それと連動する形で、同じ

時期、日本企業の負債比率は急速に低下した (宮島編 (2017))。1996 ～ 2005 年度、銀行借入の減少と社債発行の低迷で、日本民間非金融法人の負債残高は減少を続け、06 年に負債依存度が 50％を下回った。10 年代にも日本企業の負債比率は 46 ～ 48％で推移した (宮島編 (2017)；藤木 (2016))。戦後、長年にわたって、日本企業の負債比率は米企業のそれより高かったが、90 年代以降の負債比率の下落で、2000 年代の負債比率が 50％台後半で安定的に推移している米企業 (宮島編 (2017)) との差もさほどなくなり、むしろ、米企業の負債比率が日本企業より高くなる年すらあった。

　逆に、日本企業の内部資金への依存度は上昇傾向をみせてきた。例えば、日本製造企業の自己資本比率は、90 年代以降、上昇傾向を続け、それに牽引される形で、日本企業全体の自己資本比率も、90 年代末から明確な上昇傾向をたどるようになった (宮本、阿部、宇田川、沢井、橘川 (2007))。手元資金が有利子負債を上回る実質無借金企業が増え、2015 年度末に上場企業の 56.1％が無借金経営になった (宮島編 (2017))。このように、有利子負債を利用しないことでファイナンシャル・フレキシビリティを維持し続けている企業が増えている。例えば、優良企業が集まる京都には実質無借金企業が少なからずあり、信越化学工業、日本写真印刷、ダイワハウス工業、マブチモーターも実質無借金経営を行っている (砂川、川北、杉浦 (2008))。

　こうした無借金経営にこだわる企業には、負債のマイナス面である「万が一の事態」を極端に嫌う創業者の経験や考え方が根強く残っていることが少なくない。しかし、無借金経営がいつも好ましいとは限らない。投資家にとっての企業価値を重視すると、負債を増やす戦略が最適になる場合もあるし、負債を増やすことによって企業価値が高まる可能性もあるからである (砂川、川北、杉浦 (2008))。

(2) 銀行借入

　前述したように、1980年代、特に、80年代後半のバブル期に、外部資金に占める借入の比重は急速に低下したが、90年代にも、借入の比重低下が著しかった。例えば、製造大企業の場合、総資産に対する銀行借入の比率は、1990年代に15％以下にまで低下した。1970年代、同比率が約35％であったことに照らしてみれば、大企業の銀行借入依存がいかに大幅に低下したかが分かる (星、パトリック編 (2001))。

　多くの企業は銀行融資を返済して、金融機関からの借入を圧縮しており、この借入返済には社債発行による手取金が充当された。社債発行が銀行離れを加速させたのである (松尾 (1999))。とりわけ、期待収益が高く、倒産リスクの低い優良企業ほど、借入返済に社債への依存を強めた (宮島・河西 (2010))。銀行が提供する救済保険機能を必要としなかったためであろう。その結果、銀行の貸出構成はリスクの高い企業群に大きく偏り、このポートフォリオの変化が、バブル崩壊後の不良債権の拡大の一条件となった (宮島・河西 (2010))。

　2000年代に入ってからも企業の借入依存度は低下し続けた。殊に、金融危機が深刻化した1998年度から04年度にかけて、借入が毎年4～8％減少した。その結果、民間非金融法人の金融負債残高のうち金融機関からの借入比率は、1997年度の43％から06年度の26％にまで低下した (藤木 (2016)；大和総研 (2015)；宮島・河西 (2010))。不良債権の処理過程で銀行が貸出を圧縮したことも相まって、企業の資金調達において借入の重要性が低くなったのである。

　2010年代にも、民間非金融法人の外部資金調達における借入の比重はそれほど変わらず、25％強を維持している。国際的に見て、アメリカと比べれば、借入の比重が高いことは過去と変わらないものの (表11-4)、高度成長期と70年代までと比べれば、企業の借入依存度はかなり低くなっているのである。

表 11-4 民間非金融法人の金融負債構成の国際比較
（金融負債基準、2014、21 年）　　　　　　　　　　　（単位：％）

年度	2014 年			2021 年		
地域	日本	米	ユーロ地域	日本	米	ユーロ地域
借入	25.4	6.4	32.1	25.8	5.7	26.9
債券	4.9	13.4	4.0	4.7	9.0	3.9
株式・出資金	48.4	57.3	50.6	52.9	70.5	56.4
その他	21.2	22.9	13.3	17.3	14.8	12.8

注：その他は、金融負債合計から、借入、債務証券、株式等を控除した残差。
出所：藤木 (2016)、143 頁 (原データは日本銀行); 日本銀行調査統計局 (2022)、3 頁。

(3) 社債発行

　　景気不振が続く中でも、1990 年代に、企業の社債発行は増えていった。年間社債発行額は 90 年度の 2.1 兆円から 2000 年度には 7.6 兆円にまで増加し、特に、90 年代後半から 2000 年代初頭にかけての社債発行増加が著しかった。社債現存額も同じ時期、9.9 兆円から 50.1 兆円に膨らんだ (大和総研 (2015) ; 花崎、深澤、堀内 (2008))。

　　1980 年代までとは対照的に、幅広い業種の企業が社債を発行していた。80 年代までは、公募社債発行は圧倒的に電力会社に集中していた。例えば、90 年度に電力会社による公募社債発行額が全体の約 9 割も占めていた。しかし、2000 年度にはその割合は約 2 割にまで低下した (大和総研 (2015))。90 年代を通じて製造業で 936 社、非製造業で 767 社の上場企業が社債を発行した (花崎、深澤、堀内 (2008))。

　　発行される社債種類、発行する地域においても大きな変化があった。すなわち、1980 年代には、海外発行が多く、また、転換社債やワラント債の発行が多かったのに対して、90 年代には、普通社債の国内発行が圧倒的になった。例えば、90 年代半ばから、日本の金融危機の影響などもあり、海外での起債が減り、社債発行が国内中心にシフトした。とりわ

け、97年以降は国内発行の割合が8割を超えていた (花崎、深澤、堀内 (2008))。

　社債種類別には、1990年代には転換社債や新株引受権付社債など株式関連の社債が減った。株価低迷による新株式発行の停滞の影響が大きかった。その代りに、普通社債の起債が急拡大して、社債発行の中心、主流になり、企業金融における主要な資金調達手段となった (榊原他 (2011) ; 花崎、深澤、堀内 (2008) ; 小佐野 (2001) ; 松尾 (1999))。

　バブル崩壊によって、90年代に企業の資金需要が総じて減っていた中、社債の発行が増えた理由としては、前述したように、優良大企業が借り入れの返済のため、社債を発行したことが挙げられるが他の理由もあった。制度改革を伴う規制緩和である。すなわち、90年代の社債制度改革で、社債発行限度枠、適債基準、財務制限条項設定、有担保原則など、従来の規制が緩和ないし撤廃された (松尾 (1999))。

　まず、1990年の商法改正によって、社債発行限度枠の基準が純資産額に一本化され、転換社債に加え、ワラント社債についても、基準の2倍までの発行が認められた (松尾 (1999))。

　また、1993年の商法改正により社債受託制度が改革され、社債受託会社から社債管理会社への転換が図られるなど、同制度による規制が大幅に緩和された。この社債受託制度がそれまでの社債市場を規制してきた制度の核心であった (松尾 (1999)) だけに、同制度の改革は、社債を発行しやすい状況を作り出した。例えば、93年より、新規社債発行業務に銀行系証券子会社の参入が認められ、引受け競争が激化した結果、社債発行の引受手数料 (＝社債受託手数料) が劇的に低下した。それによって、企業の起債コスト (＝発行コスト) が低下し、企業の社債発行がより容易になった (榊原他 (2011) ; 松尾 (1999) ; 小佐野 (2001))。さらに、95年から発行制度利用基準が段階的に引下げられ、96年1月からは適債基準 (財務制限条項) が完全に撤廃された (星、パトリック編 (2001) ; 松尾 (1999))。

　しかし、2000年代以降には、社債市場が横ばいに転じ、伸び悩んでいる (大和総研 (2015))。社債残高を有する企業数も大きく減少した。上

場企業のうち、社債残高を保有する企業の割合は、ピークだった 1994 年末の 61％から 06 年末には 33％に低下した (花崎、深澤、堀内 (2008))。08 年の金融危機以降、金利低下で社債の発行金利が低くなった上、市中に流通する資金が増加し、信用力が低い企業も社債発行がしやすくなったため、一時的に社債発行が増えたが (大和総研 (2015))、その後は社債発行による資金調達はそれほど大きくなかった (表 11-4)。

このように、1980 年代と 90 年代と違って、2000 年代以降、社債発行による資金調達が減少した背景には、前述したように、日本企業が資金余剰の状態にあり、外部資金調達意欲が全体的に低下したこと、金融機関の預貸率が低下する中、社債を発行せずとも有利な条件で銀行借入れが可能であったことがある。それに加えて、社債投資家が銀行に偏っており、社債の流通市場の厚みがなく流動性が欠け、流通市場が未成熟であること、また、規制緩和にもかかわらず、依然として財務状態の良好な一部大手企業しか社債が発行できないことなどが理由として挙げられる (大和総研 (2015))。

(4) 株式発行

1980 年代において、日本企業は新規の株式発行や増資によって、株式市場から多くの資金を調達したが、90 年代に入ると、株式市場からの資金調達は停滞した。例えば、企業の外部資金調達のうち、株式・出資金の比率は 1988 年度の 45％から 90 年代初めに 25 ～ 30％程度に下落し (藤木 (2016))、その後も、同比率は低い水準で推移した。

景気後退、それに伴う投資の減縮などで、企業の資金需要が冷え込んだことも理由であるが、より直接的な理由は、バブル崩壊後、90 年代を通じた株価の持続的な下落にあった。その影響で、企業の新株式発行が停滞し、増資も低迷したのである (宮島、河西 (2010)；松尾 (1999))。

しかし、1990 年代末からの銀行危機を機に株式市場からの資金調達は増勢に転じた。98 年度から 2004 年度、株式・出資金の調達額は徐々に増え (藤木 (2016))、米住宅バブルの影響で株高になった 2000 年代半

ばには、企業の外部資金調達のうち、株式・出資金の比率が 50％にも達
した。2008 年のリーマン・ショックの影響で株式市場からの資金調達は
一時減ったものの、金融危機後には企業の財務基盤強化のため再び株式
公募が用いられるようになり、12 年からの景気回復後には、株式市場か
らの資金調達がより活発になった (藤木 (2016))。企業の外部資金調達の
うち、株式・出資金の比率は、2014 年、21 年に 50％前後を維持してお
り、これは、国際的にみても、アメリカよりはやや低いいものの、ヨーロッ
パ諸国とほぼ同じ水準である。間接金融中心の企業資金調達構造という
戦後の高度成長期の特徴が大きく変化し、企業の資金調達において直接
金融の重要性が高くなったのである。

参考文献

伊丹敬之、加護野忠男 (1997)『ゼミナール経営学』日本経済新聞社。

伊藤秀史編 (1996)『日本の企業システム』東京大学出版会。

大蔵省証券局 (1987)『大蔵省証券局年報　昭和 61 年度版』。

小佐野広 (2001)『コーポレートガバナンスの経済学』日本経済新聞社。

小野正人 (1992)『ゼミナール　これからの企業金融・財務戦略』東洋経済
　　新報社。

経営史学会編 (2004)『日本経営史の基礎知識』有斐閣。

榊原茂樹、菊池誠一、新井富雄、太田浩司 (2011)『現代の財務管理 (新版)』
　　有斐閣。

志村嘉一編 (1980)『日本公社債市場史』東京大学出版会。

砂川伸幸、川北英隆、杉浦秀徳 (2008)『日本企業のコーポレートガバナンス』
　　日本経済新聞出版社。

大和総研 (2015)『大和総研調査季報』Vol.20、秋季号。

武田晴人編 (2021)『高成長期日本の産業発展』東京大学出版会。

筒井義郎 (1988)『金融市場と銀行業－産業組織の経済分析』東洋経済新報社。

寺西重郎 (1982)『日本の経済発展と金融』岩波書店。

日本銀行調査統計局 (2022)『資金循環の日欧米比較』。

日本政策投資銀行『企業財務データ』。

橋本寿朗 (2002)『デフレの進行をどう読むか』岩波書店。

橋本寿朗、長谷川信、宮島英昭 (1998)『現代日本経済』有斐閣。

花崎正晴、深澤ますみ、堀内昭義 (2008)『金融自由化とコーポレート・ガ
　　バナンス－社債発行によって銀行の機能は低下したか』DBJ Discussion
　　Series No.0802。

日高千景、橘川武郎 (1997)「戦後日本のメインバンク・システムとコーポレート・ガバナンス」『社会科学研究』(東京大学社会科学研究所)、第 49 巻第 6 号。

藤木裕 (2016)『入門テキスト金融の基礎』東洋経済新報社。

星岳雄、ヒュー・パトリック編 (2001)『日本金融システムの危機と変貌』日本経済新聞社。

堀内昭義、吉野直行編 (1992)『現代日本の金融分析』東京大学出版会。

松尾順介 (1999)『日本の社債市場』東洋経済新報社。

宮崎忠恒 (2011)「設備資金調達と都市銀行」武田晴人『高度成長期の日本経済 : 高成長実現の条件は何か』有斐閣。

宮島英昭 (2021)「株式相互持ち合いの形成と解体 : 21 世紀における日本企業の株式所有構造の深化」武田晴一編『高成長期日本の産業発展』東京大学出版会。

宮島英昭、河西卓弥 (2010)「金融システムと企業統治橘川武郎、久保文克編 (2010)『講座・日本経営史 第 6 巻　グローバル化と日本型企業システムの変容− 1985 〜 2008』ミネルヴァ書房。

宮島英昭編 (2017)『企業統治と成長戦略』東洋経済新報社。

宮本又郎、阿部武司、宇田川勝、沢井実、橘川武郎 (2007)『日本経営史〔新版〕』有斐閣。

第 12 章

企業間関係の国際比較

1. 問題提起

　　日本社会における人と人の関係をめぐる各個人の思考や行動パター
ンは、独立した個人としてのものであるよりは、お互いの関係自体が重
視されるものと描かれ、人間関係は「ドライ」な面より「ウェット」な
面に傍点が置かれる形でイメージつけられる。こうしたイメージは、人
が集まって形成された組織や集団と、その構成員との間の関係について
も浸透している。構成員より組織が優先され、構成員としての個人は常
にその組織との関係を重視する行動をとるとのイメージが作られている。
日本企業とその従業員個人の間にも、まず企業が優先され、両者間の関
係自体が重視されると見做される。「会社主義」「集団主義」「家族経営主
義」「終身雇用」などはしばしばこうした日本企業の姿を象徴的に表現す
るものであった。

　　こうした個人間、個人と企業間の関係のイメージは日本の企業間関
係にも延長される。企業同士の関係そのものが何より重視され、形成さ
れる相互信頼の上で関係が長く続くとともに、その関係の外側にある企
業に対しては排他的であると見做される。企業間関係の中でも、当事者
間の利害が直接関わる企業間取引がとりわけ重要であり、この企業間取
引にも極めて「ウェット」な関係が強く働くと思われてきた。例えば、
組立メーカーと部品メーカー間、製造企業と流通業者、流通業者間、企
業と金融機関間の取引で、系列、企業集団、業界団体、メインバンクの
仕組みなどの形で表現される、「ウェット」な関係が一般的であるとみら
れ、それこそ、日本人、日本企業の組織の行動や志向、考え方の特殊性
を典型的に表すものと思われてきた。

　　ところが、程度の差はあるにしろ、企業間取引で信頼関係が重視さ
れない社会が本当にあるのかという疑問が思い浮かぶ。もし、この疑問
に対する答えが「否定」であれば、信頼に基づく、長期相対的な企業
間関係は必ずしも日本特有のものではなく、世界共通の現象となる（金
(2021)）。

　一般に、共通点は当たり前と思われるところに多い。逆に、各社会間の相違点は目につきやすい場合が多い。そのため、多くの人の関心を引きつけ、それゆえ、その違いが強調される傾向がある。日本の企業間関係の固有の特性とされてきた現象の中にも他国において観察できるものが多い可能性が高いのである (金 (2013))。

　そこで、本章では日米を中心に企業間関係を国際比較する先行研究を踏まえて、企業間関係における各国の共通点と相違点の問題を検討する。

2. 企業間関係の日米共通点について

(1) マコーリーの研究

　日米の企業間取引の共通点を示唆する有力な研究はすでに存在する。1963 年に発表されたマコーリーの論文である (Macaulay(1963))。この論文は米国法制度の社会学的研究の古典的作品である。すでに二十数年前に、日米両方の会社法に詳しいマーク・ラムザイヤー (ハーバード・ロー・スクール) によって紹介されており (マーク・ラムザイヤー (1990))、日米の企業間関係を比較分析する上での重要な手がかりを提供している。

　マコーリーが注目したのは米企業がどのような場合にどのような契約を結び、かつ、紛争が起こったら何をもとにそれを解決するかであった。この二つの疑問を解明するために、米ウィスコンシン州を中心に製造企業の企業間取引関係を調査した。まず、法学、経営学、経済学、心理学、社会学の文献を検討した上で、ウィスコンシン州を本拠とするか、同州で企業活動を行っている 850 社のカタログ、引用書式、注文書、承諾書など営業関連書類を基に、標準書式による契約と標準的な契約条項・条件を調べた。また、製造業の上位 500 社の 15 年間の公表判例を入手、分析し、特定状況下の慣行に係る設問を上記の企業に送り、うち 125 名から回答を得て分析を加えた。また、マコーリー自身が米ウィスコンシン州所在の 43 社 (主に製造企業) 及び 6 つの法律事務所の延べ 68 人の

ビジネスマン及び弁護士を対象に面接調査を行い、ビジネスマン、銀行員、弁護士など21名へのインタビューを調査員の学生に行わせた。

　こうした調査から、二つの疑問に答えている。まず、第1の米企業がどのような場合にどのような契約を結ぶかという疑問については、米企業は、事前に詳細な契約書を交換するよりも、企業間の相互信頼に基づき、話し合いで契約後の問題に対応するという。

　具体的に、調査対象の人達は取引の主な方向を定めたら交渉をすぐやめて、細かい点には触れず、詳細な契約の作成をできるだけ避けた。米ウィスコンシン州の「多くのサラリーマンは、取引の内容を交渉する場合に」、「後に問題がおこったらその時に解決しようとしていた」とされる。

　取引双方の間に、契約書裏に書かれた内容について賛成しないような取引計画を立てるか、契約書を取り交すことをしない。こうした行動があまりにも一般的になっているため、ロー・スクールの教員達が「the battle of the form」と名付けるほどである。契約書を書く場合、標準化された契約書式を使うか、お互いに自社の契約書式を使うことが多いが、形式的に契約書を交わしたとしてもそれをあまり重視していないし、その内容を理解していない。例えば、12社のうち10社の調達部門は、自社の注文書の裏面の契約条項と、納入業者の承認書の裏面の条項が異なるか、整合しなかったという。契約成立に必要な両当事者の意思表示の一致がないため、裁判所での検討に耐えうる契約書はつくられなかったことになるが、実際、このような契約なしの取引が、取引の約7割を占めていた。面接調査によれば、アメリカのビジネスマンは、「仮にリスクが高くとも、我々は、短い手紙に書かれた「男どうしの約束」や握手、相手の「誠実さと親切」に頼りたい」という。

　要するに、1960年代初め、ウィスコンシン州でも日本と同様に、企業間関係において形式的な契約以外の要素、殊に、企業間の相互信頼がより重要な場合が多く、明白で詳細な契約条項を含まない曖昧な取引契約慣行が定着して広く存在した。したがって、詳細で分厚い契約書はアメリカ人の契約観の一方の極端な特徴を表現しているに過ぎない。契約

内容について融通無碍で、事後的な補正を当然視する契約観、継続的で信頼に基づく取引契約がアメリカでも観察されたのである。

　こうしたマコーリーの調査結果を持って、ラムザイヤーは、米ウィスコンシン州ビジネスマンがまるで日本のサラリーマンの典型的なタイプと同じように見えると評価している。武田も、契約成立の第一の要件は相手に対する信頼であり、こうした判断を多くのサラリーマンが共有していたとすれば、アメリカのビジネス社会でも、日本と同様のあいまいな契約慣行が広く受け入れられていたことになるとみる。もし、そういう解釈が正しいとすれば、日本人の経済観念の特質、日本人の契約観と称される内容の中には普遍的な側面が多く含まれていることになる(マーク・ラムザイヤー (1990)；武田 (2008))。日本の企業間取引の観念や慣行は、アメリカとのそれと似通っていたのである。

　第2の疑問、紛争が起こったら何をもとにそれを解決するかについて、マコーリーの調査は事後の紛争が起こった場合も、対話を通じて解決を図ることを明らかにする。

　米ウィスコンシン州のサラリーマンは、取引に係る紛争を解決するために、できるだけ裁判所での訴訟を避ける。妥協・和解を成立させるときにも訴訟の期待値とは関係ない条件で話しをつけていた。特に、営業部門の担当者は、将来も多くの需要を生み出すことができる顧客企業を相手に法的な訴訟を繰り広げることは絶対に正しくないと見ていた。顧客企業と付き合いをしてきた弁護士の証言によれば、「しばしばビジネスマンは「契約」を行うのではなく、「注文」を行うと考えている。決して、彼らは「契約違反」とはいわず、「注文の取り消し」という表現にこだわる。「注文取り消し」を「契約違反」と表現すると、彼らは、そういう表現にすぐ異議を唱える。少なくとも重工業の需要企業に勤めているほとんどのビジネスマンは、買手・売手間取引関係の一部として注文取消の権利があると信じていた」(Macaulay(1963))。あるビジネスマンは、「あなたが弁護士や会計士を関わらせなければ、あなたは紛争を解決できる。彼らはビジネスの世界のギブ・アド・テイクを理解しない」とすらいう。

　紛争を避けようとする行動の背景には二つの規範が広く認められて

いた。一つはほぼすべての状況で信頼(コミットメント)が尊重されることであり、もう一つは、ビジネスマンが信頼を持って行動できるような人間関係があったことである。例えば、買手企業のエンジニアと売手企業のエンジニアは共通の課題を解決するために協力することもあったし、両者の経営者同士が知り合いであるケースもある。より公式的な関係として、株式の持ち合い、役員の相互派遣、共通の金融機関との取引などがあった。経営者同士で深い親交がある場合も少なくなかった。

(2) マックニールの研究

マコーリーの研究の問題意識や思考と類似した研究として、イアン・マクニールの研究がある。米契約法専門家を中心とする関係的(relational)法学理論である。関係が重要であることを出発点として、この関係の内容を明確にするとともに、関係が規範を媒介に現実の契約に及ぼす影響を理論化している。

まず、マクニールは契約には単発的(descrete)契約と関係的契約があるという。単発的契約は単発的な約束に基づく古典的契約モデルであり、財貨の交換関係を除けば、この契約では当事者間に何の特別な関係も存在しない(マクニール(2015);Goldberg(1976))。これに対して、関係的契約とは、取引において相手が何をすべきか、相手に何を期待しているのかを互いに暗黙的に理解した上で結ばれる契約である(Macneil(1980))。

それまで米契約法学では、単発的契約が圧倒的に多く、支配的な契約タイプとみなされてきた。交換形態として市場で行われる単発的取引しか見ていなかった。しかし、マクニールは19世紀後半から現在に至るまで、単発的な契約がほとんどであることを否定する。つまり、現実の契約は常に古典的な契約と関係的契約という両極端の理念型の間にあり、両極端の要素を共に持つという。純粋に単発的契約とみられる契約も、現実には関係的要素を伴い、現実のいかなる契約にも関係的要素を持つとみる。さらに、マクニールによると、現実の経済で単発的交換はあくまで例外的な交換タイプに過ぎず、関係的交換が多いと主張する

(Macneil(1985) ; マクニール (2015))。

　　マクニールによれば、この関係的契約には義務 (obligational) としての面が存在し、これは社会成員の約束、その約束の上に成立する取引当事者間の慣習から出てくるものである。日本の特徴的な企業間取引関係を社会学者酒向真理が「Obligational Contractual Relations (OCR)」と表現している (Sako(1992)) ことからも分かるように、マクニールがいう関係的契約は、従来、日本の特徴的な企業間取引契約といわれてきたものと類似する。マクニールが指摘するように、この関係的契約が普遍的な企業間関係の契約現実を示すとすれば、日本の企業間関係も世界普遍的な性格を持つ可能性が高いといえる。

(3) 内田の日米比較調査

　　企業間関係に関わる現象にはかなりの日米共通点があることを実証調査している研究もある。例えば、契約法研究者の内田貴などの調査では、日本独特の取引慣行として継続的取引を強調する「比較文化論」的な研究に対する強い疑問の上で、日米の企業間取引の比較調査を行っている (内田 (2000))。1993 年から 96 年までの 3 年間、日本企業約 50 社、米企業約 80 社、合計約 130 社を対象にアンケート資料を送付し、76 社からの回答を得、また、日本で十数社、米東部と西部で二十名余りへのインタビューを実施した。

　　この日米比較調査の結果として、日本だけでなく米国でも企業間の継続的取引が多く行われることが明らかになった。そして、継続的取引には、市場型、組織型、ネットワーク型など多様なタイプが存在しており、この諸タイプの継続的取引の中、組織型の継続的取引が多い点も日米の共通点であった。

　　同調査によれば、組織型の継続的取引関係の背景にある「企業倫理」においても基本的に日米の差がないという。例えば、日本と同様に、アメリカにおいても、自動車メーカーと部品企業間には関係の維持自体が規範的な意味を持っている。企業間関係の経済的利点が弱まったとしても、そ

の関係は打ち切られない。取引相手の経営が不振に陥った際にも取引企業が包括的に支援されるなど、「共存共栄」の理念が追求された。アメリカにおいてもフランチャイズ契約、自動車ディーラーの契約関係は、取引当事者間で「共存共栄」の理念の維持によって成り立っていた。企業間協力を可能にする企業倫理が日米の両方に根強く存在することは企業間関係に組織性が作用することを意味する。企業間関係における組織性の作用が日本だけの特徴ではないということになる。

　公式の契約時の契約内容と事後的な調整過程を通じた実際の契約内容の乖離を契約法の研究者は「契約法の二元性」とするが、比較文化論的な視点の日本の異質論研究では、この「契約法の二元性」が日本の契約観念と契約法の重要な特殊性とする。しかし、内田によれば、契約法の二元性は決して日本の「専売特許」ではなく、「契約社会」と呼ばれるアメリカの社会でも表れた。取引企業双方が信義、信頼を重視して、契約書にそのような内容を詳細に記載していない点で、日米の共通点が発見されたのである (内田 (2000))。

　太田の調査によっても同様の結論が導き出されている。太田は、日本とアメリカのフランチャイズ契約と森林売買契約の実例を実証的に比較検討して、アメリカでも詳細、かつ、長い契約書を交換していない取引があり、逆に、日本でも詳細な契約書を作成する例があることを明らかにする。そこから、いくつかの契約がどのように使用されるかは、取引の形態と法規制によるもので、文化的背景によるものではないと結論付ける (太田 (1989))。このように、取引実態の日米比較調査で、日本の企業間関係の特殊性といわれる内容の中で、実際は日米の共通点であることが少なくないことが観察されているのである。

(4) エクルス (Eccles) の米建設業の企業間関係分析

　特定産業の企業間関係をみれば、日米の間には違いよりむしろ共通点が目立つことを実証する研究もある。エクルスの研究 (Eccles(1981)) がその例である。

　エクルスは米国の建設業を実証分析し、アメリカにおいても長期相対の企業間関係が多いことを明確にしている。まず、主契約企業（＝元請業者）は下請企業と一回性ではなく繰り返し取引を行い、また主契約企業が材料を調達する場合、材料供給企業と安定的かつ繰り返し的な関係を結んだという。取引関係の持続期間は平均 9.2 年であり、建築業者と 20 年以上の取引関係を結んでいた主契約企業が 11.2％あった。

　長期の取引関係が多いのは、特定企業間の取引が続く間、両者が協力を通じて学習するなど、無形の取引特殊「投資」がなされるためである。また、固定価格で契約が結ばれた状態で、納入品質を維持するために緊密な企業間協力が必要であり、そのためには長期取引が適切であった。

　米建設業における取引契約形態を見ても、日本と似通っている。まず、競争入札は全体取引契約の 19.6％に過ぎない。競争入札による取引は稀であったのである。ほとんどの取引は取引当事者間の直接交渉を通じたものであった。直接的な交渉を伴う元請企業と下請企業間取引が行われていた一つの理由は取引コストである。競争入札方式による取引、例えば、すべての新規プロジェクトにおいて、元請企業がすべての取引を周りのすべての下請企業と競争入札方式で契約を結ぶとすれば、元請企業も下請企業も取引コストが高くなる問題点がある。

　また、取引相手が限定される相対取引も多かった。下請契約を希望する中小企業は非常に多いが、主契約企業 1 社が下請取引関係を結んでいる企業数は 2 社、多くて 3 社程度に止まる場合が多い。下請企業からみれば、元請企業は 1 社に依存する場合がほとんどである。相対取引が圧倒的に多く、それゆえ、極めて排他的な取引関係が結ばれている。建設業の技術的特性が少数の主契約者と少数の下請業者が繰り返し取引契約を結ぶことの利点を生み出すからである。

　このように、建設業のような産業では、日本だけでなく、アメリカでも長期相対取引が多い。特定産業における企業間関係の特性は、日本に限らず、日米両国で共通に観察されるのである。

3.　企業間関係の日米相違点について

　　しかし、異なる社会の企業間関係全部が共通点だけで説明できるわけではない。日本の企業間関係にも明らかに日本特有の面があるはずである。

　　前述したマックニールの関係的契約理論では、継続原理と柔軟性の原理が企業間取引の契約に一般的に適用されるものの、これらの原理が適用される範囲は国によって差があるという。司法の役割、個人主義の発展程度などの社会的背景、契約法規範などが国によって異なる限り、各国の企業間関係の内容が異なり、理念的モデルとしての近代契約法と長期相対取引の規範意識が乖離する様態も国ごとに異なる。

　　例えば、日本では「信義誠實」原則が企業間取引契約に幅広く頻繁に適用され、この原則が日本では当然と認識されるが、国際的には必ずしもそうではなく、世界的に普遍的な現象でもない。アメリカで「信義誠実」は good faith と表記され、その原則が存在するが、その内容が日本とはかなり異なる (内田 (2000))。こうしてみると、国際比較を通じて、日本の企業間関係の世界普遍性と日本特殊性を解明する必要があるといえる。

4.　一国内の多様性について

　　一定時点、一国の企業間関係を編み出す経済主体の行動や考え方にも多様性がある。したがって、ある社会の人々の行動を一括りでまとめて特徴付けることも危険である。前述した内田などの日米の継続的取引の調査でも、業種によって企業間取引の様態の差が大きいことが明らかになっている。例えば、契約書に詳細な内容まできっちりと記載し、抜け目のない内容を盛り込む「アメリカ的」、あるいは「米国らしい」契約は、主に金融、保険関係の取引に多く、他の業種の国内取引は異なっていた。

逆に、日本でも、企業間取引において詳細で、明示的な契約条文を重視する業種や企業もあった (内田 (2000))。

　また、企業内の特定部署担当などによって、企業間取引契約についての姿勢が異なる。マコーリーによると、米企業内でも営業と購買部門の担当者と法務、財務会計部門の担当者の間には、契約形態、契約相手に対する認識において大きな違いがあった (Macaulay(1963))。営業部門の人は、契約上の形式的交渉は販売のための一つの障害に過ぎず、顧客を契約書という紙で縛ること自体が「顧客との信頼」を損なうと思っている。そのため、詳細な取引契約書の作成に抵抗する傾向が強かった。まだ倒産せず今後も注文を出してくれる可能性のある顧客企業を相手に法的に訴えることは悪い行動であると思っていた。調達部門の人材も、契約作成は時間の無駄と見なしており、営業部門の人材よりは弱いものの、書面契約作成に抵抗感を持っていた。対照的に、財務部門の人材は、契約を大組織において経営を管理するための重要な組織的手段とみて、形式的な契約によりこだわる。企業の顧問弁護士の立場もこれに近い。同じ社会の中でも、企業間取引をめぐる行動や思考の特徴は一様、一色でないことが窺い知れる。

　このように、一国の企業間関係も必ずしも同じではなく、業種、企業、企業内の担当部署などによって多様性が表れるのである。したがって、企業間の関係を歴史的に国際比較する場合にも、企業間関係を全体的に比較するよりも特定事例を対象とする必要があることが示唆される。

5. 歴史的変化の可能性について

　長期の歴史を見れば、日本の企業間関係の特徴は大きく変わってきた可能性も高い。例えば、日本で企業間に継続的な取引が多かったとしても、そのような企業間関係も経済条件の変化などによって変わってきたのだろう。1990 年から現在までのわずか 30 年間にも、日本の企業間

取引関係の特徴がかなり変化したことを明らかにする調査研究もある (宍戸 (2017))。

　実は、日本の企業間取引契約に適用される信義誠実原則も日本の契約判例に適用されたのは 20 世紀後半に入ってからであり、歴史的にそれほど古いものではない。契約自由原則や私的自治の原則を大前提とする 18 世紀と 19 世紀の古典的な民法の発想では、この信義誠実の原則は例外的にしか認められなかった (内田 (2000))。同じ社会の中でも、時期によって、契約をめぐる行動が変化してきたのである。また、アメリカの場合も、がんじがらめの契約書がある時代の現実を間違いなく表現しているにしても、それは、アメリカでこの数十年の間に進展した変化の結果であるかもしれない (武田 (2008))。

　もちろん、過去の歴史的経験によって定着した企業間関係の制度と慣行上の特徴が、その次の時期に影響を与えることも当然である。したがって、企業間関係の特徴には変化だけでなく、連続した面もある。何がどのように変わって、何が連続しているのか。また、その中で本当に日本にのみ表れる特徴は何であり、他の国では全く異なる企業間関係が形成され、展開されてきたのか。日本の企業間関係の歴史をめぐった疑問は際限なく続く。したがって、単に一定時点での国際比較だけではその分析意義は制限される (金 (2021)；Kim(2015))。歴史的な観点から、長期的に企業間関係の国際比較分析を行う必要があるのである。

参考文献

イアン・マクニール (2015)『関係的契約理論』日本評論社。

内田貴 (2000)『契約の時代－日本社会と契約法』岩波書店。

太田知行 (1989)「交渉過程における契約の役割－日米の比較を中心にして」藤倉白告一郎・長尾龍一編『国際摩擦』日本評論社。

金容度 (2013)「日米企業システムの比較史序説 (1)」『経営志林』(法政大学経営学会) 第 50 巻第 1 号。

金容度 (2021)『日本の企業間取引－市場性と組織性の歴史構造－』有斐閣。

宍戸善一 (2017)「「日本的取引慣行」の実体と変容：総論」『商事法務』No.2142。

武田晴人 (2008)『日本人の経済観念－歴史に見る異端と普遍』(岩波現代文庫)、岩波書店。

マーク・ラムザイヤー (1990)『法と経済学：日本法の経済分析』弘文堂。

Eccles, Robert G. (1981). "The Quasifirm in the Construction Industry," *Journal of Economic Behavior and Organization,* Vol.2.

Goldeberg, V.P. (1976). "Toward an Expanded Economic Theory of Contract," *Journal of Economic Issues*, Vol.10 No.1.

Hallen, L. (1986). "A Comparison of Strategic Marketing Approaches," in Turnbell, P. W. and J. P. Valla. *Strategies for International Industrial Marketing.* Croom Helm.

Kim, Yongdo(2015), *The Dynamics of Inter-firm Relationships: Markets and Organization in Japan.* Edward Elgar Publishing Ltd.

Macaulay, Stewart(1963). "Non-contractual Relations in Business: A Preliminary Study," *American Sociological Review*, Vol.20 No.1.

Macneil, Ian R. (1980). *The New Social Contract*, Yale UP.

Macneil, Ian R. (1985). "Reflections on Relational Contract," 141 *Journal of Institutional and Theoretical Economics*, 541.

Sako, Mari(1992). *Prices, Quality, and Trust: Inter-firm Relations in Britain and Japan*, Cambridge University Press.

第13章

メインバンクシステム

　戦後日本の特徴的な企業間取引の仕組みの一つがメインバンクシステムである。このメインバンクシステムの特徴を組織性と市場性を中心に分析しておこう。第 10 章でみたように、戦後の長い期間、日本企業の資金調達の最も重要な方法は銀行からの借入であったが、借入は少数の特定銀行から行われる傾向があった。とりわけ、長期にわたって各企業の借入残高におけるシェアが 1 位である銀行がメインバンクであった。このメインバンクは借り手企業の株式を「安定株主」として長期保有する場合も多く、かつ、役員を送り込むことも珍しくなかった。企業とメインバンクの間には多面的で、かつ、長期的な関係が結ばれていたのである。

　こうしたメインバンクシステムは、企業と銀行の関係だけでなく、銀行間関係、政府と銀行の関係という三つの関係の束 (a nexus of relationship) である (青木昌彦 / ヒューパトリック編 (1996))。そこで、本章では、企業と銀行の関係、銀行間関係、政府と銀行の関係に分けて、組織性と市場性を中心にメインバンクシステム特徴を明らかにする。

　メインバンクシステムの起点として、戦時期の 1944 年の軍需会社指定金融機関制度を強調する主張がある。しかし、戦後日本経済の初期条件と企業の合理的行動が組み合わさって、50 年代後半から高度成長期にわたって定着した (橋本編 (1996)) とみるのが妥当であろう。具体的に、高度成長期に入って内部資金が不足する中で、代替的な調達手段を欠く各社は安定的、長期的な資金供給のパイプを求めて、決済口座の集中や、自発的な情報開示を通じて都市銀行との取引関係を強め、「系列融資」と呼ばれたメインバンクシステムが普及した。

　当初、メインバンク関係は、三井、三菱、住友などの旧財閥系企業集団において多くみられ、その後、芙蓉 (富士)、三和、第一が従来から密接な取引関係にあった企業を取り入れ、企業集団を形成することによってこれら企業集団にもメインバンク関係が広がり、さらに、企業集団を超えてメインバンク関係が一般化した (経営史学会編 (2004)；沢井、谷本 (2016))。1990 年代前半には、大企業、中堅企業のほとんどがメインバンクを持っていた (表 13-1)。

表 13-1　メインバンクを有している企業の割合 (1991 年)

企業の種類	有効回答数	メインバンクを有する企業の割合 (%)
一部上場企業	328 社	97.9
2 部上場企業	161 社	98.1
店頭公開企業	114 社	96.5
非公開企業	568 社	91.9
全企業	1,171 社	94.9

注 : 1993 年 1 月に実施されたアンケート調査結果。

出所 : 深尾、森田 (1997)、46 頁 (原資料は通商産業省 (1993))。

1.　メインバンクシステムにおける組織性

(1) 銀行と企業の関係

① 持続的な資金取引及び多様な金融サービスの提供

　前述したように、各企業の借入残高におけるシェアが 1 位である銀行がメインバンクであるが、かなり長期にわたってメインバンクが変わらない場合が多かった。例えば、1962 ～ 82 年の 20 年間、東証 1 部上場企業のうち、メインバンクを変更しなかった企業が 8 ～ 9 割にも達していた (表 13-2)。他の調査でも、55 年から 92 年まで一貫して全国の証券取引所に上場されている製造企業 234 社のうち、10 年前後の期間に融資一位金融機関を変えない企業が約 6 ～ 8 割を占めた (岡崎 (1995))。資金取引関係が固定的、安定的であったのである。

　企業にとってメインバンクの貸出の役割は、運転資金の供給に大きく偏ったが、このように、設備投資より時期による変動が小さい運転資金としてメインバンクからの融資が多く使われたことも資金取引関係の安定性を促した。

　　さらに、時間が経つにつれて、こうした安定性が強まった (表 13-2)。
企業と銀行間の資金取引における組織性が高まっていったといえる。

| 表 13-2 | 日本のメインバンクの変更比率 (1962 ～ 82 年) | | | |

年度	メインバンクを変更した企業		メインバンクを変更しなかった企業	
	企業数 (社)	比率 (%)	企業数 (社)	比率 (%)
1962 ～ 67	84	17.5	395	82.5
1967 ～ 72	74	15.4	405	84.6
1973 ～ 78	98	14.7	570	85.3
1978 ～ 83	71	10.6	597	89.4

出所：堀内 (1987)、42 頁。

　　それに、メインバンクは、借手企業に資金の貸出だけでなく、他の
金融サービスを提供してきた。例えば、メインバンクは借手企業がその
銀行で持つ預金口座を通じて、取引勘定や決算勘定の決済サービスを提
供した。さらに、為替業務をも行った上、企業に経営コンサルタント的
なサービスを供給するケースもあった (堀内・吉野編 (1992))。

② 株式保有面の組織的関係

　　メインバンクは借り手企業の大株主でもある場合が多かった。例え
ば、1990 年、メインバンクが顧客の大企業株式の 4%以上を保有してお
り、90 年代半ば、メインバンクが大株主となっている企業が 5 割を超え
ていた (宮島編 (2017)；深尾、森田 (1997))。

　　メインバンクの持株比率が高い企業ほど当該銀行からの融資への
依存度が高く、貸出と株式保有の間には正の相関関係がみられる (岡崎
(1992))。銀行の株式所有の動機が企業との資金取引関係の維持にあった
のである。そのため、株式の保有期間も長期的になった。メインバンク
が企業の安定株主といわれるゆえんである。後述するように、メインバ

ンクが安定株主としてのプラス機能を果たしたことも戦後メインバンクシステムの長期存続の理由であった。企業とメインバンク間の関係には株式所有面での組織性がみられたのである。

　当初、1947 年 4 月の独禁法で金融機関に対して株式総数の 5％という特別制限を課していたものの、銀行が貸出先企業の株式を所有する動きは、三井、三菱、住友等旧財閥系企業集団で早くからみられた。非財閥系企業も、銀行等金融機関を中心とした安定化政策をとり、メインバンクがこれらの企業に株式の保有を依頼した。53 年 9 月の第 2 次独禁法改正で、銀行の株式保有の上限が 5％から 10％に引き上げられ、これを契機に非財閥系企業と銀行との間にも急速に持ち合い関係が形成された (寺西 (2002)；宮島 (2021)；橋本 (1995))。

　その後、後述するように、激しい預金獲得競争の中で、銀行は法人預金の吸収という営業政策上の考慮からも、企業の株式購入を増やし、銀行の株式保有比率が傾向的な拡大した。65 年の証券不況の中、活発な安定株主工作が展開され、金融機関の株式保有はさらに増加し、1960 年代後半から 70 年代にかけてメインバンクは顧客企業の大株主としての地位を高めた (橋本、長谷川、宮島 (1998)；橋本編 (1996)；岡崎 (1995))。

③ 人的な面の組織的関係

　メインバンクが借手企業に役員を派遣するケースも多かった。1975 年に、銀行出身役員がいる製造業企業の割合は、社長会企業で 73.5％、非社長会企業でも 52.8％に達しており、90 年にも銀行から役員派遣を受け入れた企業の割合が 44％であった。また、90 年に行われたアンケート調査によれば、メインバンクから大企業に派遣された平均役員数は、1 企業当り 0.81 名であった (星・カシャップ (2006)；沢井、谷本 (2016)；宮島編 (2017)；深尾、森田 (1997))。90 年代中頃、メインバンクより役員を受け入れている企業が 3 割弱も存在した。人的な面でメインバンクと企業間に組織的な関係が結ばれていたのである。

④ 社債発行の引受け

　さらに、メインバンクは、借手企業が社債を発行する際、発行企業が任命する社債受託会社 (引受会社) になり、社債引受を行った。適債性の確認、発行要項の決定への関与、受託契約の締結などで、メインバンクは社債発行会社に対する権限を強化した (星、パトリック編 (2001)；松尾 (1999))。

　戦後の起債市場の本格的な再開は、1949 年 3 月のドッジ声明発表以降であったが、この時期から、日本では銀行が社債の最大消化先であった。例えば、49 年、社債消化は都市銀行と地方銀行の合計で 90％以上であり、受託会社である銀行が社債市場における最大の投資家でもあった。この構造はその後も続き、60 年代の社債消化では、都長銀・地銀・信託の合計シェアがほぼ 50％以上で、場合によっては 80％に達し、平均 63.4％となった。1970 年代に入るまで、社債受託制度のもとで社債は主として銀行によって消化された (小佐野 (2001)；松尾 (1999))。

　メインバンクが社債の受託業務を引き受けた理由は、高率の受託手数料を得るとともに、社債払込資金を預金として獲得できたためであった。それゆえ、メインバンクによる社債消化は、都市銀行による長期融資の変形といわれた。融資においてメインバンクが果たしていた役割が銀行融資の変形と化した社債市場においても貫かれたのである (松尾 (1999))。

(2) 銀行間の協調関係

① 政府規制による銀行間協調の促進

　次に、メインバンクシステム下、銀行間の関係の特徴を見ておこう。後述する銀行業に対する政府規制は銀行間の協調を促す効果をもたらした。まず、戦後、政府の参入規制、金融業に対する業態規制、貸出先の専門化規制によって大銀行の数はほぼ固定された。1940 年代後半に地方銀行 12 行が新設された後、表 13-3 でみるように、高度成長期を通して、都銀数は 13 行、地銀数は 61 〜 65 行で安定的に推移した。

表 13-3	日本の普通銀行数の推移		（単位：行）
	普通銀行	（都銀）	（地銀）
1955	78	13	65
1956	78	13	65
1957	78	13	65
1958	77	13	64
1959	77	13	64
1960	77	13	64
1961	77	13	64
1962	78	13	65
1963	78	13	65
1964	77	13	64
1965	76	13	63
1966	76	13	63
1967	76	13	63
1968	76	14	62
1969	76	15	61
1970	74	13	61
1971	75	14	61
1972	77	14	63
1973	76	13	63
1974	76	13	63
1975	76	13	63

出所：大蔵省財政史室編 (1991b)、198、434 頁 (原資料は日本銀行統計局『経済統計年報』など)。

　戦後の長期間、大手銀行数がほぼ一定に推移したことは戦前とは大きく異なる現象であった。すなわち、1901 年の恐慌を境に銀行業が集中

過程に入り、1902年にそのピークに達した普通・貯蓄銀行数が減少に転じ、その後40年以上、減少し続けた。例えば、1902年の2,334行から、19年には2,001行に減少した後、33年には625行にまで減少し、さらに、45年にはわずか65行となった(寺西(1982))。

　また、参入銀行の顔ぶれが固定された上、預金、貸出に占める上位銀行群のシェアも安定した。例えば、1960年代に貸出残高において上位10行の累積集中度は約50％で推移した。銀行業の産業組織が銀行間協調を生み出す傾向があったとみられる(筒井(1988))。

　他方、店舗行政、窓口指導の実施においても、銀行間協調の促進が意識された。例えば、1963年の金融制度調査会の常設調整企画部会の答申で、銀行の自主性を尊重する新しい店舗増設ルールを作る上で銀行間協調体制の強化が検討されるべきだとし、店舗増設の新ルールや大口貸出是正などを協調が必要なケースとして例示していた(大蔵省財政史室編(1991b))。また、日銀の窓口指導で日銀が各銀行に指示する貸出の枠は、「各銀行間のバランスを調整するという点」に配慮して決められた。このことは、銀行間の協調的行為を是認し、それを促進する効果を持っていた(大蔵省財政史室編(1991a))。

② 協調融資

　メインバンクシステム下で、複数の銀行が同一企業に融資する協調融資(＝共同融資)を頻繁に行った。銀行同士の協調的な行動である。

　協調融資が行われる具体的なプロセスをみれば、まず、企業が金融機関別の仮の原案を作ってメインバンクに相談した。両者間の相談によってメインバンクの融資額を決め、さらにメインバンクがアドバイスして金融機関別借入案を決める。企業はこの案をもとに他の金融機関を回って交渉し、適宜修正の上、各金融機関の了解が得られたところで協調融資団の会合を開いた。その会合で企業がプロジェクトの説明をし、メインバンクが必要に応じてコメントし、協調融資案を決める(岡崎(1995))。

　こうした協調融資では、メインバンクが主幹事行として貸出先企業を審査し、他の参加銀行はメインバンクにモニタリングを「委任」し、

メインバンクの判断をもとに融資を行った。

さらに、各銀行は同系の金融機関との協調融資、他系の金融機関との協調融資となることで相互モニターとしての機能を果たした上 (沢井、谷本 (2016))、メインバンク以外の融資金融機関と借入企業の関係も長期的な場合が多かった (岡崎 (1995) ; 経営史学会編 (2004))。それゆえ、協調融資の際、銀行間の協調行動がとりやすかった。

③ 他の銀行間協調

企業の社債引受の際にも銀行間協調がみられた。例えば、メインバンクばかりでなく、他の都長銀、地銀、信託といった多数の銀行が社債の消化先に引き込まれていた。社債の協調融資化であり、社債の引受もメインバンクが主幹事となる協調融資の変形であったといえる (小佐野 (2001) ; 松尾 (1999))。戦前に社債の単独受託が通常だったことを考えると、戦後に社債共同受託が一般的になったこと (松尾 (1999)) は、戦前より戦後に銀行間協調がより顕著になったといえる。

(3) 政府・銀行間関係における組織性：規制

戦後日本の資金循環では、銀行に対する旧大蔵省 (＝現在の金融庁) の規制や行政指導の力が強かった (星、パトリック編 (2001))。広い意味での規制によって政府は銀行の主要な競争手段を制限し、その結果、メインバンク間競争が制限された面がある。政府による規制が資源配分を人為的に制限した点で、メインバンクシステムの組織性は銀行間関係だけでなく、政府・銀行間関係にも表れたのである。

銀行業への政府規制は「護送船団方式」と呼ばれるものであった。「護送船団方式」とは最も経営効率の劣る銀行の経営が立ちいくように敷かれる保護行政の総称である。こうした保護行政は、戦後日本の銀行業にレントを生み出し、このレントが銀行の主たる収益源の一つであったとされる (大瀧 (2000) ; 星、パトリック編 (2001))。

銀行業に対する保護行政の領域は多様であった。前述した新規参入

規制に加えて、支店開設を許可制にする厳格な店舗規制がなされた上、金利規制、行政指導も行われた (沢井、谷本 (2016)；寺西 (1982)；経営史学会編 (2004))。政府による規制ではないものの、貸出金利や広告・景品については銀行業界の自主規制が行われた (筒井 (1988))。詳しく見ておこう。

① 参入規制

終戦直後、政府は原則として銀行の新設を一切認めない方針をとり、その後も、金融機関の設立認可等の参入規制は金融行政全体の基礎をなすものと位置付け、原則的に新規参入が禁止された (大蔵省財政史室編 (1991b)；寺西 (1982))。

参入規制が影響し、すでに述べたように、1950 年代から 70 年代にかけて都銀と地銀の数がほぼ固定された。ただ、この期間にも銀行数の変動が全くなかったわけではない。まず、50 年代から 60 年代半ばまで都市銀行数は 13 行で変わらなかったが、68 年 12 月、日本相互銀行の太陽銀行への転換で 14 行になり、69 年に埼玉銀行 (旧地銀) の都銀移行により 15 行に 1 行増となった。71 年 10 月には、戦後初の都銀同士の合併である第一・勧業合併で 1 行減になり (この合併で、資金量一位の第一勧業銀行が誕生した)、73 年 10 月太陽・神戸合併でまた 1 行減で、13 行体制に戻った (大蔵省財政史室編 (1991b))。

このように、合併などで、少数の変化はあったものの、銀行数はほぼ変わらなかった。参入規制によって資源移動の制限が強くなったという意味で、組織性が働いたのである。

② 店舗規制

大蔵省は店舗行政の基準として各銀行の預金量を重視し、73 年度以降の店舗規制緩和に至るまで、政府当局による銀行の店舗新設規制は厳しかった。こうした店舗規制は一定地域の市場についてみれば参入規制でもあった (筒井 (1988)；大蔵省財政史室編 (1991b))。

1949 年以前に、GHQ、政府は戦後の復興のために銀行店舗の新設

は不可欠であるとみて、むしろ店舗の新設を奨励した。しかし、銀行法と相互銀行法に基づき、49 年以降、店舗新設は抑制され、配置転換のみが許された。営業日の規制及び渉外行員数の規制とともに、一貫して都銀や地銀の支店の新設認可、配置転換に抑制的な政策がとられた (筒井 (1988))。

　こうした店舗規制の背景には大蔵省が信用秩序の維持を重視したことがあった。後述するように、この時期、大手銀行間の預金獲得競争が激しかったが、過度な競争圧力の中で、銀行の過剰な支店設置が経費を高め、銀行経営を圧迫することが懸念され、店舗数とその配置に厳重な規制が加えられたのである (筒井 (1988)；石井 (2010)；日高、橘川 (1997))。

　ただ、高度成長期にも、店舗の新設と配置転換に対する規制が緩和された時期があった。例えば、1958 年 5 月、大蔵省の通達で、「従来の抑制的店舗行政が修正され」、地方銀行を対象に一定の店舗純増を認め、都市銀行にも年 1 店程度の新設が認められた (『銀行局金融年報』1957 年版、58 年版；大蔵省財政史室編 (1991b))。実際に、59 年以降、店舗新設に対する政府の抑制的態度が緩和された。

　その背景には、神武景気に入ってから、「貯蓄の増強」、「オーバー・ローン (銀行の恒常的与信超過で、主として日本銀行からの借入に依存している状態) の是正」の必要が強く認識されたことがある。また、経営効率の基準からは廃止されるべき店舗も将来の代替廃止候補として温存するといった銀行行動を誘発するという弊害が目立つようになったこともあった (大蔵省財政史室編 (1991b))。

　1963 年 4 月からの 3 年間にも店舗規制が緩和されたものの、1960 年代後半には、大蔵省の店舗行政の方針が一転して、店舗認可に抑制的になった。

　1940 年代末から 70 年代前半までの長い期間続いた店舗規制の影響で、店舗数の増加は低く抑えられた。例えば、都銀と地銀の店舗数は、1946 年の 1,592 店と 2,398 店から、75 年にもそれぞれ 2,578 店と 4,702 店に増えるに止まり、30 年間に 2 倍もなっていなかった (大蔵省財政史

室 (1991b) ; 石井 (2010) ; 筒井 (1988) ; 岡崎 (1995) ; 寺西 (1982))。

　これは、戦前の 1926 年から 44 年まで、都銀の店舗数が 3 倍以上も増加し、また、都銀 1 行当り平均店舗数が 1926 年 46.4 店 (5 行)、35年に 76.3 店へ急増したこと (大蔵省財政史室編 (1991b)) と比べて、顕著な対照をなす。戦後、店舗規制の影響が如何に厳しかったかが窺い知れる。

　このように、店舗認可及び店舗規制による資源移動の制限、規制によるメインバンク間競争の一部制限という形で、メインバンクシステムに組織性が働いたのである。

③ 窓口指導

　さらに、窓口指導という形でも、大蔵省による銀行貸出規制が加えられた。1947 年 9 月、日銀営業局資金係が設置され、窓口指導が開始されたが、52 年以前には、民間銀行に対する日々の資金繰り指導を中心としており、資金配分をコントロールするための政策手段の性格が強かった。しかし、53 年 9 月より、市中金融機関の貸出額を直接規制する本格的な窓口指導が始まり、91 年引締め解除期に廃止されるまで、窓口指導による貸出限度額規制が常態化した (大蔵省財政史室編 (1991a) ; 日本銀行百年史編纂委員会編 (1985) ; 筒井 (1988))。

　窓口指導の際、規制対象金融機関内部のシェアを変更しないように貸出枠が決定され、貸出における上位各行の順位はほとんど固定された (筒井 (1988))。メインバンクの貸出行動に直接的な制限が加えられたことであり、メインバンクシステムに組織性が働いたことを表している。

④ 金利規制：人為的低金利政策

　戦後、政府による人為的低金利政策の一環として、金利規制も行われた。1947 年 12 月に制定された臨時金利調整法を根拠に、金利は大蔵省の規制下に置かれ、金利の動きは行政の管理・指導に従っていた (星、パトリック編 (2001) ; 寺西 (1982) ; 日高、橘川 (1997))。

　戦前には、預金・貸出金利についての法的規制は存在せず、地域別に業者間の自主的協定があったに過ぎなかった (大蔵省財政史室編

(1991b))。したがって、金利規制は戦後高度成長期の大きな特色といえる (寺西 (1982))。

　金利規制の戦後的な背景があったことになるが、まず、戦後の日本には金融資産蓄積が少なかったため、長期資金供給が足りないという制約があった。こうした制約下、企業の短期借入が多かったため、短期資金不足が深刻であり、金利が急騰する可能性が高かった。企業の金融コストを高くして、企業の採算を悪化させるおそれがあった。よって、政府は各種金利を低い水準に抑える規制を続けたのである。

　戦後の資産蓄積水準の低位と金融機関間の同質性も低金利政策の理由であった。例えば、預金金利規制を行っても、他資産の利用可能性が限られているため、預金が減少することはなかった。また、安全性の面でも経営効率の面でも金融機関間の同質性があったため、預金、公社債などに関する均一な規制が可能であった (寺西 (1982))。

　戦後、政府によって最も強く規制された金利は預金金利であった。特に、高度成長期には、預金金利はほとんど一定であり、1961 年 4 月から 70 年 4 月までは一度も改訂されなかった (寺西 (1982))。

　貸出金利についても規制が加えられ、低水準で硬直化された。コールレートなどの市場性金利に比べると貸出金利の変動幅は小さく、硬直的に推移した。また、上限と下限をなす貸出自主規制金利の最高限度は、1957 年以降、コールレートより低く設定された公定歩合にほぼ連動するように決定され、公定歩合と並行的に動いていた (筒井 (1988)；大蔵省財政史室編 (1991a))。

　ただし、預金金利に比べ、貸出金利に対する規制は緩やかであった。短期貸出金利は、1970 年まで全国銀行協会による自主規制金利 (銀行間の自主規制金利に関する申し合わせ) であったためである (寺西 (1982))。そのため、短期貸出市場での金利規制は実効金利段階でほぼ無効になり、拘束預金によって「実効的」な貸出金利の調整が行われた (寺西 (1982)、大蔵省財政史室編 (1991a))。

　貸出金利規制と預金金利規制の厳しさの相違は、預金と貸出の性格の相違に由来した。預金契約のリスクには銀行間に大きな違いがないの

に対して、貸出は借手ごとにリスクが大きく異なり、その評価が金利決定に不可欠であった。そのため、個々の貸出金利は借手の信用度および貸出条件の相違に依存して異なる水準で付せられるしかなく、すべての貸出契約の金利を規制する事前のルールを策定することはほとんど不可能に近かった (筒井 (1988))。

こうした差があるとはいえ、長期にわたって両金利が規制によって低く抑えられたことは確かなことであり、その限りで、メインバンクシステム下、メインバンクと政府間の関係にも強い組織性が働いたといえる。

2. メインバンクシステムにおける市場性

(1) 銀行間の競争

参入規制、店舗規制、窓口指導、金利規制、など政府の規制が施される中でも、メインバンクになっていた銀行間の競争は激しかった。安定した数の参入銀行間に「顔の見える」寡占企業間競争が繰り広げられたのである。

① 貸出競争

銀行間競争の土俵は銀行のアウトプットとインプット、つまり資金の貸出と預金の両方であり、貸出と預金をめぐってメインバンク間に激しい競争が展開された。

まず、戦後を通してアウトプット市場で優良な貸出先企業の獲得をめぐる銀行間競争が行われた。特に、特定の貸出先企業への貸出順位と貸出シェアをめぐる銀行間競争が激しかった。

銀行間の激しい貸出競争は銀行の預貸率の上昇に示される。すなわち、預貸率は、一部の時期 (1955 年、56 年、62 年下期、63 年上期、64 年下期) を除く、高度成長期を通して持続的に上昇する傾向を見せ、都銀の場合、100％を超える水準にあった (大蔵省財政史室編 (1991b))。

　高度成長期、日本の金融市場はオーバー・ローンの状況にあったが、こうしたオーバー・ローン(都銀に資金不足が集中し、その不足額が日銀借入金を上回る資金偏流の現象)を促した重要な要因の一つが大手銀行間の貸出競争であった。このオーバー・ローンは、所得平準化など預金基盤が変化しているのに都銀の店舗配置が他金融機関に比べ厳しく制約されていたことが原因であるが、都銀間の激しい貸出競争の結果でもあった(大蔵省財政史室編(1991b))。

　高度成長期だけでなく、1980年代にも貸出競争が激しかった。とりわけ、低金利政策が浸透した86年頃からの融資競争が激化した80年代半ば以降、製造業大企業を中心とする銀行離れで、銀行の貸出が鈍化する中で、貸出競争の主戦場は大企業向けのマーケットから、中堅・中小企業、個人向けのマーケットに移りつつあり、この貸出市場で都市銀行と地銀、第二地銀(相互銀行)との間の競争が激しかった。銀行間の競争という市場性が強く働いていたのである。

　こうした激しい貸出競争の理由としては、第1に、前述した金利規制が挙げられる。維持管理費、人件費等を除いて銀行の収益を考えた場合、貸出先企業の信用問題(倒産)をひとまず置くと、銀行の収益向上は貸出金利の操作と、貸出量の最大化によってもたされる(石井(2010))。しかし、金利規制によって、銀行の貸出金利の操作は不可能であった。そのため、銀行にとって、収益増加のためには貸出量の最大化にコミットするしかなかった。特に、銀行経営にとって成長力のある法人顧客を獲得することが重要であった(沢井、谷本(2016))。優良企業のメインバンクの地位獲得、そして、融資順位と融資比率をめぐって銀行間競争が激しくならざるを得なかったのである。

　第2に、都市銀行にとって、大口顧客の獲得は、審査コストの節約、関連企業への貸出増加を通して営業収益の拡大につながった(経営史学会編(2004))。そのため、優良な貸出先の獲得をめぐる競争が激しくなった。

　第3に、第2とも関連するが、銀行の貸出審査に規模の経済が働いたことである。つまり、貸出量を拡大すれば、貸出1件当りの審査コストが低下し、それに伴う収益性向上が期待できた。審査コストの面でも

貸出拡大をめぐる銀行間競争を促す理由があったのである。

　最後の理由として、「両建て預金」という貸出上の慣行の存在がある。両建て預金は、銀行が貸出を行う際に、借手やその同一利害関係人から担保、見返り、あるいは見合いとして受け入れる預金を指す。銀行は債務者の預金を「拘束する」ことによって、金利規制の中で、実質的に貸出金利を調整する手段としていた (大蔵省財政史室編 (1991a)；大蔵省財政史室編 (1991b))。政策当局によって「両建て預金」の問題点もしばしば指摘されたが、それでも、「両建て預金」は貸出上の慣行として広く行われた。この両建て預金によって、貸出を増やせば増やすほど預金も増え、さらに貸出を増やすことができるようになる。そのため、銀行にとって、貸出拡大の誘因は強く、激しい貸出拡大競争が促された。

　貸出競争の激化に対して、銀行間の過当競争による銀行経営の悪化を危惧する声も高まった。例えば、1963 年 5 月に大蔵大臣宛てに提出された金融制度調査会の「答申」では、都市銀行が「同一取引先に対し過度と思われる貸し出し」を行うことが散見されることが指摘されており、とりわけ、大手銀行と同じ企業集団の企業への過度な「系列融資」問題が危惧されていた (大蔵省財政史室 (1991b)；石井 (2010))。

　政府は、銀行間「競争のゆき過ぎる傾向」による銀行経営上の危惧のため、貸出審査を厳格化し、預金蓄積の範囲内で資金の運用を図ることを通達した。殊に、預貸率を最重点項目にして、預貸率規制に積極的であった。貸出競争に対する政府規制が必要であるほど、貸出競争が激しかったのである。

② 預金獲得競争

　高度成長期に、メインバンク間には、預金量を拡大する競争も繰り広げられた。戦後日本では、インフレと所得・資産平準化により金融資産ストックが減価・小口均等化した結果、資産選択上、預金への集中が生じた。それを背景に、都市銀行は個人の預金獲得に奔走し、過度な預金獲得競争すらみられた。1967～70 年に「一般民間金融機関のあり方等」を検討していた金融制度調査会は都市銀行による過度の預金獲得競争を

指摘していた (大蔵省財政史室 (1991b))。

　夏冬のボーナスの貯蓄率が高いこともあって、ボーナスの預金獲得をめぐる都市銀行間競争が激しかった。銀行は、景品や預金者に対するサービスといった手段を用いてより多くの預金を獲得しようと競争し (筒井 (1988))、特に、サービス向上の競争が顕著になった。大衆貯蓄預金の獲得に貢献したのは消費者ローンよりもむしろ決済システムの拡充であり、決済システムの拡充を競う競争の結果、銀行の預金・決済システムは進歩を遂げた (石井 (2010))。

　銀行の預金吸収力は主として店舗数と立地状況に依存したため、預金量増加は店舗数増加と密接に関係し、店舗規制の中でも各行は店舗数の拡大を図り、都銀の都市圏での出店競争が激化した。多数の銀行店舗が狭い区域に集中する現象もみられた (筒井 (1988) ; 寺西 (1982) ; 石井 (2010))。

　預金吸収の競争の中で各行の店舗は増え続け、1973 年度以降には、店舗規制緩和で店舗増加ペースはさらに上昇した。例えば、都銀の店舗数は 55 年の 1,575 店から 65 年の 1,991 店へ、さらに、75 年には 2,478 店へと増え続けた。地銀の店舗数も 65 年の 3,999 店から 75 年に 4,705 店へと約 18％増加した。都銀 1 行当り平均店舗数も、1950 年代後半の約 15 店から、70 年代前半には 200 店近くにまで増加し、地銀 1 行当り平均店舗数も、60 ～ 70 年代にかけて増え続けた。特に、都銀は、戦前に比して預金者の大衆化に直面し、この点で店舗数の増加が重要であり (大蔵省財政史室編 (1991b))、それだけに、店舗数拡大により積極的であった。

　各行が預金獲得の競争に走った理由として、まず、厳格な金融規制の下、各銀行の競争力・収益力はその預金吸収力によって条件付けられたことが挙げられる。前述したように、戦後一貫した低金利政策で、貸出金利と預金金利共に均衡金利より低く設定されたが、預金金利は銀行に一定の利鞘 (利ざや) が得られる水準で設定されていた。結果的に、預金吸収は各金融機関にとって貸出金利と預金コストとの差 (貸出・債券利率－預金債券コスト)、つまり、追加利潤を常に保証するという状態

が持続した (筒井 (1988) ; 大蔵省財政史室編 (1991b) ; 寺西 (1982))。ある推計によれば、普通銀行 (都銀、地銀) の利鞘は戦前の 0.5％前後から 1950 年代〜70 年代前半には 12％に高まり、戦前と比較して、銀行の利鞘は 4 倍近くなっていた (岡崎 (1995) ; 沢井、谷本 (2016) ; 大蔵省財政史室編 (1991b))。都銀などの金融機関にとって、預金規模が濡れ手の粟の利益をもたらし (大瀧 (2000))、それゆえ、預金規模拡大のための競争が激しくなったのである。

　第 2 の理由として、前述したように、高度成長期に恒常的与信超過、つまり、オーバー・ローンの状況にあり、預金市場が常に超過需要にあった (筒井 (1988)) ことが挙げられる。普通銀行の預金不足が際立っており、預金を基にする資金量における普通銀行のシェアは持続的に低下していた。例えば、終戦直後の 1940 年代後半には普通銀行の資金量シェアが 60 〜 70％で、戦前の 30 年代後半よりはるかに高かったが、高度成長期に入り、同シェアは持続的に下落し、65 年頃には 40％を切った (大蔵省財政史室編 (1991b))。特に、都銀の資金不足現象が著しく、1951 年以後、こうした「資金偏在」現象が明瞭な形をとるに至った。都銀は相対的により大きい貸出機会を持っており、それに預金吸収力の差とあいまって、都銀の資金不足が著しくなった (寺西 (1982))。

　このように、戦後、日本金融市場では常に超過資金需要が発生し、都銀はこの需要圧力を受け、資金量を中心とする業容拡大に経営の重点を置き、その結果、「いき過ぎた」預金獲得競争が招かれたのである (大蔵省財政史室編 (1991a)、274 ; 石井 (2010))。

　こうした理由で、貸出拡大だけでなく、預金拡大をめぐるメインバンク間の競争が繰り広げられ、メインバンクの中で市場性が強く働き、組織性と絡み合ったのである。

(2) 資金取引関係における緩い専属性

　他方、定義のとおり、企業はメインバンクから最も多くの借入を行ったものの、借入先を専らそのメインバンクに限定することでもなかった。

借入先を分散していた。表 13-4 によれば、大企業 (東証 1 部上場企業)
の総借入に占めるメインバンクからの借入は約 20 〜 40％に止まった。
有力企業はメインバンクから借入額以上の額を他有力都銀からも借り入
れていたのである。また、中小企業の 85％が預金と借入の取引を複数の
銀行と行っており、さらに、4 行の銀行と同時に取引を行っている中小
企業が 4 割に達するとの調査結果もある。

表 13-4　都銀からの総借入額に占める対メインバンク借入シェア

(単位：％)

銀行名	1962	1967	1972	1975	1983
第一勧銀	36.5	44.7	29.9	27.1	26.1
三井	28.4	25.6	24.2	21.9	19.7
三菱	41.4	32.0	31.0	29.4	28.0
三和	40.0	31.7	32.0	31.0	28.1
住友	40.8	36.1	30.3	28.3	26.5
富士	36.8	34.8	32.9	27.4	24.5
興銀	39.7	42.9	38.2	40.3	37.5
東海	41.5	40.7	37.4	40.5	31.8
大和	55.5	56.9	40.4	40.2	34.4
協和	39.4	55.7	62.3	49.6	33.6
拓殖	47.4	53.7	40.2	18.3	22.6

出所：堀内 (1987)、40 頁。

　それに、主な借入先が複数あって、その複数の銀行をメインバンクと
みている企業もかなりあった。例えば、1993 年初頃のアンケート調査によ
れば、各企業が有している「メインバンク」の数は平均 1.6 行であり、複
数の「メインバンク」と取引している企業が 4 割に上っていた (表 13-5)。

表 13-5　メインバンクの行数

メインバンク数	回答割合 (%)
1行	60.7
2行	24.5
3行	9.5
4行	2.9
5行以上	2.4
平均	1.6

注：1993 年 1 月に実施されたアンケート調査結果。

出所：深尾、森田 (1997)、45 頁。

　さらに、長期でみれば、時期が下がるにつれて借入先の分散化が一層進展した (岡崎 (1995))。

　メインバンクも融資先の分散化を進めた。特に、1960 年代後半以降、顧客企業の借入規模が増大する一方で、都銀の顧客企業数の増加、融資先の分散が進んだ。メインバンク制の特徴の一つが貸出先の分散であるといわれる所以である (沢井、谷本 (2016) ; 経営史学会編 (2015))。

　したがって、企業とメインバンク間の資金取引における専属的な関係は弱かったということができる。メインバンクと企業間の強固で多面的な関係という組織性の一方で、両者間の専属的な関係は緩く、激しい銀行間競争が繰り広げられたという市場性も共に働いた。日本のメインバンク制には市場性も働き、組織性と市場性が絡み合って作用していたのである。

参考文献

青木昌彦、ヒューパトリック編 (1996)『日本のメインバンクシステム』東洋経済新報社。

石井晋 (2010)「戦後日本の銀行経営－銀行間競争と大衆化」下谷政弘、鈴木恒夫編『講座・日本経営史 5 「経済大国」への軌跡 1955 ～ 1985』ミネルヴァ書房。

大蔵省銀行局『銀行局金融年報』1957 年版、1958 年版。

大蔵省財政史室編 (1978)『昭和財政史－終戦から講和まで 19　統計』東洋経済新報社。

大蔵省財政史室編 (1991a)『昭和財政史昭和 27 ～ 48 年度　第 9 巻　金融 (1)』東京経済新報社。

大蔵省財政史室編 (1991b)『昭和財政史昭和 27 ～ 48 年度　第 10 巻　金融 (2)』東京経済新報社。

大瀧雅之 (2000)「銀行に監視能力は存在したか？－過剰債務問題の視点から－」宇沢弘文、花崎正晴編 (2000)『金融システムの経済学－社会的共通資本の視点から』東京大学出版会。

岡崎哲二 (1995)「戦後日本の金融システム」森川英正、米倉誠一郎編『日本経営史 5 －高度成長を超えて』岩波書店。

経営史学会編 (2004)『有斐閣ブックス　日本経営史の基礎知識』有斐閣。

沢井実、谷本雅之 (2016)『日本経済史』有斐閣。

通商産業省 (1993)『メインバンク・システム及び株式持ち合いについての調査』富士総合研究所。

筒井義郎 (1988)『金融市場と銀行業－産業組織の経済分析』東洋経済新報社

寺西重郎 (1982)『日本の経済発展と金融』岩波書店。

日本銀行『本邦経済統計』1957 年版。

日本銀行統計局『経済統計年報』。

日本銀行百年史編纂委員会編 (1985)『日本銀行百年史』第 5 巻。

橋本寿朗 (1995)「長期相対関係と企業系列」森川英正、米倉誠一郎編『日本経営史 5　高度成長を超えて』岩波書店。

橋本寿朗編 (1996)『企業システムの戦後史』東京大学出版会。

橋本寿朗、長谷川信、宮島英昭 (1998)『現代日本経済』有斐閣。

日高千景・橘川武郎 (1998)「戦後日本のメインバンク・システムとコーポレート・ガバナンス」『社会科学研究』(東京大学社会科学研究所) 第 49 巻第 6 号。

深尾光洋、森田泰子 (1997)『企業ガバナンス構造の国際比較』日本経済新聞社。

星岳雄、アニル・カシャップ (2006)『日本金融システム進化論』日本経済新聞出版社。

星岳雄、ヒュー・パトリック編 (2001)『日本金融システムの危機と変貌』日本経済新聞社。

堀内昭義 (1987)「金融機関の機能」館龍一郎、蝋山昌一編『日本の金融』東京大学出版会。

堀内昭義、吉野直行編 (1992)『現代日本の金融分析』東京大学出版会。

松尾順介 (1999)『日本の社債市場』東洋経済新報社。

宮島英昭 (2021)「株式相互持ち合いの形成と解体：21 世紀における日本企業の株式所有構造の深化」武田晴一編『高成長期日本の産業発展』東京大学出版会。

宮島英昭編 (2017)『企業統治と成長戦略』東洋経済新報社。

第 14 章

メインバンクシステムの日独比較

　日本のメインバンクシステムは日本独特の制度とみる向きもあるが、必ずしもそれは正しいとはいえない。ドイツでは、メインバンクに当るハウスバンク (Hausbanken) が存在し、歴史的に日本より早くメインバンクシステムが形成、定着した。韓国など日本より後発の一部の国でも、日本のメインバンク制を模倣して導入していまだに維持されている。かつてから、企業の銀行借入依存度が低かったアメリカでは、日本のメインバンクシステムのような仕組みは存在しないものの、企業にとってメインバンクのような存在がなかったわけでもない。

　実は、ドイツの企業システムについては日本のそれとの類似性がよくいわれる。例えば、ロナルド・ドアーは、日本型の企業システムがライン型のドイツのシステムと類似しており、アングロサクソン型と対照的であることを強調する (ドアー (2001))。労使関係、コーポレート・ガバナンス、企業間関係だけでなく、メインバンクシステムにおける日独類似性も指摘される。

　しかし、ドイツと日本のメインバンクシステムがまったく同じであるわけではない。そこで、組織性と市場性、その絡み合いに焦点を当てつつ、両国のメインバンクシステムを比較してその共通点と相違点を明らかにしていこう。

1. 日独のメインバンクシステムの共通点

(1) メインバンクと企業間の長期的、多面的な関係

　日独のメインバンクシステムの共通点であるが、銀行と企業の間に多様なルートを通じて長期の関係が結ばれていた。まず、ドイツのハウスバンク、つまりメインバンクと特定企業の資金取引関係は長期的な性質のものであり、ハウスバンクの仕組みに銀行と企業間の資金取引関係の継続性が見出せる (Edwards and Fischer(1994) ; 橋本 (1995))。

　ドイツのメインバンクと企業の間の関係は長期的な資金取引に止まら

なかった。まず、メインバンクは企業に様々な金融サービスを提供した。例えば、ドイツバンクは、ベンツのハウスバンクとしてベンツが求める支払い決済を含むすべての金融サービスを提供するとともに、金融面のアドバイスまで行った。企業の社債発行時には、銀行団がシンジケートを組んで、メインバンクが主幹事として、他銀行より多く社債を引受け、その消化を調整した (Edwards and Fischer(1994)；吉森 (1982))。それとともに、後述するように、メインバンクは企業への資本参加を行い、企業に人材を送り込み企業経営に関わった。例えば、ドイツバンクは、シーメンス、ボッシュ、AEG(1994 年に、スウェーデンの電機メーカー・エレクトロラックスの傘下になった)、BASF、バイエル、ダイムラー・ベンツ、フォルクスワーゲンなど、ドイツを代表する基幹産業の有力企業と、金融関係を基礎として、この金融関係を補完・強化するために、監査役派遣や資本参加などを行っている (相沢 (1993))。こうした銀行と企業間の関係の多面性は、日本にも見られたものである。

(2) メインバンクによる株式所有

この多様なルートを通じた長期関係という日独の共通現象を詳しくみておこう。まず、日本と同様に、ドイツのメインバンクも借手企業の株式を所有する場合が多い。いくつかの推算によれば、銀行の株式所有は、1984 年に 10.3 ％、88 年には 11.6 ％に推定され (Edwards and Fischer(1994))、90 年代にもドイツ国内に上場されているドイツ企業の株式の 1 割前後を銀行が保有していた (Charkham(1994)；テオドール・バウムス (1994)；深尾、森田 (1997))。

例えば、ドイツバンクはメインバンクとしてダイムラー・ベンツ社の株式を 30％近く保有しており (高橋編 (1995))、さらに、航空機やエンジン製造の最大手タイムラベンツ社、建築や公共土木事業のフィリップス・ホルツマン、流通のトップ企業であるカルシュタット等のメインバンクとして、これら企業の株式を 4 分の 1 も保有している (アルベール (2011))。このように、メインバンクは企業の株式の保有による組織的

な関係を形成していたが、他方で、企業はメインバンクだけでなく、複数の銀行に株を持たせ、専属的な関係を薄めた。市場性が機能していたのである。例えば、フォルクスワーゲンの場合、1986年に銀行の持株保有率はドイツバンクが2.94％、ドレスナ―バンクが3.7％、コメルツバンクが1.33％で、この3大銀行で同社の株式の7.98％を保有するに過ぎず、他の銀行に12％近くの株を保有させていた(高橋編(1995))。

　　メインバンクによる企業の株式保有の歴史を辿れば、戦前期の1920年代の不況期にまで遡れる。すなわち、20年代の不況期に、ドイツの大手銀行は激しいインフレに対応して、それまでの商業銀行の業務から証券業務と外貨取引業務を増やし、その流れの中で、企業の株式を保有するようになったケースが多い(O'sullvan(2000))。例えば、ドイツバンクはダイムラー・ベンツ社の筆頭株主であるが、両社の資本関係は20年代半ばに遡る。つまり、ドイツバンクは20年代半ば、二行の地方銀行を吸収したが、それぞれに業績の悪化していた融資先がついていた。ダイムラー社とベンツ社がそれであり、そこで、ドイツバンクは両社を合併させ、ダイムラー・ベンツ社が誕生したが(吉森(1982))、その際、同社のメインバンクになると同時に、出資も行った。

　　メインバンクが企業の株式を保有した理由は、第1に、銀行が経営不振の貸出先の再建支援のため、貸付金を株式に振り替えた場合であった。第2に、純粋の投資収益を目的として資本参加することもあった(吉森(1982);Charkham(1994))。第3に、歴史的には銀行と企業間の関係の維持のため、株式を所有する場合もあった。

　　日本と同様に、ドイツでも、銀行の株所有の上限が設けられてはいる。すなわち、1989年12月に第2次銀行調整令(the Second Banking Co-ordination Directive)で、銀行による個別企業の株式保有は銀行資本の15％、株式保有総額は資本60％に制限された。ただし、こうした制限は銀行の企業株式の保有にそれほど影響を及ぼさなかったとされる(Charkham(1994))。日本と類似して、ドイツも銀行が取引企業の株式保有を保有することによって垂直的な関係企業を結合する産業組織が形成されているのである(ロー(1996))。

(3) 監査役派遣を通じる人的結合

　ドイツのハウスバンクと企業の間に、役員の派遣という形で人的な結合関係を持つことも日独メインバンクシステムの共通点であった。ドイツで、メインバンクから企業への人的派遣によって両者間の関係が緊密化する現象は、すでに 20 世紀初頭からみられたことである (Da Rin (1996))。

　ドイツ独占委員会 (Monopolkmmission) の調査によれば、1974 年、西ドイツ上位 100 大株式会社の 75 の監査役ポスト、78 年には、145 の監査役ポストに銀行からの人が送られていた (Edwards and Fischer(1994))。表 14-1 でみるように、90 年時点で、多くの大手銀行が企業の監査役に人員を送り込んでおり、とりわけ、上位 3 大銀行は、二ケタの企業に監査役を送り込んでいた。90 年代前半、ドイツバンクだけで、48 社に 55 名の監査役を送り込んでいるという調査もある (Edwards and Fischer(1994))。

表 14-1　ドイツにおける銀行と企業の人的な関係 (1990 年)

	左記銀行から監査役を派遣している企業数
ドイツ銀行	35 社
ドレスナ―銀行	19 社
コメルツ銀行	16 社
Bayerische Vereinsbank	3 社
Bayerische Hypotheken-und Wechselbank	2 社
Westdeutsche Landesbank	5 社
DG Bank Deutsche Genossenschaftsbank	5 社

　注：大企業上位 100 社に関する調査。

出所：テオドール・バウムス (1994)、77 頁；深尾・森田 (1997)、49 頁。

　　銀行から派遣された人員は企業側の監査役ポストの中でかなりの割合を占めた。1974 年、上位 100 社の監査役ポスト 1,203 のうち約 15％を、78 年には約 10％を銀行からの人員が占めた。また、監査役会のうち、資本側からの枠の 20％以上が銀行の人員によって占められた (Edwards and Fischer(1994) ; Cable(1985))。ゴットシャルクの調査によれば、86 年に、調査対象 32 社の監査役会の役職人数 166 人の約 25％に該当する 41 人が現職ないし元銀行経営者であった (吉森 (1994))。ボームの調査によれば、86 年上位 100 社のうち、92 社が監査役会を持っており、この 92 社の 80％を超える 75 社で銀行から監査役会に人員が送られていた。監査役ポストの 10％、資本側の監査役枠の 20％がこれらの人員によって占められていた (Prentice and Holland ed.(1993) ; 高橋編 (1995))。

　　監査役ポストのうち銀行からの人員の数の例をみれば、1990 年代初頭、BASF が 22 名のうち 4 名、バイエルは 20 名のうち 3 名、ダイムラ・ベンツが 21 名のうち 4 名、ヘキスト (Hoechst) は 20 名のうち 2 名、シーメンスが 22 名のうち 4 名、フォルクスワーゲンの 20 名のうち 2 名であった。BASF とダイムラー・ベンツにドイツバンクからの人員が監査役会議長になっていた (Charkham(1994) ; 高橋編 (1995) ; 吉森 (1982))。

　　このように、監査役の送り込みという形でメインバンクと企業の人的関係が形成されたことがメインバンクに少なからずメリットをもたらすことは推測に難くないが、企業にとっての利点もあった。後述するモニタリング機能がその代表的な利点であるが、それに加えて、企業にとって、銀行派遣役員の経験、知識、情報に基づく、経営全般についての助言を得られるなどのメリットもあった。さらに、企業にとって該当銀行が持つ他の企業との関係をも利用できる利点があり、企業の信用度、社会的威信を高められることも期待できた (吉森 (1994))。そのため、企業が積極的にメインバンクからの監査役派遣を求めるケースが多かった。

(4) モニタリング機能

　資金取引、金融サービス提供、監査役の派遣、株式所有などを通じて、メインバンクと企業の間には長期の緊密な関係が結ばれ、それに基づき、メインバンクが企業に対するモニタリング機能を果たし、いわば情報の非対称性による「エージェンシ」問題が緩和されたこと (Edwards and Fischer(1994)) も日独の共通点であった。特に、後述するように、ドイツの銀行がユニバーサルバンクであったため、情報の非対称性をより効率的に解決することができたとみられる (Ziegler(1997))。

　モニタリング機能は、期中、事前、事後に果たされていた。順を追ってみておこう。まず、期中監視機能については、すでに述べたように、ドイツのメインバンクは監査役会に役員を派遣しているが、それによって、重要な企業情報をいち早く入手することが可能となっている。とりわけ、監査役会議長は、他の監査役と異なり、当該企業に常駐しており、しかも重要な社内の意思決定に関わる事項について経営陣は同議長に報告しなければならない。それゆえ、銀行員が監査役議長となる場合には、インサイダー情報の入手による強い影響力を持つことになり (大橋、深山、海道 (1999)；相沢 (1993))、経営についての日常的なチェックが可能になった。とともに、銀行のトップと取引企業の経営者の個人的な信頼関係が強い場合が多く、また、銀行が産業界の問題に精通して、大きな視野から投資先に経営意思決定の助言と勧告を行う (吉森 (1982))。期中監視機能が働いていたである。

　次に、事前監視機能については、メインバンクは取引企業との長く、かつ、多面的な関係を通じて、融資の審査能力を高めることができた。情報の蓄積だけでなく、きちんと審査する能力を持つ人的資源が蓄積されたのである。よって、大企業は融資審査時のリスクを下げることができた (Edwards and Fischer(1994))。事前監視機能が果たせたのである。

　最後に事後監視機能を果たしていることも日本のメインバンクシステムと極めて類似している。ドイツでは、継続的な企業経営のモニタリングや企業が破たんした時の救済機能についてはあまり有効ではなかっ

たとする研究もあるものの (小佐野 (2001))、借手企業が経営不振に陥っ
た場合、救済を行うとともに監視・圧力を強めたことは間違いない。まず、
救済措置として、メインバンクは、元金返済、金利支払の猶予、金利の
引き下げなどを行う。特に、ドイツでは、倒産手続きにおける担保権に
対する保護が強く、倒産した企業を法的に再建することが困難であった
ためである。ただ、ドイツにおける主力銀行の支援は日本のそれに比べ
条件付きで、限定されている。主力銀行による再建が失敗した場合、そ
の責任は主力銀行に帰せられたからである (Edwards and Fischer(1994) ;
吉森 (1994) ; 深尾、森田 (1997))。

　他方、その企業の経営が不振に陥った場合、メインバンクによる人員
が参画している監査役会は経営陣への監視を強める。経営危機に陥った
企業から派遣役員を引き揚げることさえあった (吉森 (1994) ; 深尾、森田
(1997) ; 小佐野 (2001))。

(5) 銀行間競争と協調：市場性と組織性の絡み合い

① 銀行間競争

　日本と同じく、ドイツでもメインバンク間の競争が激しく、その限
りで市場性が働いた。特に、収益性の高い大手企業のメインバンクの地
位を維持するための 3 大銀行、地域の銀行、その他商業銀行の間の貸
出、金融サービス提供の競争が繰り広げられた。さらに、大手顧客企業
の囲い込みの競争が展開されただけでなく、中小企業への貸出をめぐる
3 大銀行とその他大手商業銀行の間の競争も激しかった。こうした激し
い競争で、有望な企業のメインバンク地位を維持することが難しく、金
利の利鞘も小さい状態が続いたとされる (Edwards and Fischer(1994) ;
O'sullvan(2000) ; 吉森 (1982))。

　特定企業のメインバンクになったとしても、その企業の貸出でメイ
ンバンクのそれが圧倒的に多いのは稀であった。企業は、特定銀行が自
分との資金、金融サービスの取引で圧倒的な立場にあることを望まなかっ
た。メインバンクを持つとはいえ、複数の銀行と取引を続け、銀行間競

争を活用した (Charkham(1994))。大企業だけでなく、中小企業も同じ行動をとった。メインバンクとの長期の関係という組織性の一方で、低い専属性の関係の中での銀行間競争という市場性が働き、組織性と市場性が絡み合っていた。この点でも日本のメインバンクシステムに似通っているのである。

② 銀行間協調

　他方で、ドイツのメインバンクシステム下で、銀行間の協調行動も見られた。銀行間協調の行動はすでに戦前からみられた。例えば、1920年代、深刻な不況とインフレ下、ドイツ銀行業では、買収・合併による大型化・合理化とともに、銀行間の連携・協調が強化された。地方の重工業や電力業の企業が設備投資のために借りる資金を、地方銀行の能力では対応できず、大手商業銀行とシンジケートを組んで貸出を行った (Ziegler(1997))。戦前、ベルリンの大銀行と地方銀行との間にも緊密な協調関係が存在した。

　戦後にも、ドイツの 3 大銀行は永続的なコンソーシアムを形成しており、企業社債の発行時にも引受のために銀行団によるシンジケートが結成された。また、この引受シンジケートへの参加銀行がほぼ固定され、引受の相対的シェアも変化しなかった (Edwards and Fischer(1994))。借手企業の借入残高基準の銀行別ランキング・序列が固定化され、融資等の金融取引シェアが固定された (吉森 (1994))。一種の棲み分けであり、消極的な意味での銀行間協力といえる。

　複数の大手銀行が同じ企業に役員・監査役を派遣する場合も少なくなかった。例えば、ドイツバンクとドレスナ―銀行の両行から監査役を送り込まれた企業が 430 社にも上っており (表 14-2)、各銀行から送り込まれた監査役が監査役会で占める地位がほぼ固定されていた (吉森 (1994))。

表 14-2　　ドイツ三大銀行の 3,146 社への役員派遣　　（単位：社、％）

	単独派遣			他行役員との併存	
	企業数	割合		企業数	割合
ドイツバンク	1,127	35.8	ドイツバンク＋ドレスナーバンク	290	9.2
ドレスナーバンク	800	25.4	ドレスナーバンク＋ドイツバンク	139	4.4
コメルツバンク	510	16.2	コメルツバンク＋ドレスナーバンク	99	3.1

注：三大銀行の監査役会、執行役会、上級管理職、本店および地域評議会の役員を対象。
出所：吉森 (1994)、16 頁。

　なお、企業での議決権行使時にも銀行間協調が見られた。例えば、後述するように、寄託株に基づき、銀行が企業の株主総会で影響力を持っていたが、株主総会の議決権行使に際して、三大銀行は同一歩調をとり、これに他の銀行が追随した (吉森 (1994))。企業間競争の一方で、こうした形でドイツの銀行間にも協調行動がみられ、市場性と組織性が絡み合っていたことにも日独のメインバンクシステムの共通点を見出せるのである。

2. 日独の相違点

(1) ユニバーサル (universal) バンク

　しかし、ドイツと日本のメインバンクシステムにおいては相違点も少なくなかった。何よりも、ドイツのメインバンクはユニバーサル銀行（ユニバーサル・バンク）であった点である (相沢 (1989))。
　ドイツの銀行は多角的機能による危険分散を図り、銀行業務と証券業務が分離されていないユニバーサルバンクである。1990 年末、4,700

あるドイツの銀行の中で、9 割がユニバーサルバンクである (大橋、深山、海道編 (1999)；吉森 (1982)；高橋編 (1995)；山本 (1991))。

このユニバーサルバンクは、資金の貸出だけでなく、証券業務を行っている。企業が株式発行によって資金調達する際に、銀行が主幹事業務を行い、自分の口座で引受けた上で販売し、株主はユニバーサルバンクを通して株式の売買を行う (O'sullvan(2000)；Ziegler(1997))。ユニバーサルバンクは、保険業務も行っている。ドイツでは保険会社に専業義務が課されるため、銀行本体では保険事業を行えないものの、銀行が保険会社の株式を保有できるため、子会社設立によって保険業務に進出するか、保険会社と提携している (小佐野 (2001)、132 頁)。それに、ユニバーサルバンクはリース業務にも携わる。

ユニバーサルバンクの歴史は 19 世紀後半まで遡る。19 世紀後半の産業革命の進展期、国内の富裕層の資金を吸収し、産業地域へ投入する機能、つまり、商業銀行の機能に加えて、国内の資金が証券投資に回ってくる際に、その仲介を行うという投資銀行の機能が必要であった。この二つの機能を一つの銀行が果たしてユニバーサルバンク・システムが始まった (Ziegler(1997)；Fohlin(1997)；高橋編 (1995)；吉森 (1982))。実は、19 世紀中頃まで、ドイツの銀行はみずから株式会社の設立にも関与した。しかし 1871 年の大不況で、銀行がその設立にも関わった企業が経営不振に陥り、銀行は大損害を被り、それ以降、銀行は株式や社債の発行に専念するようになった。

こうしたユニバーサルバンク・システムは、商業銀行の業務と他の金融業務の担い手が異なり、いわゆる銀行業が「専業主義」に基づく日本とは対照的である。実は、ドイツのユニバーサルバンク主体の銀行業は、アメリカとも異なる。アメリカでは、大恐慌直後の 1933 年にグラス・スティーガル法 (Glass-Steagall) が制定されたが、同法は、銀行に対して株式保有を小さくするように仕向けるとともに、株式のディーリングを禁止させた (ロー (1996)；Bhide(1993))。その結果、99 年末に、銀行・証券・保険分離を解禁するグラム・リーチ・ブライリー法が制定されるまでの 70 年近く、アメリカでは銀行業と証券業が分離されていた

(Charkham (1994) ; 小佐野 (2001))。

　このように、ドイツはユニバーサルバンクがメインバンクになっていたため、日本に比べ、より広い幅の金融取引で企業との緊密な関係を結んでいたということができる。

(2) メインバンクと企業間の人的な関係における日独の相違

　前述したように、メインバンクが企業に役員ないし監査役を送り込んだことは日独の共通点であるが、この人的な関係に日独の相違点もみられる。

　ドイツが日本より、人的な面においてメインバンクと企業の関係がより構造的で、恒常的であった。まず、日本の銀行は業績不振を契機に役員を派遣することが大半であったのに対して、ドイツの場合には、企業業績にかかわらず、取引関係の早い段階から銀行が企業に監査役会のメンバーを送り込んでいる (Edwards and Fischer(1994) ; 吉森 (1994))。

　また、日本のメインバンクは、主として、株式を保有する企業に役員を送り込んでいるが、ドイツではそうではない。つまり、その企業の株式をメインバンクが保有しない場合も、監査役は送り込んでいる (吉森 (1982))。しかも、日本と異なり、メインバンクと企業が相互に人材を派遣する場合もある。つまり、メインバンクから監査役を送り込む頻度と比べるほどではないものの、ドイツでは、重要な大企業顧客との取引関係を永続化するために、銀行側が監査役会に大企業の経営者を議長、役員の形で招聘する場合も少なくない (相沢 (1989) ; 吉森 (1982))。

　ただ、銀行と大企業との間の監査役会役員の相互派遣は監査役会の独立性を損なうという理由から、1965 年の株式法改正により法的に禁止されるようになった (吉森 (1994))。しかし、銀行側はこの法律を迂回するため、私的諮問機関として評議会を設立し、自行の役員が監査する他企業の役員、あるいは、主力銀行として密接な関係にある企業の経営者をこの評議会に非公式の委員として招き、この評議会が実質的に監査役会と同じ機能を有する場合が多い (吉森 (1982))。

　日本の銀行が借り手企業に役員を派遣するのに対して逆方向の人材の流れはほとんどないのと異なる。日本に比べ、ドイツでは、人的な面において銀行と企業の間により構造的な関係が結ばれているのである。

(3) 寄託議決権に基づくメインバンクの強い影響力

　ドイツの銀行の企業に対する影響力の強さは日米の比ではないとされる(伊丹(2000))。メインバンクが企業の監査役会の役員選任を単独で決定できるほど大きな影響力を行使する(吉森(1994))。こうしたメインバンクの強い影響力の背景には、銀行が寄託議決権を行使できるようになっていることがある。

　銀行はこの寄託された株式の議決権を株主に代わって行使することができる。メインバンクは、その企業の株式持分だけでなく、寄託した株式をもとに、一定の手続きによって、当該企業の株主総会において議決権を行使している(相沢(1993);大橋、深山、海道編(1999))。分散所有している株式を「メインバンク所有」にして、企業の経営に強い影響力を与えるのである。日本のメインバンクシステムとの大きな違いである。

　こうした日独の違いの背景には、ドイツの株式がほとんど無記名株であること、また、日本の銀行と違って、前述したように、ドイツの銀行がユニバーサル・バンクであることがある。

　まず、日本と異なり、ドイツでは、発行されている株式はほとんどが無記名株式である。原則、株券を無記名式にするのは大陸法諸国の伝統であり、英米法系の諸国とは異なる点である。譲渡を制限できる記名株式と違って、無記名株式は譲渡を制限できない。そこで、安全性などの面から、株主はこの無記名株を銀行の保護預かりに保管依頼する(山本(1991);深尾、森田(1997))。株主が株式の寄託先を銀行にするのが一般的になる(相沢(1993))。

　法律的に、寄託無記名株に基づく銀行の議決権行使が認められている。すなわち、ドイツの「株式法」第135条では、「金融機関は、書面で代理権が授与されている場合に限り、自己に所属しない無記名株式の

ための議決権を行使し、又は行使されることを許され」、「金融機関は、自らに属さないが、その保有者として株式登録簿に登録されている株式の議決権を行使することができ」ることが明記されている。株式の議決権を銀行が持てることが制度的に保障されているのである。

　ただし、株主総会において、代理権に基づく議決権を行使しようとする金融機関は、株主にその旨を告知しなければならない。すなわち、「代理権にもとづいて議決権を行使しようとする金融機関は」、株主に、自らの投票提案を示し、「株主に、議事日程の個々の議案について議決権行使に関する自らの提案を適時に入手可能としなければなら」ない。

　その上で、寄託株による議決権行使については、株主が銀行に一般的な指図を与えることができ、原則として、金融機関は議決権行使に関する寄託顧客（株主）の指示に従わなければならない。代理権を授与された金融機関は、株主が個々の議案について、明確な指図をした限りにおいてのみ、自己の株主総会において、代理権に基づく議決権を行使することができる。

　しかし、株主が金融機関に議決権の行使に関する指図をしなかった場合、金融機関は、自己の提案にしたがって、行使しなければならない。銀行は、最長15ヶ月にわたって自己の提案に従って議決権を行使することができる。実際に、株主が寄託株式についての議決権の代理行使を通常銀行に委任することが多く、顧客からメインバンクに特別な指図が行われることはほとんどない。民間株主の95％が議決権について特別な指示を出さないとされる（相沢（1993；Prowse(1994)；深尾、森田（1997））。株主総会に参加することのできない、あるいは参加するつもりのない個人株主は議決権を銀行に預かっているのである。さらに、ドイツの十数社の大企業においては、銀行など特定株主に複数の議決権を与える制度も実施されており、その分、銀行の議決権は多くなっている。

　したがって、ドイツのメインバンクは取引している大企業の株主総会でかなり高い割合の議決権を行使している。例えば、1974年に西ドイツで企業の議決権の平均56.7％を銀行が支配しており、そのうち49.5％が寄託議決権であった。売上高上位10社に限定してみれば、銀

行が 67％の議決権を占めていた。78 年のドイツ独占委員会の調査によれば、銀行は上位 100 社の議決権の 36％、上位 10 社のそれの約 50％を握っていた。同年の他調査でも、上位 100 社 (株式会社) で銀行の議決権が 4 分の 1 強で、上位 56 社では銀行の議決権が約 57％にも達している (O'sullvan(2000)；Charkham (1994)；Prowse(1994))。80 年代初頭に、発行済み株式総数の約 70％を寄託議決権によって銀行が支配していた (吉森 (1982))。86 年、ドイツ上位 100 社を対象にしたゴットシャルク (Gottschalk) の調査によれば、銀行が株式を所有されていた 32 社の株主総会で銀行が議決権の過半を占めており、そのうち 22 社では銀行が 75％以上の議決権を有していた (Edwards and Fischer(1994)；高橋編 (1995))。同じゴッドシャルクの調査は、大企業 33 社を対象に株主総会に出席して議決権を行使した株式のうち 80％超が銀行によって支配されていることを明らかにしている。

　ただ、一株主の議決権には上限を設定できることが法的に定められていた。すなわち、株式法により株式会社の定款に一株主が行使できる議決権の最高限度を保有株数に無関係に規定することができる。実際、1970 年代中頃から、多くのドイツの大企業がこの制限を採用しており、例えば、ドイツバンク、マンネスマン、BASF などでは、銀行の議決権限度を発行株式の 5 〜 10％に設定している (吉森 (1994)；深尾、森田 (1997))。

　しかし、総じて、ドイツでは、メインバンクが株主としてだけでなく、寄託議決権により株主の代理人として圧倒的多数の議決権を支配している (吉森 (1994)；Roe(1993))。その限りで、メインバンクは「所有を上回る支配の集中」を達成しているといえる (高橋編 (1995))。日本のメインバンクシステムとの大きな違いである。

(4) 高い 3 大銀行集中度

① 金融業における 3 大銀行の高い集中度

　戦後のドイツでは、1957 年以降、銀行業における集中運動が進み、この動きが 68 年から 74 年までにその頂点にあった。集中が進む中、銀行業の寡占度は高かった。特に、ドイツバンク、ドレスナーバンク、コメルツバンクの 3 大銀行の持つパワーは絶対であり、圧倒的に強い地位にある (Edwards and Fischer(1994)；高橋編 (1995))。この 3 行は多くの企業のメインバンクであり、それゆえ、3 行のメインバンクの企業に対する影響力、交渉力がとりわけ高い。戦後、銀行業の寡占度がそれほど高くなかった日本との違いである。

　前述したように、ドイツのほとんどの銀行はユニバーサル銀行であり、ユニバーサル銀行は民間商業銀行、協同組合銀行、公共貯蓄銀行の 3 種類に分けられる。いずれも数の上では中小銀行が圧倒的に多く、3,000 行以上が中小の地域銀行及び協同組合銀行である (Charkham(1994))。しかし、資金力、影響力は大手銀行に集中している。

　大手銀行は大きく 4 グループからなる。第 1 に、大手商業銀行とそのベルリン子会社であり、3 大銀行もここに含まれる。第 2 は、地方およびその他商業銀行であり、第 3 は個人経営銀行であり、この個人経営銀行は最古の歴史を持つグループである。最後の第 4 は外国銀行の支店である (山本 (1991))。

　4 つのグループ別の行数 (1990 年末基準) をみれば、第一の民間商業銀行は 338 行、第 2 の地方およびその他商業銀行が 191 行、第 3 の個人経営銀行が 81 行である。この個人経営銀行は 57 年には 245 行もあったが、76 年以降、この形態の新規設立が認められなくなり、90 年末に 81 行に減少した。第 4 の外国銀行の支店は、57 年に 15 行に過ぎなかったが、85 年 5 月の資本市場自由化と 90 年 10 月のドイツ統一に伴う外銀の対ドイツ進出で、90 年末に 60 行になった (山本 (1991))。

　1880 年代に、ドイツバンク、ドレスナーバンク、コメルツバンクが設立され、1900 年代にかけて、「ベンチャーキャピタル」のような投資

銀行の業務で、鉱業、機械、電気機械産業の有価証券に投資し、手数料を稼ぎながら成長した (O'sullvan(2000))。第一大戦後のワイマール共和政 (1919 ～ 33 年) 期に、金融コンツェルン (Konzern) が相次いで形成される中で、3 大銀行も金融コンツェルンの中核企業になった。コンツェルンとは、一つまたは複数の法的な独立企業が、それへ直接、間接に影響を及ぼしうる他企業によって統一的に運営される「親子型の企業グループ」である。メインバンクシステムも、この金融コンツェルンの形成の中に形付けられ、また、金融コンツェルンの親会社が銀行であったため、企業に対する 3 大銀行の発言力、パワーは強かった。第 2 次大戦後に、この 3 行は連合軍によって解体され約 30 の地方銀行に分割された。しかし、52 年及び 56 年と相次いだ緩和立法によって、56 年、3 大銀行が再び現在のような形に復活した (山本 (1991) ; 高橋編 (1995))。

　この 3 大銀行がドイツ金融業で占める地位は高い。1987 年末、ドイツの上位 5 銀行のシェアは 25.4％であり、3 大銀行のシェアは 17.3％であった。また、88 年末、ドイツの大手銀行 25 行の中で占める 3 大銀行のシェアは 30.4％に達していた (Edwards and Fischer(1994))。

② 監査役派遣数における 3 大銀行の高い比重

　企業への影響力においても 3 大銀行は圧倒的であった。まず、企業への監査役派遣数において 3 大銀行の比重が高かった。例えば、1978 年、銀行から大手企業に送り込まれた監査役 145 名のうち、ドイツバンクから 38 名、ドレスナーバンクから 23 名、コメルツバンクから 14 名、合わせて 94 名に達した (Edwards and Fischer(1994) ; Cable(1985))。86 年のゴットシャルクの調査によれば、調査対象 32 社のうち銀行の監査役会役職ポスト 256 のうち、現職ないし元銀行経営者が 69 ポストを占め、そのうち、3 大銀行の関係者が 50 ポストで、ほぼ 4 分の 3 を占めた。3 大銀行だけで銀行が占める監査役ポストの 57％を占めるという調査結果もある。3 行の中でも、ドイツバンクの存在感がとりわけ大きく、例えば、ドイツバンクは、62 年に、ドイツの上位 100 社のうち 24 社に、86 年に 33 社に監査役を送り込んでいる。ドイツバンクだけで、銀行が占める監査役ポスト

の 30.7%を占めるという調査もある (Edwards and Fischer(1994) ; Prentice and Holland(ed.)(1993) ; 吉森 (1994) ; 高橋編 (1995))。

　また、監査役会議長は 3 大銀行から派遣されるケースが最も多く、監査役会が大銀行と産業企業とを緊密に結び付ける結節環として機能している (高橋編 (1995))(Edwards and Fischer(1994))。ここにも、ドイツバンクの存在感が特別大きい。例えば、ドイツバンクからの人員が、1962 年に 22 社で監査役会議長を占め、また、銀行が上場大企業に送り込んだ監査役会議長の約半分がドイツバンクからの人員である (高橋編 (1995) ; 吉森 (1982) ; Edwards and Fischer(1994))。

③ 3 大銀行への寄託議決権の集中

　次に、前述したように、ドイツの銀行は寄託議決権を多く持っているが、特に、3 大銀行に寄託議決権が集中していた (テオドール・バウムス (1994))。1972 年までドイツバンク、ドレスナーバンク、コメルツバンクがドイツ大企業の議決権の 50%以上を、それ以後は若干比率を減じつつも 4 割を凌駕する議決権を有した (高橋編 (1995))。表 14-3 によればドイツ上位 33 社で、上位の 3 行が議決権の 45% 以上を掌握している。

表 14-3　ドイツ大企業の株主総会における 3 大銀行の議決権割合

(単位：%)

銀行名	大企業 33 社の平均値
ドイツ銀行	21.1
ドレスナー銀行	15.3
コメルツ銀行	9.1
3 大銀行	45.4
全銀行	82.7

出所：深尾・森田 (1997)、48 頁。

　表 14-4 からも、ドイツを代表する有力企業においてその議決権が

3大銀行に集中していることが分かる。例えば、1986年、シーメンスの議決権シェアをみれば、ドイツバンクが17.8％、ドレスナーバンクが10.7％、コメルツバンク4.1％で、この3行で3分の1弱の議決権を握る。また、自動車メーカーのダイムラー・ベンツをはじめ、バイエル、BASF、ヘキストの大手化学メーカーでも、3大銀行がそれぞれの株主総会で過半数の議決権を代表している（表14-4）。

表14-4　上位3銀行が有するドイツ大企業議決権の割合(1986年)

(単位：％)

	ドイツバンクの議決権シェア	ドレスナー銀行の議決権シェア	コメルツバンクの議決権シェア	上位3銀行の議決権シェア
シーメンス	17.64	10.74	4.14	32.52
ダイムラーベンツ	41.80	18.78	1.07	61.66
バイエル	30.82	16.91	6.77	54.50
BASF	28.07	17.43	6.18	51.68
ヘキスト (Hoechst)	14.97	16.92	31.60	63.48
VEBA	19.99	23.08	5.85	48.92

出所：Roe(1993)、p.1937。

④ 証券の発行・引受業務における3大銀行の高い比重

　前述したように、メインバンクは取引企業の証券発行において引受業務を行うが、ほとんどの有力企業の証券発行で、この3大銀行のいずれが主幹事銀行になっている。貸出残高で3大銀行が占めるシェアよりも、証券発行でこの3大銀行が占めるシェアがより高いともいわれる(Edwards and Fischer(1994))。証券の引受においても、3大銀行への集中度が高いのである。

　このように、ドイツでは、貸出、企業の議決権、証券引受で、上位銀行が圧倒的なシェアを占め、特定銀行が企業への高い影響力を持ち続けていることに、日本のメインバンクシステムとの違いを見出すことができる。

参考文献

相沢幸悦 (1989)『ユニヴァーサル・バンキング－金融自由化時代の銀行と
　　証券－』日本経済新聞社。

相沢幸悦 (1993)『現代ドイツ金融システム』東洋経済新報社。

伊丹敬之 (2000)『日本型コーポレートガバナンス：従業員主権企業の論理と
　　改革』日本経済新聞社。

大橋昭一、深山明、海道ノブチカ編 (1999)『日本とドイツの経営』税務経
　　理協会。

小佐野広 (2001)『コーポレートガバナンスの経済学』日本経済新聞社。

高橋俊夫編 (1995)『コーポレート・ガバナンス－日本とドイツの企業シス
　　テム』中央経済社。

テオドール・バウムス (1994)「ドイツにけるコーポレート・ガバナンス－
　　制度と最近の展開」『商務法事』No.1363。

深尾光洋、森田泰子 (1997)『企業ガバナンス構造の国際比較』日本経済新聞社。

マーク・J. ロー (1996)『アメリカの企業統治』東洋経済新報社 (Roe, Mark J.
　　(1994). Strong Managers, Weak Owners: The Political Roots of American
　　Corporate Finance, Princeton University Press)。

ミシェル・アルベール (2011)『資本主義対資本主義』竹内書店新社。

山本征二 (1989)『ドイツの金融・証券市場－実務への手引』東洋経済新報社。

吉森賢 (1994)「ドイツにおける会社統治制度－その現状と展望－」『横浜経
　　営研究』第 15 巻第 3 号。

吉森賢 (1982)『西ドイツ企業の発想と行動』ダイヤモンド社。

ロナルド・ドアー (2001)『日本型資本主義と市場主義の衝突』東洋経済新
　　報社 (Ronald Dore(2000). *Stock Market Capitalism: Welfare Capitalism,
　　Japan and Germany versus the Anglo-Saxons,* Oxford University Press)。

Bhide, Amar(1993). "The Hidden Costs of Stock Market Liquidity," *Journal of Financial Economics*, Vol.34.

Cable, John(1985). "Capital Market Information and Industrial Performance: The Role of West German Banks", *Economic Journal*, Vol.95 No.1.

Charkham, Jonathan P. (1994). *Keeping Good Company: A Study of Corporate Governance in Five Countries*. Clarendon Press.

Da Rin, Marco(1996). "Understanding the Development of the German Kreditbanken, 1850–1914: An Approach from the Economics of Information," *Financial History Review*, Volume 3 Issue 1.

Ziegler, Dieter(1997). "The Influence of Banking on the Rise and Expansion of Industrial Capitalism in Germany", in Alice teichova, Ginette Kurgan-van Hentenryk and Dieter Ziegler eds. *Banking, Trade and Industry: Europe, America and Asia from the Thirteenth to the Twentieth Century*, Cambridge University Press.

Edwards, Jeremy and Fischer, Klaus(1994). *Banks, Finance and Investment in Germany*, Cambridge University Press.

Fohlin, Caroline(1997). "Universal Banking Networks in Pre-war Germany: New Evidence from Company Financial Data," *Research in Economics*, Vol.51.

Mary O'sullvan(2000). *Contests for Corporate Control-Corporate Governance and Economic Performance in the United States and Germany*. Oxford University Press.

Prentice, D.D. and Holland, P. R. (ed.)(1993). *Contemporary Issues in Corporate Governance*. Oxford Law Colloquium.

Prowse, Stephen(1994). *Corporate Governance in an International Perspective: A Survey of Corporate Control Mechanisms among Large Firms in the United States, the United Kingdom, Japan and Germany*. Monetary and Economic Department, Bank for International Settlements.

Roe, M.J. (1993)"Some Differences in Corporate Governance in Germany, Japan and America," in Baums, T, Buxhaum, R.M and Hopt, K.J. eds.,*Institutional Investors and Corporate Governance*. Walter de Gruyter.

第 15 章

メインバンクシステムの
機能・限界・変化

1. メインバンクの機能

　戦後、日本のメインバンクシステムが市場性と組織性が絡み合う中で長く続いたとすれば、それは何等かのポジティブな機能を果たしたからであろう。長期の関係に基づいてメインバンクが企業への安定的な資金提供機能を果たしたのはいうまでもないが、それだけで、この仕組みが長く存在したとは考えられない。そこで、メインバンクシステムが、その他にどのような機能を果したのかについてみておこう。

(1) モニタリング (監視) 機能

　先行研究で、日本のメインバンクの機能として最も多く指摘されるのはモニタリング (監視) 機能である。戦後の日本では、企業への株式市場の圧力による経営者の規律付けは難しかった。この株式市場の代わりに、企業との長期関係に基づいて、高度成長期から 1980 年前後にかけて企業の経営状態に対する監視能力が十分に涵養されていたメインバンクが、優れたモニターとして経営者の規律付けで重要な役割を果たしたとされる (青木、パトリック (1996) ; Lichtenburg and Pushner(1994) ; 経営史学会編 (2004))。メインバンクが「インサイド・コントロールの弊害を抑えながら」、企業側の経営規律の緩みを予防するなど、経営に対するモニタリングを担った。戦前に銀行の企業統治における役割が小さかったことと対照的である (経営史学会編 (2015))。

　メインバンクによってモニタリング機能が果たせた背景には、メインバンクが貸出に伴うリスクを負っている以上、そのリスクを減少させる必要があったというモニタリングの経済的理由があった。また、エイジェンシー・コスト、モニタリング費用を節約する上で、メインバンクシステムは有効な構造であった (堀内・吉野編 (1992))。

　しかし、このように監視機能を中心に、メインバンクの企業統治面の貢献を肯定的に捉える見方に対して、1990 年代末には批判的な見解も

出ている (Weistein and Yafeh(1998)；日高・橘川 (1998)；大瀧 (2000)；堀内・花崎 (2000))。日本の銀行は、政府の強い圧力による日銀のオーバーローンによって支えられただけで、消極的で、かつ、監視機能が弱く、「メインバンク理論」が主張する監視能力がそもそも存在しなかったとする。高度成長期から、メインバンクがモニタリング機能を十分に発揮していなかったとみたのである。

　日本の銀行業において監視能力が涵養されなかった理由としては、「護送船団方式」と呼ばれる保護行政の影響が大きかったこと、また、銀行業では、外部からの規律付けのメカニズムとしての経営統治構造がうまく機能しなかったことが挙げられる。保護行政によって銀行の主たる関心は、発生する潜在的レントの吸収に集中し、伝統的な銀行業務に慣れ親しんだ銀行の経営者は自己および自分に関係する内部者の主として非金銭的な利得のために、非効率的に拡張主義的行動をとったとされる (大瀧 (2000)；堀内・花崎 (2000))。

　ただ、戦後日本のメインバンクの監視機能が誇張された面があるものの、メインバンクは事前・期中・事後のモニタリングを統合的に担った (宮島、河西 (2010)) ことを否定することはできない。そこで、メインバンクの監視機能を、事前、期中、事後にわけてみておこう。

① 事後監視機能

　メインバンクの監視機能のうち、まず挙げられるのは事後の監視機能である。具体的には、取引企業が経営難に陥った際に、メインバンクがその企業の救済に取り組むか、経営の立て直しのための圧力をかけ、介入を行ったことである。

　まず、救済については、メインバンクが一時的金融危機に陥った融資先企業に対して、金利減免、金利・元本返済の繰り延べ、運転資金の追加融資、債権放棄を行い、場合によっては、堅調な同業他社との合併の支援・斡旋も行った。また、経営危機に瀕した企業に対して、メインバンクは、支援策の重要な要素として、交渉を通じて、その企業の株式処分が含まれる場合も多い (シェアード (1995))。

　実際に、1958 年と 62 年の不況、65 年の証券不況、第 1 次石油危機
による 74 年と 75 年の不況時に、メインバンクが上記のような救済行動
をとったことで知られている。メインバンクがその企業への貸出シェア以
上の救済資金を負担するリスクシェアリング関係が生じた (寺西 (2003)；
沢井、谷本 (2016))。77 年、東京銀行と第一勧業銀行は、経営危機に陥っ
た総合商社兼松江商のメインバンクとして一連の救済策を実施したが、
その際、兼松江商が東京銀行株を 1,000 万株、第一勧業銀行株を 3,300
万株、両行の指導のもとで処分した (『日本経済新聞』1977 年 11 月 22
日；シェアード (1995))。このように、メインバクが企業の救済策をとる
背景には、融資先企業との長期的な関係維持によるメリットを意識した
こと、将来有為な企業ならば、危機に瀕しても、これを救済できると判
断したことがある (大瀧 (2000))。

　他方、メインバンクの事後監視機能を表すもう一つの行動は企業へ
の圧力、介入であった。融資先企業が財務危機に陥れば、役員を派遣す
るなど監視を強めた。例えば、1981 ～ 87 年の東証一部上場 338 社のうち、
メインバンク関係を持つ企業は、株価が低迷している時に銀行からの役
員派遣がある場合が多かった (Morck and Nakamura(1999))。企業の株価
のパフォーマンスが悪い時に、銀行からの取締役が任命されやすく、特
に、銀行からの取締役は決算欠損時に任命されやすくなった (Kaplan and
Minton(1994))。

　さらに、メインバンクが企業の経営者を交代させ、経営権を奪取し、
企業経営に関与し、その企業を再建すべく努力した。例えば、1950 年代
から 90 年代の 5 つの不況の時期に、業績が悪化すると経営者交代が起こ
る確率が高くなり、メインバンクとの結びつきが強いほど、この経営者交
代の業績への感応度が高くなった (宮島 (1998))。メインバンクと関係を
持っている企業ほど、企業収益のパフォーマンスが悪い時にトップ経営
者の更迭の程度が大きく、銀行からの取締役が任命される時には、経営
者の交代が生じやすかった (Kang and Shivdasani(1995)；小佐野 (2001)
Kaplan and Minton(1994))。メインバンクは業績の悪化した企業に対し
て、救済パッケージを提供しながら、事業再組織化のイニシアティブを

とった (宮島・河西 (2010))。場合によっては、メインバンクが該当企業の清算に乗り出し、倒産の調整費用を削減する役割を演じた (小佐野(2001)；堀内、吉野編 (1992))。

② 期中監視機能

次の監視機能は、メインバンクと企業間の普段の関係の中で果たされる期中監視機能である。

メインバンクは企業の決済口座、重役派遣を通じて、経営についての情報を継続的に入手可能になった。それによって、企業経営をモニターし(小佐野 (2001))、日常的な監視機能を果たすことができた。

メインバンクは有力株主でもあったため、このように、普段から借り手企業を監視する誘因が強かった。また、前述したように事後監視機能が期中の監視機能を強めた面もある。すなわち、企業の経営がうまくいかなかった場合には、経営権が銀行に移行することが当事者間で事前に了解され、見込まれているがゆえに、経営者は自らの経営権が銀行に移ることのないよう、普段から経営規律を維持することになった。

③ 事前監視機能

最後に、貸出の前にメインバンクによって果たされるモニタリング機能である。いわば事前監視機能である。

日本の高度成長期に企業の旺盛な資金需要に供給が追い付かず、資金不足が続いていた。つまり、「売手市場」であり、資金取引において、資金供給者の銀行が有利な立場にあった。そのため、取引における銀行のイニシアティブが強く、銀行からの借入をめぐる企業間競争の激化もその表れであった。メインバンクの仕組みでは、銀行間の競争ばかりでなく、借手間競争という市場性が働いたのである。こうした借手企業間の競争で、銀行は、貸出審査の前に、審査に必要な情報を企業から入手しやすく、その情報を蓄積することによって審査能力を高めた。加えて、メインバンク関係にある企業との継続的な取引を通じて情報を蓄積したことも、企業の投資プロジェクトへの的確な貸出審査能力を高めた。よって、

メインバンクは、借手のリスクの評価が困難であった環境の下でも、借手と貸手の間の非対称情報の問題を緩和することができた (経営史学会編 (2004))。メインバンクの事前監視機能が果たされたのである。

　こうした事後、期中、事前の監視機能が十全に果たされたとすれば、メインバンクを持っている企業のパフォーマンスがそうでない企業のそれに比べ優れたはずであるが、それについては疑問を提起する論者もいる。例えば、堀内・花崎 (2000) は、高度成長期の企業の効率性はメインバンク制ではなく、製品市場における競争によって維持されたとする。また、ワインスタインとヤッフェも、実証分析に基づき、メインバンク関係を持つ企業が、利益率も成長率も低かったと結論付けている (Weinstein and Yafeh(1998))。ただし、メインバンク関係を持つ企業は伝統的な大企業が多く、これらの企業の成長率が低い傾向があるのは当然であり、したがって、ワインスタインとヤッフェの主張には誇張された面がある (小佐野 (2001))。

(2) 将来の有望企業を育てる機能

　事前監視機能とも重なるが、メインバンクは将来の有望企業を育てる機能も果たした。まだ世間的には知られていない将来有望な企業を、審査によって選別、見出し、彼らが資本市場において一人立ちできるまでの期間に、モニタリング機能ばかりでなく、資金供給機能を担い、育成した (大瀧 (2000))。この機能は高度成長期だけでなく、最近にも果たされている。例えば、メインバンクは株式の初公開により証券市場への参入を図ろうとする比較的規模の小さい成長途上の企業に対して、とりわけ、有意義な存在であった。こうした中小企業への貸出は、これらの企業の対外信用力を高め、様々な取引の場で有利な作用をもたらした (宮本、阿部、宇田川、沢井、橘川 (2007))。

　メインバンクが将来の有望企業を育てる過程をみれば、そこにも、市場性と組織性が絡み合っていたことが発見できる。銀行が優良な新企業を見抜いてメインバンク関係を結ぶことによって (＝組織性)、新し

い産業の創出とそれらの産業への新規参入、活発な企業間競争を促進した (＝市場性) からである。

(3) 安定株主としての機能

　前述したように、メインバンクは借手企業の株式を長期間保有する場合が多く、企業の短期的な業績変化、株価変化によってメインバンクが借手企業の保有株を変化させることはなかった。「安定株主」といわれる所以である。こうした安定株主として企業経営についてのポジティブな機能も果たした。例えば、メインバンクが該当企業のかなりの数の株式を長期保有することによって企業買収の脅威が減らされるとともに、経営者は資本市場からの過度なプレッシャーから解放された。つまり、企業経営において外部勢力の介入や撹乱を排除することができた。よって、経営政策の自由度が高まり、長期的な視野での経営が可能になり、結果的に、長期的な企業成長を促した。その意味で、メインバンクシステムは、成長促進的なコーポレート・ガバナンスの構造 (日高、橘川 (1997))であり、その構造下、安定株主のポジティブな機能が果たされたということができる。

　メインバンクが安定株主であるからこそ、前述したモニタリング機能も強化された。安定株主としての機能とモニタリング機能が一部重なる面があったのである。

　まず、安定株主の事後モニタリング機能として、例えば、バブル期以前の実証研究で、経営不振に陥ったとき、メインバンクの株式保有割合が大きい場合には、当該企業の経営者の更迭やリストラが促進されるという結果が得られている (小佐野 (2001))。また、企業が債務不履行に陥る前の段階でもメインバンク関係とグループ企業による株式持ち合いは、事前のモニタリングの役割を果たしていた (Kang and Shivdasani(1995)；小佐野 (2001))。

2.　メインバンクシステムの限界と問題点

　　しかし、1980 年代、特に、バブル期以降メインバンクの情報生産機能が低下し、コーポレート・ガバナンスにおけるメインバクの役割が後退した (宮島、河西 (2010))。

　　第 11 章でみたように、大企業は 1980 年代を通して、資金調達における銀行への依存度を著しく低下させた。その過程で、殊に、バブル期にメインバンクなど「金融機関の審査能力」は劣化し、銀行は適切なモニタリングによって過剰投資を抑制せず、土地担保金融によりむしろそれを助長した。メインバンクシステムはその事前監視機能を低下させ、銀行の牽制力が弱くなり、場合によってネガティブな方向に機能転換したのである (武田編 (2021)；経営史学会編 (2004)；橘川 (2010))。

　　1990 年代以降の不況下で、メインバンクの監視機能はさらに低下した。90 年代の不況下、事業会社側から見れば債務の累積 (「過剰債務問題」)、銀行の側から見れば不良債権の累積の一因は銀行のモニタリング能力の欠如にあった (橘川 (2010))。監視能力が弱くなったために「負債による規律付け」が必要となり、「過剰債務問題」が発生した。その限りで、「過剰債務問題」は銀行に監視能力のないことで発生する社会的費用であった (大瀧 (2000))。

　　監視機能の中でも、「ムチ」の事後監視機能の弱化が著しく、「アメ」の事後監視機能のマイナス影響が表れた。まず、「アメ」の面についてみておこう。メインバンクは、自行の不良債権が確定し、過去の貸出の責任を問われることを避けて、問題となっている企業に追加融資を繰り返した。業績の悪化した顧客企業に、金利免税や追加融資を通じて救済をした。とりわけ、1990 年代から 2000 年代初頭までに、パフォーマンスの低い企業に対して貸出を増加する傾向が強かった (大瀧 (2000)；宮島編 (2017))。業種別には、新たな不良債権の顕在化を恐れて不良債権額が比較的多いといわれる業種に対する貸出額はむしろ増加した (佐々木 (2000))。具体的に、製造業、卸売・小売業への貸出額は減少傾向にあっ

た反面、不動産業、建設業、運輸通信業へのそれは増加傾向にあった。

　このように、銀行・メインバンク関係は、本来、淘汰・再編成されるべき企業を人為的に温存させるというネガティブな影響を及ぼした (宮島、河西 (2010))。銀行危機以降、メインバンク関係によって不良債権の処理の遅れが増幅された面があったのである。メインバンクによる追加融資が繰り返されただけに、その企業は自分が何をしても、銀行が最後には面倒をみてくれると読み込んだ。銀行の救済を予測して、借り手の行動は野放図となった (大瀧 (2000))。メインバンクによる監視は企業経営者にとってコストであり、倒産リスクが低下すれば、このコストを負担する理由がなくなった (宮島、河西 (2010))。メインバンクの監視機能が低下するとともに、金融機関の追加融資と顧客企業のモラル・ハザードの悪循環が発生したのである。

　「ムチ」の機能は弱化した。つまり、顧客企業の事業再組織化に際してのメインバンクの役割は大幅に縮小した (宮島編 (2017))。例えば、蟻川と宮島が 1996 ～ 2000 年の東証 1 部上場企業を対象にして行った分析によれば、メインバンク依存度が高い場合に雇用調整を遅らせる傾向があった。メインバンク関係のある場合の方がリストラの仕方に甘さが出て (小佐野 (2001))、必要な事業再組織化が先送りされたのである。三和銀行をメインバンクとするスーパー大手、ダイエーの再建の遅れはその典型的な例であった (Arikawa and Miyajima(2007) ; 宮島、河西 (2010))。

　2000 年代初頭、新設された産業再生機構が、伝統的なメインバンクの超過負担を伴う債権者調整方法を転換させ、企業再建に伴うメインバンクの負担を大幅に低下させた (宮島編 (2017))。にもかかわらず、企業再建は積極的に進められなかったのである。

　他方、銀行がますます融資を収縮させる貸し渋りが 1992 年、95 年、97 年に起こり、経営が健全な銀行であっても融資に対して消極的な姿勢をとるようになった (伊藤、佐々木 (1998) ; 星、パトリック編 (2001))。こうした貸し渋り問題は、株価下落や「自己資本比率規制」だけでなく、メインバンクの監視能力・審査能力の低下に負うところが大きかった。

　1998 ～ 2002 年に、銀行貸出の減少が続いたが、そのマイナスの影

響は主に、中小企業部門に限られた (宮島、河西 (2010))。貸出の固定化
が中小企業部門の信用枠縮小 (クレジットクランチ)を生み出した。不良
債権のつけが、不良債権とは無関係の企業への貸し出し抑制に向かって
しまった (佐々木 (2000)、大瀧 (2000))。長期不況でメインバンクが融
資を継続するか、追加融資を行う一方、非メインバンク銀行は貸し渋り
を起こし、また、融資を引き揚げたのである。

　その結果、現れたのが「メイン寄せ」であった (宮島、河西 (2010))。
つまり、企業の総借入に占めるメインバンクからの借入のシェアが上昇
した。とりわけ、1990 年代末から 2000 年代初頭にかけて、「メイン寄せ」
が著しかった。例えば、90 年代末から 02 年の間に融資集中度が、一部
の企業で急上昇し、メインバンクからの融資比率は、90 年代を通じて
19％程度で推移したが、99 年には 21.3％と 2％ポイント上昇し、2002
年にはさらに 23.7％まで上昇した。1998 年から 2000 年まで、債権放
棄の事例のほとんどすべてで、メインバンクの再建放棄負担比率が放棄
前の融資比率を大きく上回っており、メインバンクを中心とした少数の
主力行が非対称な負担を担った。これが「メイン寄せ」であり、こうし
た「メイン寄せ」により迅速な企業再建は敬遠された (宮島編 (2017))。

　ただ、2000 年 4 月から 01 年末にかけて、メガバンクへの統合でメガ
バンク 3 行体制になって以降、メインバンクからの融資の集中度は 21 〜
23％の水準で推移し、「メイン寄せ」がそれ以上は進展しなかった。企業
がメインバンクを含む主要行からの借入比率を全般的に平準化させ、メ
インかメインでないかにかかわらず、同じ程度の金額を調達するように
なったのである (宮島編 (2017))。

3. 1990 年代以降のメインバンクシステムの変化

　メインバンクの機能低下及び問題点が露呈される中で、1990 年代以降、メインバンクシステムに変化も現れた。その変化の内容は組織性の弱化、あるいは、市場性の強化に集約できる。それらについて見ていこう。

(1) メインバンクによる取引企業株式保有の減少

　銀行危機が顕在化した 1997 年から 2004 年まで、銀行と企業間の株式相互持ち合いの解消が進んだ。特に、メインバンクが顧客企業の株式の保有権を売却し、顧客企業の株式保有が減少した。表 15-1 でみるように、90 年度に、メインバンクの株式保有比率の平均値は 4.19％、中央値が 4.60％であったが、99 年度からは、メインバンクの株式保有比率が低下し始め、01 年度に半数の企業でメインバンクによる株式保有比率が低下し、06 年度には平均値が 2.47％、中央値が 2.5％まで低下した。さらに、08 年のリーマン・ショックによる株価急落の時も、メインバンクが保有する企業の株式が処分され (宮島編 (2017))、13 年度には平均値 2.28%、中央値 2.25% になった (表 15-1)。

表 15-1　　メインバンクの株式保有比率の推移　　　(単位：社、％)

年度	企業数	平均値	中央値	標準偏差
1990	383	4.19	4.60	1.31
1996	404	4.07	4.60	1.37
1999	402	3.88	4.50	1.43
2001	400	3.42	4.20	1.78
2006	393	2.47	2.50	1.89
2009	366	2.40	2.50	1.90
2013	346	2.28	2.25	1.84
全体	9,200	3.28	3.90	1.83

出所：宮島編 (2017)、77 頁。

　過去に、顧客企業が経営危機に陥った際に、事後監視の手段として、メインバンクは保有していた顧客企業の株式を売却することが珍しくはなかった。しかし、1990 年代末以降、より多くの企業の株式を、メインバンクが大幅に処分したのである。こうした株式所有の解体を通じて、企業に対する銀行の影響は弱まり、BBB 格以上の格付け取得可能な企業は、株式保有面から銀行からの自立度を高めた (宮島 (2021))。

　銀行による株式売却の理由として、まず、バブル崩壊後、銀行の不良債権が膨らみ、財務悪化が深刻になり、それへの対応が必要だったことが挙げられる。つまり、不良債権処理に備える原資確保の必要と、財務面での健全性維持がメインバンクの保有株式売却の最も重要な理由であった (宮島 (2021))。また、株価暴落の時期、改めて銀行が株式保有のリスクを意識したことも影響した。

　制度的要因も、銀行の株式売却を後押しした。例えば、1999 年の時価会計の導入に伴い、2001 年 9 月より、会計上、「政策保有」株にも時価会計が義務付けられ、これがメインバンクによる事業法人株式の売却を促した (宮島 (2021))。00 年代初頭のメガバンクの統合によって新設されたメガバンクは、独禁法の規定で、統合後 1 年以内にその保有株の圧縮が求められたこともメガバンクの政策保有株の売却の理由であった (宮島 (2021))。

　政府政策も影響した。金融当局は、問題を抱える銀行の株式保有を抑制する一連の措置をとり、銀行にとって顧客企業の株式保有のコストを上昇させ、その結果、保有株式の処理につながった (宮島編 (2017)；宮島 (2021))。例えば、「銀行等株式保有制限法」が、2001 年 9 月制定され、02 年 1 月に施行されたが、同法は、04 年 9 月までに、銀行の株式保有を TIER1 自己資本 (＝中核的自己資本。「自社株のうち普通株＋内部留保」に近い) の枠内まで圧縮することを求める、新たな BIS(国際決済銀行) 規制 (自己資本比率規制の国際統一基準) を入れたものである。

　BIS 規制は、1988 年に BIS 内に設立されたバーゼル銀行委員会で合意され、93 年 3 月決算期より本格的に導入されたものである。この規制で、国際業務を含む銀行はリスク調整済み資産に対する自己資本比率

を 8％以上に保たなければならなくなった (佐々木 (2000)；星、パトリック編 (2001))。さらに、2013 年には、金融機関への自己資本規制の厳格化を求める政策 (「バーゼルⅢ」) への移行が決定し、それが銀行の株式保有制限の圧力をさらに強めた。特に、メガバンクは保有株の一層の圧縮に取り組んだ (宮島編 (2017))。

　ただし、メインバンクによる株式売却はすべての取引企業に一律に行われたわけではない。前掲の表 15-1 でメインバンクの株式保有比率の標準偏差が 1990 年代後半から 2000 年代にかけて急上昇しているが、これは、メインバンクが株式を売却する企業と保有を維持する企業と二分化したことをうかがわせる。銀行は、企業規模が大きく、流動性が高く、収益性の高い優良企業の株式を優先的に売却した。逆に、規模が小さく、流動性が低く、収益性の低い企業、あるは銀行依存度が高く、自行がメインバンクとなっている企業の売却は回避した。2006 年、07 年には、一部の顧客企業に対しては銀行による株式保有がむしろ漸増した (宮島 (2021))。

(2) メインバンクから企業への役員派遣減少

　メインバンクによる企業の株式保有が減っただけでなく、銀行からの役員派遣も減る傾向にあった。例えば、メインバンクからきた役員がいないと答えた企業は 1980 年の 42.6％から 2008 年に 63.6％へと上昇し、逆に、銀行から役員派遣を受け入れた企業の割合は 90 年の 44％から 13 年には 24％まで低下した。大企業へのアンケート調査によれば、メインバンクから企業に派遣された平均役員数は、90 年代初、0.81 名だったが、00 年代後半には 0.48 名へ減少した (宮島編 (2017))。

表 15-2　銀行の役員派遣　　　　　　　　　　　　（単位：社、人、％）

年度	企業数	銀行からの 役員派遣数	（構成比）	1人→0人	平均
1990 〜 1997	405.14	100.43	0.25	16.71	-0.71
1998 〜 2005	417.25	90.13	0.22	14.13	1.00
2006 〜 2013	394.50	54.75	0.14	12.88	-3.00
全体	405.65	80.96	0.20	14.48	-1.22

出所：宮島編 (2017)、81 頁。

　　1990 〜 2013 年を 7 年刻みで三つの時期に分けてみれば、90 〜 97 年の 7 年間にかけて平均で約 1.7 人減少し、派遣役員が 1 名からいなくなった企業が 16.7％に達している。1998 〜 2005 年には、一時的に銀行からの役員派遣が増加したものの、06 年以降再び新規派遣の件数が大幅に減少している (表 15-2)。実は、この傾向は 03 年頃から始まっていた。その背景には、00 年代以降、取締役会の改革が進み、東証の上場規定で、取引銀行出身の役員は、借入などの取引が僅少である場合を除き、独立取締役とは認められず、取引銀行の役員は独立性が欠くものとして、派遣の制約が強まったことがある。その上、06 年以降は、派遣役員の退任も進み、09 〜 11 年、役員派遣が純増した企業数は、90 〜 97 年の 2 分の 1 程度に止まり、役員派遣の減少が増加を件数で上回っている (宮島編 (2017))。

　　その結果、メインバンクの事後監視機能が弱化した。2006 年以降、企業の業績悪化と銀行からの役員派遣との相関がなくなり、銀行が株式保有を維持する企業に限定しても役員派遣の業績悪化に対する感応が確認できない (宮島編 (2017))。銀行が株式を保有するケースでも、業績が悪化した場合に、新規、あるいは追加的に役員を派遣するなど関与を強めるケースが少なくなった。役員派遣を中心としたメインバンクの企業への影響力は後退したのである (蟻川、宮島 (2017)；宮島 (2021))。

(3) メインバンクによる社債引受の減少

　第 13 章で明らかにしたように、高度成長期まで取引企業が社債を発行する際に、「社債受託制度」によってメインバンクが主幹事銀行として引受業務を担い、銀行が発行社債を消化した。しかし、こうしたメインバンクの活動が 90 年代以降は少なくなった。

　まず、普通社債の消化構造に変化があった。高度成長期まで普通社債は銀行が中心に購入していたが、1970 年代に入って社債の個人消化の比率が高まり、さらに、80 年代以降は、機関投資家の社債購入ウェイトが増加した結果、機関投資家中心の消化構造に移行した (松尾 (1999)；榊原他 (2011))。したがって、80 年代にはメインバンクが社債を一括買取り処理する必然性がなくなり、銀行がシンジケートを組んでメインバンクが社債引受業務を行う協調融資的な性格も失われた。実質的に受託銀行が買い取る必然性もなくなっていった (松尾 (1999))。90 年代に入り、企業倒産増加によってデフォルト・リスクが高まると同時に、デフォルト社債に対しても銀行による一括買取り処理がなされなくなった (松尾 (1999))。起債の量的調整の必要性が低下したのであり、メインバンクによる社債引受のサービスが少なくなった。

　1993 年の「社債受託制度改革」がこうした変化を加速させた。第 11 章でみたように、80 年代から社債発行市場の規制が緩和され、海外社債発行の拡大によって国内社債市場が空洞化した。銀行は既存の「社債受託制度」改革と引き換えに証券業務、なかでも引受業務への参入を要求した。その結果、93 年 6 月、改正商法が公布され、従来の社債受託制度の改革が実現した。この改革で、従来の「社債受託会社」は「社債管理会社」に名称が改められ、また、社債管理会社はその役割を発行後の社債管理業務に限定されるなど社債管理会社の業務、機能も明確化された。銀行が個別発行会社の社債発行に関与する余地は、法律上取り払われた (松尾 (1999))。実際に、アサヒビール、古川電気、アドバンテスト、ジャスコなど通常メインバンク関係が強いとされる企業も単年度では銀行系証券子会社を主幹事とした起債を行っていなかった (松尾 (1999))。

　さらに、不況の中、無担保の社債発行が主流になったとはいえ、担保付きであっても担保価値の低下のため、回収可能性が低い場合が多くなった上、社債の発行総額も大きくなった。そのため、買取りを行った銀行側の損失は大きく、従来の買取り処理を負担するだけの体力がない銀行が多かった (松尾 (1999))。銀行の体力弱化も、従来のようなメインバンクによる社債引受の減少の要因になった。

　他方、社債募集受託関連の手数料 (社債発行当初の費用としての受託手数料、期中費用としての利金支払手数料、償還時の元金償還手数料等) が 1980 年代後半より引き下げされ、91 年にも一層引き下げられた。バブル崩壊以降エクイティ・ファイナンスの機会を失い、国内普通社債市場に資金調達手段を求めはじめた発行企業が、手数料引き下げ圧力を強め、受託銀行側がそれに対応したのである (松尾 (1999))。

　1993 年以降は、募集受託関連手数料でさらなる引き下げが生じた (松尾 (1999)。その結果、社債発行企業にとって発行コストあるいは起債コストが低減され (松尾 (1999) ; 榊原他 (2011))、これも社債管理会社不設置債の増加を後押しした。

　改革によってもメインバンクが社債管理会社となることが排除されたわけではないものの、明らかにメインバンクの社債引受業務を減らす方向に向かったのである。

　ただし、社債受託制度の改革にもかかわらず、社債発行企業とメインバンクの関係を事実上維持させた面もある。つまり、社債発行時、事務代行業務を証券会社が行うことも可能となり、銀行系証券子会社の社債受託事業への参入が相次いだ。1994 年度以降の 4 年半間、年平均 46 社、合計 207 社が新たに普通社債を発行し、新規銘柄の発行が多かったが、そのうち、銀行系証券子会社の引受によるものが多かった。例えば、97 年の新規銘柄 46 のうち、銀行系証券子会社を主幹事とする銘柄は 30 に達していた。銀行系証券子会社の主幹事獲得は親銀行のメインバンク関係を背景に行われていた。それゆえ、社債発行にもメインバンク関係が影響力を及ぼし、メインバンク関係に依存していた (松尾 (1999))。

(4) メインバンク変更企業の増加

　1990 年代後半の銀行危機後に、メインバンクを変更する企業の割合が徐々に上昇している。例えば、銀行からの借入に依存している企業に限定してみると、メインバンクからの借入が銀行からの借入中 1 位のケースは、90 年度の約 86％から 2013 年度の約 80％へとやや低下した (宮島編 (2017))。長くメインバンク関係を維持してきた古い企業では、メインバンクからの借入が銀行中 1 位を占めるケースのシェアはほとんど変化ないものの、比較的新しい企業ほど、メインバンクからの借入が銀行中 1 位である比率は低くなっている。例えば、91 〜 06 年に東証第 1 部に新規上場した企業の場合に、メインバンクからの借入が銀行中 1 位を占めるケースが、13 年度には 68％程度に止まる (宮島編 (2017))。90 年代以降、大企業に仲間入りした企業でメインバンクの変更の例がかなりみられたのである。

　このように、日本のメインバンクシステムの限界、問題点が露呈され、1990 年代の長期不況以降、同システムにも少なくない変化がみられた。しかし、同システムが崩れて解体されているとはいえない。組織性と市場性の絡み合いの様態が変化しながらも、メインバンクシステムは存続しているのである。

参考文献

青木昌彦、ヒューパトリック編 (1996)『日本のメインバンクシステム』東洋経済新報社。

蟻川靖浩、宮島英昭 (2017)「日本企業の低パフォーマンスの要因ー国際比較による検証」『企業統治と成長戦略』東洋経済新報社。

大瀧雅之 (2000)「銀行に監視能力は存在したか？ー過剰債務問題の視点からー」宇沢弘文・花崎正晴編『金融システムの経済学ー社会的共通資本の視点から』東京大学出版会。

小佐野広 (2001)『コーポレートガバナンスの経済学ー金融契約理論からみた企業論』日本経済新聞出版社。

経営史学会編 (2004)『有斐閣ブックス　日本経営史の基礎知識』有斐閣。

榊原茂樹、菊池誠一、新井富雄、太田浩司 (2011)『現代の財務管理 (新版)』有斐閣。

佐々木百合 (2000)「自己資本比率規制と不良債権の銀行貸出への影響」宇沢弘文・花崎正晴編『金融システムの経済学ー社会的共通資本の視点から』東京大学出版会。

沢井実、谷本雅之 (2016)『日本経済史』有斐閣。

武田晴一編 (2021)『高成長期日本の産業発展』東京大学出版会。

寺西重郎 (2003)『日本の経済システム』岩波書店。

日高千景・橘川武郎 (1998)「戦後日本のメインバンク・システムとコーポレート・ガバナンス」『社会科学研究』(東京大学社会科学研究所) 第 49 巻第 6 号。

星岳雄、ヒュー・パトリック編 (2001)『日本金融システムの危機と変貌』日本経済新聞社。

堀内昭義、吉野直行編 (1992)『現代日本の金融分析』東京大学出版会。

堀内昭義、花崎正晴 (2000)「日本の金融危機から何を学ぶか－金融システムと企業経営統治」宇沢弘文・花崎正晴編『金融システムの経済学－社会的共通資本の視点から』東京大学出版会。

松尾順介 (1999)『日本の社債市場』東洋経済新報社。

宮島英昭 (1998)「戦後日本企業における状態依存的ガヴァナンスの進化と変容－ Logit モデルによる経営者交代分析からのアプローチ」『経済研究』(一橋大学経済研究所) 第 49 巻第 2 号。

宮島英昭、河西卓弥 (2010)「金融システムと企業統治－日本型企業システムの多元的進化」橘川武郎・久保文克編『グローバル化と日本型企業システムの変容－ 1985 ～ 2008 －』ミネルヴァ書房。

宮島英昭編 (2017)『企業統治と成長戦略』東洋経済新報社。

宮本又郎、阿部武司、宇田川勝、沢井実、橘川武郎 (2007)『日本経営史〔新版〕』有斐閣。

Arikawa, Y. and Miyajima, H.(2007). "Relationship Banking in Post-bubble Japan: Coexistence of Soft-and Hard-budget Constraints" In *Corporate Governance in Japan: Institutional Change and Organizational Diversity*, Oxford University Press.

Kang, J.K. and A.Shivdasani(1995). "Firm Performance. Corporate, Governance, and Top Executive Turnover in Japan," *Journal of Financial Economics,* Vol.38.

Kaplan, S.N. and B.A.Minton(1994). "Appointments of Outsiders to Japanese Boards Determinants and Implications for Managers,"*Journal of Financial Economics*, Vol.36.

Lichtenburg, Frank and Pushner, George M.(1994)."Ownership Structure and Corporate Performance in Japan,"*Japan and the World Economy*, Vol.6, Issue3.

Morck, R. and M.Nakamura(1999)."Banks and Corporate Control in Japan," *Journal of Finance,*Vol.54.

Weinstein, D.E. and Y.Yafeh(1998)."On the Costs of a Bank-centered Financial System:Evidence from the Changing Main Bank Relations in Japan,"*Journal of Finance,*Vol.53.

第 16 章

自動車産業における
企業間取引

　部品の区分方法によって異なるが、自動車は約3万点の部品を使用するといわれる。このように、幅広い部品を製造する企業と自動車企業の間に取引が行われ、また、お互いに影響し合っている。したがって、一国の自動車部品の企業間取引を分析することは、その国の中間財の企業間関係を見る上で大きな意義があるといえる。

　そこで、本章では、市場性と組織性の絡み合いという本書全体の分析視点を堅持しつつ、戦後日本における自動車部品取引を分析する。

　まず、自動車企業が部品を外注するか、内製するかを基準に見ると、日本企業はアメリカ企業と対照的である。クライスラー社を除いて、米大手自動車企業は部品の大半を内製しているのに対して、日本の自動車企業は部品の約7割を外部の部品企業から購入している。例えば、日本で、自動車原価に占める部品購入費の割合は60〜75％であり、部品点数では95％を外注によっている（クスマノ、武石(1998)；港(1984)；伊丹(1988))。

　ただし、日本の場合も、歴史的に見れば、自動車産業の初期から部品の外注依存率が高かったわけではない。戦前期、日本の自動車メーカーは部品の内製を試みた。1937年にトヨタ自動車が独立し、39年に生産拡大政策を打ち出した際、その一環として部品内製化を図った（藤本(1997))。外部の部品メーカーが見つかりにくかったためである。

　しかし、戦後、トヨタは購買政策を転換し、部品外注化を指向した（藤本(1997))。自動車メーカーが部品を内製から外注に転換した重要なきっかけは、終戦後のGHQの指令であり、戦前・戦時期に存在した航空機生産が禁止されたことであった。

　1950年代前半に上昇しはじめた部品外注率は、50年代後半にも上昇し続けた。例えば、トヨタの総生産コストのうち外注部品の比率（＝部品外注率＝外注依存率）は55年下期の57％から61年下期には71％へと上昇した。日産も57年下期から61年上期の間に同比率が50％から64％に上昇した(Daito(2000))。その後も、日本の自動車企業は高い部品外注率を維持した。その結果、自動車企業と部品企業間の企業間関係が重要であった。

　先行研究では、この企業間関係の特徴について、主に、組織性を示す現象に集中する。しかし、組織性だけでなく、市場性も存在し、さらに、両者は絡み合っていた。そこで、組織性、組織性と市場性の絡み合いに焦点を合わせて、日本の自動車部品取引の特徴とその歴史的形成の過程・理由をみておこう。まず、組織性から議論を始めよう。

1. 組織性

(1) 長期相対取引

　日本の自動車部品取引では長期相対取引が多い。まず、取引の長期性については、日本における取引関係で、取引停止という極端な形のペナルティーが短期的に取られることはほとんどなく、継続的取引が大原則である。モデルチェンジがあっても引き続き同じ部品メーカーから購入する傾向がある。入札に基づいて選ばれるのではなく、過去の関係や確固たる業績記録に基づいて納入業者が選ばれる (ウォマック、ルース、ジョーンズ (1990))。いったんある特定図面に基づいて受注すれば、このモデルの生産期間中は独占的な供給源として取引を続けることが多い。

　取引契約の有効期間は通常 1 年であるが、いずれか一方が反対を申し立てなければ、契約は自動的に更新される。改善の徴候が見られない場合にのみ、最終的に解約となる (浅沼 (1997)；ウォマック、ルース、ジョーンズ (1990))。

　取引関係が長期的であるだけでなく、取引相手が少数に絞られた。相対取引関係であったのである。すなわち、日本の自動車メーカーは、特定の部品カテゴリーでは比較的少数のメーカーと取引しており、一つの車種について 1 ないしごく少数の部品企業に発注する。歴史的にみれば、こうした発注先の集中化は 1960 年代に大幅に進んだといわれる (菊池 (1976)；清晌、大森、中島 (1975))。

(2) 自動車メーカーと部品企業の企業間協力及び共同作業

　取引関係が長期にわたって続き、しかも相対取引で顔が見える関係であったため、日本の自動車企業と部品企業間には様々協力あるいは共同作業が行われ、情報交換も頻繁かつ密接に行われた。とりわけ、共同作業が集中的に行われるのは開発段階であり、自動車メーカーは、新車開発の初期段階から部品企業を参画させ、共同開発を実行する場合が多かった。

　まず、新車開発プロジェクトで部品メーカーの関与が早く、かつ、深かった。部品企業を早い段階から、部品企業との間で情報交流のチャンネルを確保し、早期の共同問題解決を図った。藤本、クラークの調査によれば、日本の開発プロジェクトでは、アメリカより新規設計部品開発のための作業量を多く必要とし、アメリカに比べて、平均的なプロジェクトにおいて部品メーカーのこなす開発・設計作業量は 4 倍多かったとされる (藤本 (1997)；クスマノ、武石 (1998)；藤本、クラーク (1993))。

　部品企業は、企画直後から製造開始の 2、3 年後まで、自動車メーカーの開発チームに社員技術者を常駐させ、部品メーカーの営業員と設計技術者が連携を取りながら自動車メーカーの設計・購買担当者と頻繁に接触した。また生産開始後も両企業の生産・開発担当者が頻繁に往来した (藤本 (1997)；ウォマック、ルース、ジョーンズ (1990))。部品企業など系列企業の技術者を親会社の自動車メーカーに常駐させる慣行は、レジデント・エンジニア制度 (ゲスト・エンジニア制度ともいう) として定着されるが、この慣行が現れたのはトヨタの場合、かなり早く 50 年代末であった。すなわち、1958 年に、豊田工機のエンジニアがトヨタに常駐する形で「レジデント・エンジニア」制度が始まり、顧客であるトヨタから自社への詳細なフィードバックを行う役目を負い、そうすることで顧客のニーズを先取りし、自社において製品改良を厳密に進めていくことが可能になった (西口 (2000)；河野 (2009))。その後には、類似な制度が日本の自動車産業全体に広がったとされる。

　このように、部品開発の一部に部品メーカーが参加する方式は、日

本の自動車企業の新製品開発期間を短縮させるとともに、長期にわたる
部品メーカーの設計能力蓄積を可能にし (浅沼 (1997))、日本自動車産業
の競争力を支える重要な要因であった。

　共同開発に限らず、部品の納入及び納入後にも自動車メーカーと部品
企業間の緊密な協力が行われた。両者間の協力関係を伴うジャストイン
タイムの部品調達方式が導入され、高い経済効率性を発揮した。例えば、
日本の場合、1982 年に、自動車部品企業の 58％が毎日納品を行い、一
日に 2 度以上という業者も 31％いた (ウォマック、ルース、ジョーンズ
(1990))。

　部品納入後にも問題が発生した場合、その対応に協力が頻繁に現れた。
例えば、万一欠陥部品が発見された場合、部品企業と自動車メーカーはあ
らゆる欠陥部品の検査を行って根本原因を突き止め、エラーの再発を防ぐ
解決策を導き出した。部品業者は、多くの場合、工場内にトラブルを処理
するための常駐技師を配置しており、その技師が欠陥を解決できない場合
には、自動車メーカー側の技術者にもきてもらった (ウォマック、ルース、
ジョーンズ (1990))。

(3) 資本関係と人的交流

　自動車メーカーは部品企業との間にしばしば資本関係を結ぶことも
あった。自動車メーカーが部品企業に資本出資したり、部品企業が資金
調達を自動車メーカーに頼ったりすることが珍しくなかった (ウォマッ
ク、ルース、ジョーンズ (1990))。

　自動車メーカーと部品メーカー間には人材交流も多く行われた。例
えば、作業量が増えたときの人材派遣として、前述したように、各部品メー
カーが自動車メーカーの製品開発に密接に携わっただけでなく、トヨタ
社員を受け入れたりすることもある。親企業と労働組合に関して連携関
係を持っているケースもある。さらに、自動車メーカーでトップにつけ
ない幹部を部品メーカーの役員につけることもある。例えば、1985 ～
86 年頃、トヨタはアイシン精機に取引役を、日本電装に会長、社長、専

務2名、常務4名、取締役2名をそれぞれ派遣していた。また、豊田合成には社長、専務、常務2名を、愛三工業に社長、常務2名、取締役を派遣していた。日産は、厚木自動車部品に会長、社長、常務4名、取締役4名を派遣し、日本ラヂェーターに会長、社長、常務3名、取締役を派遣していた。また、橋本フォーミング工業に常務、取締役3名を派遣した (ウォマック、ルース、ジョーンズ (1990) ; 伊丹 (1988) ; アイアールシー (1985)、同 (1986))。

(4) 多いブラック・ボックス部品メーカーと部品企業の高い技術力

日本の自動車メーカーが部品メーカーを製品開発面で深く関与させているのは、自動車メーカーと良好な関係にあっただけでなく、日本の部品メーカーが高いエンジニアリング能力を持っているためでもあった (藤本、クラーク (1993))。こうした部品企業の高い能力を基に、高い設計力、開発力が求められる承認図部品を開発、製造する企業がアメリカより圧倒的に多い。

浅沼によれば、自動車部品は貸与図部品、承認図部品、市販部品の三つのカテゴリーに分けられる。前者の二つの部品カテゴリーは特定需要者向けのカスタム部品であり、最後のカテゴリーの市販部品は不特定多数需要者向けの標準部品である。カスタム部品のうち、承認図部品は部品の開発作業を自動車メーカーと部品メーカーが分担する部品であり、貸与図部品は、発注側が設計及び開発を行って、部品メーカーはもらった設計図どおりに設計を行うものである。

藤本、クラークの部品分類では、自動車メーカーが部品の詳細設計についてどれだけノウハウを有するかによって、「ブラック・ボックス部品」と「グレイ・ボックス部品」に区別でき、前者は自動車メーカーの示す仕様や基本設計に基づいて部品メーカーが詳細設計や試作・実験を行う部品であり、後者は貸与図部品である。前者の「ブラック・ボックス部品」はまた承認図方式と委託図方式の二つに分けられる。委託図方式は、発注側が要求してきた仕様に、部品メーカーが設計、製造を行い、

それゆえ、最終図面の権利や、部品メーカーが設計中編み出した特許権などは発注側の自動車メーカーが持つ。それに対して、承認図部品では図面の権利、特許権は部品メーカーが持つ。

　日本では、こうしたブラック・ボックス部品メーカーが多い。藤本による 1993 年秋の調査によれば、調査回答部品企業の約 4 分の 3 が主な取引タイプがブラック・ボックス部品方式であった (藤本 (1997) ; クスマノ、武石 (1998))。クスマノ、武石 (1998) によれば、日本では、ブラック・ボックス部品が 62% を占め、開発工数の約 50% を部品メーカーが担っている。また、後述するように、日本の自動車部品取引はピラミッド型の多層構造になっているが、このブラック・ボックス部品は多層構造の上層である 1 次サプライヤーに集中している。

(5) 少ない 1 次サプライヤーと協力会

　承認図部品企業は 1 次部品メーカー、つまり 1 次サプライヤーに集中しているが、この 1 次サプライヤー数はそう多くはない。前述したように、日本の自動車部品の取引に相対取引が多いということの裏返しでもある。例えば、日本の大手自動車企業がプロジェクトごとに取引している部品メーカー数は 300 にも満たない。逆に、アメリカは自動車企業と直接取引する部品企業数が日本企業よりはるかに多く、1980 年代初頭の大手米自動車メーカーが取引する部品メーカーの数は、日本の大手自動車メーカーのそれの 3 ～ 8 倍に達していた (ウォマック、ルース、ジョーンズ (1990) ; 浅沼 (1997))。

　日本と対照的に、米 GM 社の下には何万社もの「直接取引」下請企業が存在する。例えば、1987 年、同社の素材・部品サプライヤー 1 万 2,000 社およびサービス・非製品サプライヤー 2 万 5,000 社、合せて計 3 万 7,000 社と「直接取引」していた。同社が取引を持つ部品業者数が 1 万 3,500 社という推計もある。浅沼の調査によれば、86 年に、約 5,500 社の部品企業が GM の生産目的用資材金額の 80% を供給しており、もし、型・冶工具、プラント建設サービス、基礎的原材料、非生産目的用資材のサプ

ライヤー、限界サプライヤーを含めるならば、GM に対するサプライヤー
の数は 35,000 社に達する。フォードの場合も、同じ年に、北米におけ
る車両生産のために、2,500 社の「生産」サプライヤー、部品サプライ
ヤーと取引している。同じ年に、クライスラーはおよそ 2,000 社の「生産」
サプライヤーと取引しており、もし「非生産」サプライヤーを入れれば、
サプライヤーの数は 15,000 社に達した (西口 (2000) ; 伊丹 (1988) ; 浅
沼 (1997))。

　また、少ない 1 次サプライヤーからなる集まりが形成されている。
例えば、トヨタ 1 次サプライヤーの協力会である協豊会のメンバー数は
1950 年代後半に約 170 社から、80 年代後半に約 270 社にまで増加して
いた。こうした協力会の目的は、より優れた部品生産方法に関する新た
な情報を分け合うことであったが、60 年代半ばまでに、協力会の活動は
トヨタの年度経営方針と連動するようになり、協力会というメカニズム
を利用して、カンバン・システムの一部サプライヤーへの導入が行われ、
トヨタによる技術指導も強化された (藤本 (1997): 伊丹 (1988) ; ウォマッ
ク、ルース、ジョーンズ (1990) ; 西口 (2000))。そこにも企業間協力とい
う組織性の作用が表れていたのである。

(6) 垂直的ピラミッド構造

　前述したように、1 次サプライヤー数が少ないが、それとコインの
両面として、2 次以下のサプライヤー数が多く、なおかつ、ピラミッド
型の多層構造になっている。すなわち、第 1 次部品業者は、通常、第 2
次部品業者のチームを抱えており、また、これらの企業も、部品供給ピ
ラミッドの第 3 次あるいは第 4 次の部品業者を抱えている。このように、
ピラミッド型の取引構造が形成され、そこでは、自動車メーカーが多く
の資本関係のある系列サプライヤーから調達し、それらのサプライヤー
はさらに自分のサプライヤーから調達する形で、全体としてまとまりの
あるグループを築いている (クスマノ、武石彰 (1998))。

　歴史的に見れば、こうした多層ピラミッド取引構造が定着したのは

1960 年代であった (藤本 (1994))。高度成長期に自動車産業では、発注
側の生産量が増え、発注量が増大していたにもかかわらず、外注先を簡
単に増やさず、むしろ、外注先を限定し、選別した上で、この限定され
た外注先に対して発注量を増大させることが多かった。そのため、1 次
外注先、つまり、1 次サプライヤーの規模は拡大するとともに、その下
の 2 次、3 次下請け企業が増え、階層的な分業拡大が進んでいった。『ト
ヨタマネジメント』誌に掲載された 60 年代末の調査結果によれば、トヨ
タに部品を納入している 1 次サプライヤー 62 社が発注した 2 次、3 次層
はそれぞれ 996 社、3,974 社になっていた (和田 (1991) ; 植田 (2004) ;
植田 (2010))。

　対照的に、アメリカでは、こうした多層的なピラミッド部品取引構
造が発達していない (クスマノ、武石彰 (1998))。日本に比べて 1 次サプ
ライヤー数が多いこととコインの両面をなす。多層のピラミッド構造か
ら、日本の自動車部品取引では、アメリカよりも組織性が強く作用する
特徴をもったということができる。

(7) 1 次サプライヤーの高い能力と広い役割

　少数の 1 次サプライヤーとその下の多数の 2 次、3 次サプライヤー
が存在する構造の中で、1 次サプライヤーが担わなければならない役割
が大きくなり、それをやりこなす過程で、高い能力を身に付けることが
できた。

　まず、自動車メーカーは、組立の負担を減らすために、1 次サプラ
イヤーに複合部品を発注した (Daito(2000))。つまり、1 次サプライヤー
はまとめて任せられた。自動車メーカーが価値連鎖に沿った互いに関連
した仕事群を一つのサプライヤーに一括して委託した (一括発注・一括
委託 = bundled oursourcing)。よって、1 次部品メーカーはサブアッセ
ンブリーされた部品を納入した。自動車メーカーが、2 次部品メーカー
に対する評価・指導活動を一次メーカーに任せるという階層別管理の方
針を徹底させ、一括発注型の分業パターンが形成されていたのである。

　こうした「まとめ任せ」が繰り返される中で、1次サプライヤーは高いまとめ能力を有するようになった。少ない数の1次部品メーカーが急増した2次以下のサプライヤーと取引しながら、それをまとめて自動車メーカーと取引を続ける過程で、1次部品メーカーは「まとめ能力」を長期的に蓄積することによって、コストダウンや品質向上を達成できた (藤本 (1997))。

2. 市場性と組織性の絡み合い

　このように、日本の自動車部品取引には、組織性を表わす様々な特徴が現れたが、他方では、市場性を示す取引の特徴も少なからずあり、それが組織性と絡み合っている。具体的に市場性と組織性がどのように絡み合っていたかを見ておこう。

(1) 長期相対取引と企業間競争の絡み合い

　前述したように、日本で長期相対取引という組織性の強い取引形態で自動車部品が取引されているが、こうした取引が企業間競争という市場性と絡み合っていた。

　歴史的に、すでに1950年代後半から自動車部品メーカーは部品1品種について平均7企業と取引していた (武田 (1995))。早い時期から自動車メーカーと取引している部品企業間に競争があったことが示される。

　競争を促したのは自動車メーカーの二つの政策であった。一つは常に複数の部品企業に発注する複社発注 (multi-sourcing policy) という部品購入政策であり、もう一つは、モデルチェンジの部品企業選定時に競争させる「開発コンペ」(competition) と呼ばれる政策であった。

　まず、複社発注について、日本の自動車メーカー (特に購買部門) は特定の部品カテゴリーを単一の部品メーカーに依存することは稀であり、

平均して約 3 社と取引していた。類似した部品について、車種ごとに外注先をずらしながら発注し、車種別には 1 社あるいは 2 社発注にして、車種を全体としてならしたときには複数の企業から供給を受けることを原則にしていた (藤本 (1995)；藤本 (1997)；伊丹 (1988))。

　こうした複社発注は部品を安定的に確保するとともに、部品メーカー間の競争を活用し、品質や納品の信頼面での納入業者の質の低下を防ぎ、取引価格を有利にするためのものである (藤本 (1997))。競争を維持、促進するという意味で市場性が働いた。

　実際に、この複社発注政策は有効に機能したと評価される。例えば、複社発注によって、部品企業の取引からの退出脅威を確保し、代替的な供給能力を持つ顕在的競争者を確保し、いわば「少数者間の競争」が有効化した。ただし、複社発注の場合も、納入業者間に了解があることが多く、自社系列以外の部品メーカーからも供給を受けている場合には、自社系列の部品メーカーがメイン供給者になるのが普通であった (伊丹 (1988))。企業間の競争という市場性が長期相対の関係という組織性が絡み合っていたのである。

　もう一つ部品企業間競争を促すのが開発コンペという選別プロセスである。同じ銘柄の車の次期モデルについて、新しいモデルの開発プロセスが始まるときには、常に特定種類の部品の供給を行いうる能力を持つサプライヤー間の競争が前面に出てくる。つまり、自動車メーカーが自動車のモデルチェンジをする場合に、その新車の部品開発に複数の部品企業を競争させ、取引先を定めるという慣行が定着している。部品が備えるべき要求条件、要求仕様に関する情報が競合する 2、3 社の潜在的なサプライヤーに示され、これらがその仕事の受注を競い合った。価格のみならず、より多面的・動態的な評価に基づいて開発早期の段階で部品発注先を選定することに、通常、半年～ 1 年かかる (浅沼 (1997)；藤本 (1997)；藤本、クラーク (1993))。

　このように、長期相対取引とともに、部品企業間の競争が行われ、組織性と市場性が絡み合っているが、こうした長期的改善・開発能力による部品メーカー間競争は 1950 年代から 70 年代にかけて徐々に形成さ

れたものである。市場性と組織性が絡み合う制度の定着は長期のもので
あったのである。

(2) 企業間協力と緩い専属性の絡み合い

　前述したように、日本の大手自動車メーカーが部品企業を系列に編
成して企業間に緊密な協力を行うことで組織性が働いているが、一方で、
取引する部品企業がその自動車メーカーに依存する度合いが低く、つま
り納入先の複数化が進んでいる。取引専属性は緩く、排他的な関係でも
ない。排他性が弱い企業間関係である点で市場性が働いており、この市
場性が企業間協力の組織性と絡み合っていた。

　具体的に、一つの部品メーカーが同時に数社の自動車メーカーと取引
関係を持つことが普通である。ある調査では、日本の部品サプライヤー
は、7 社の自動車メーカーのうち、平均 2.4 社へ部品を供給しており、1
次部品メーカーは多くの場合、平均して約 3 社に納入先を分散している。
トヨタグループのサプライヤーの 41.7％は製品の 40 ～ 80％を系列外の
顧客へ販売していたとされる (藤本、クラーク (1993) ; 藤本 (1997) ; 延岡
(1998) ; 西口 (2000))。

　歴史的にみれば、部品企業が取引相手を特定しない現象は、すでに
1950 年代からあった。例えば、53 年の調査によれば、親工場との紐帯
は必ずしも強くなく、部品取引が流動的であった。50 年代半ば以降も自
動車部品企業が取引相手を特定していたわけではなかった。例えば、50
年代後半、日産系の部品企業は独立性が高まり、他の自動車メーカーに
も部品を納入したとされる (武田 (1995) ; Daito(2000))。高度成長期には、
特定自動車メーカーとの関係を弱めていく方向で展開し、特に、60 年代
に自動車部品メーカーの取引先多様化が顕著に進んだ (松井 (1986) ; 菊
池 (1976))。

　このように、部品企業が納入先を多様化した上、前述したように、
自動車メーカーが部品の複社発注を堅持した結果、日本の自動車産業で
は、複数の自動車メーカーと多数の部品供給メーカーからなる複雑な部

品取引ネットワーク、いわば「山脈型」「アルプス構造」が形成されている (延岡 (1998) ; 藤本 (1997))。

　緩い専属性は取引の面だけでなく、資本関係にも表れる。例えば、1986 年、ブレーキ専門のメーカー、曙グレー機工業の資本所有関係は、ベンディックス 15.1％、日産 14.7％、トヨタ 14.5％、いすゞ 5.9％、日野 2.7％、三菱自動車 1.7 の所有になっていた。同年、カヤバ工業の資本に関しても、トヨタが 11％、日産が 9.2％を所有していた。自動車機器の市光工業の資本のうち、日産が 22.4％、トヨタが 8.6％、いすゞが 4％、ダイハツが 3.7％所有していた (西口 (2000))。部品企業、自動車機器メーカーの資本をトヨタ、日産など複数のライバル自動車メーカーが所有するケースが珍しくないのである。

　このように、自動車メーカーと 1 次サプライヤーの関係では、企業間協力という組織性だけでなく、取引面、資本面での緩い専属性という市場性も共に働いていたといえる。

(3) 企業間の利害対立と利害一致の絡み合い

① 企業間利害対立：市場性

　自動車メーカーと部品メーカー間には利害の対立があった。その重要な内容は、利益の配分を巡ったものである。日本の自動車メーカーはサプライヤーの選択において、価格に最も重きを置いており、部品メーカーの利潤を抑えることに気を配っていた。

　それが端的に表れるのが、自動車メーカーから部品企業への価格下落の圧力である。通常、日本の自動車企業は納入部品の「目標価格」を設定する。つまり、日本の自動車企業は新車を開発、製造する場合に、自動車の目標販売価格を設定した上で、そこから逆算して部品にも「目標価格」を設定した。半年に一度の取引更新交渉時に、自動車メーカーは常に前より低い「部品価格」を部品企業に提示し、部品企業に対してコスト削減、値下げの圧力をかけた。実際に、同一モデルの存続中、部品納入価格が低下し続けており、それは、製造原価を引き下げるため、

部品企業の耐えざる努力を通じて満たされてきた。そして、すでに 1950年代後半から、こうした成果配分をめぐる、組立メーカーと部品メーカーのせめぎ合いは厳しいものがあった (浅沼 (1997)；ウォマック、ルース、ジョーンズ (1990)；武田 (1995))。歴史的に長い期間、成果配分をめぐる利害対立が存在し、市場性が作用したのである。

　この点で、アメリカは異なった。アメリカの部品メーカーは、自動車企業との部品取引を結ぶために、できる限り低い価格で入札するものの、取引が成立してからは、契約期間中、納入価格を上げていくことが一般的であった。米部品メーカーが契約期間中の値上げができた根拠は、契約上のエスカレーター条項である。エスカレーター条項は、アメリカにおけるサプライヤーが人件費の上昇を価格に転嫁することを許すことである。このエスカレート条項に基づき、部品企業は人件費の上昇など、普通、日本では、部品納入価格の引き上げ要因に含まれていない要因によるコスト上昇があった場合にも、部品値上げを自動車企業が認めた (浅沼 (1997)；クスマノ、武石 (1998))。部品の値下げとコスト削減の圧力という形の市場性がアメリカよりも日本に強く作用していたのである。その限りで、この面の市場性は日本の特殊性であり、アメリカとの違いであったということができる。

② 企業間利害一致：組織性

　他方、成果の配分をめぐる企業間利害の一致も表れる。その端的な例が、部品企業の提案による成果を部品企業と自動車企業間で配分する「成果還元ルール」、開発成果のシェアリング制度の存在である。

　例えば、双方が交渉して既存モデルが続く 4 年間のコスト削減計画に関して合意に達し、部品業者側のコスト削減が一定基準を越えた場合、その削減分は部品業者の利益になるという条件を定める。また、VE、VA によるサプライヤーの提案で、製造原価が下がると、それをすぐには納入価格引下げに反映せず、自動車メーカーがその分を払い続ける (ウォマック、ルース、ジョーンズ (1990)；浅沼 (1997))。部品メーカーによる VA、VE などのコスト低減活動の成果を、一定期間部品単価を据え置

く形で部品メーカーにインセンティブとして与えていたのである。また、自動車メーカーは開発のインセンティブ制度を設けて、部品メーカー主導の技術開発によるコストダウン分は少なくともそれが実現した年度にはかなりの割合で部品メーカーの利益となるようにする (浅沼 (1984)；伊丹 (1988))。

　　これらの制度で部品企業に経済的インセンティブを提供することによって、部品企業の生産性向上とコスト削減努力を促し、結果的に、技術進歩にも貢献した (藤本 (1997)；浅沼 (1997)；橋本 (1991)；伊丹 (1988))。部品企業へのインセンティブの提供を媒介に部品企業と自動車メーカーの利害が一致していた。したがって、日本の自動車部品取引においてへ、利益配分をめぐって市場性と組織性が絡み合っていたのである。

(4) 競争と協力の補完関係

　　前述したように、複社発注と開発コンペで自動車メーカーが部品企業間競争を促す (＝市場性) ことによって、部品企業に対する自動車メーカーの取引交渉力が高まった (＝市場性)。取引交渉力が高まって、買い手の自動車メーカーの独占力が強くなった結果、「不完全」ではあるものの、買い手が競争を管理するなどコントロール主体としての役割を果たし (組織性)、また、部品企業から協力的な態度を引き出した (＝組織性)。こうした形でも、市場性と組織性が絡み合っていたのである。

参考文献

アイアールシー (1985)『トヨタ自動車グループの実態 ’84 年版』。

アイアールシー (1986)『日産自動車グループの実態 ’85 年版』。

浅沼萬里 (1984)「日本における部品取引の構造」『経済論叢』第 133 巻第 3 号。

浅沼萬里 (1997)『日本の企業組織：革新的適応のメカニズム－長期取引関係の構造と機能』東洋経済新報社。

伊丹敬之 (1988)「見える手による競争：部品供給体制の効率性」伊丹敬之、加護野忠男、小林孝雄、榊原清則、伊藤元重『競争と革新－自動車産業の企業成長』東洋経済新報社。

植田浩史 (2004)『現代日本の中小企業』岩波書店。

植田浩史 (2010)「日本における下請制の形成－高度成長期を中心に－」植田浩史、粂野博行、駒形哲哉編『日本中小企業研究の到達点－下請制、社会的分業構造、産業集積、東アジア化－』同友館。

菊池英行 (1976)「我が国機械工業における外注・下請関係の展開」『調査研究報告書 No.18』中小企業研究センター。

河野英子 (2009)『ゲストエンジニア－企業間ネットワーク・人材形成・組織能力の連鎖』白桃書房。

清晌一郎、大森弘喜、中島治彦 (1975)「自動車部品工業における生産構造の研究 (上)」『機械経済研究』(機械振興協会経済研究所)、No.8。

武田晴人 (1995)「自動車産業：1950 年代後半の合理化を中心に」武田晴人編『日本産業発展のダイナミズム』東京大学出版会。

西口敏宏 (2000)『戦略的アウトソーシングの進化』東京大学出版会。

延岡健太郎 (1998)「部品サプライヤーの顧客ネットワーク戦略：インセンティブのトレードオフと補完性」藤本隆宏、西口敏宏、伊藤秀史編『サプライヤー・システム　新しい企業間関係を創る』有斐閣。

橋本寿朗 (1991)『日本経済論』ミネルヴァ書房。

藤本隆宏 (1994)「日韓自動車産業の形成と産業育成政策 (2)」『経済学論集』(東京大学)、第 60 巻第 2 号。

藤本隆宏 (1997)『生産システムの進化論：トヨタ自動車にみる組織能力と創発プロセス』有斐閣。

藤本隆宏、キム・B・クラーク (1993)『製品開発力－日米欧自動車メーカー 20 社の詳細調査－』ダイヤモンド社。

マイケル　A. クスマノ、武石彰 (1998)「自動車産業における部品取引関係の日米比較」藤本隆宏、西口敏宏、伊藤秀史『サプライヤー・システム－新しい企業間関係を創る』有斐閣。

松井敏迩 (1986)「下請制の変化と元方複数化政策の企業別再考－自動車部品工業・「非独占大企企業」の競争構造－ (上)、(中)」『立命館経営学』第 25 巻第 1、2 号。

港徹雄 (1984)「日本型生産システムの編成機構－企業間組織の生産性視点」『青山国際政経論集』第 2 号。

和田一夫 (1991)「自動車産業における階層的企業間関係の形成－トヨタ自動車の事例－」『経営史学』第 26 巻第 2 号。

Cusmano, M.A. and Takeishi, A. (1991). "Suppliers Relations and Management: A Survey of Japanese Transplant, and U.S. Auto Plants," *Strategic Management Journal*, Vol.12 Issue 6.

Daito, Eisuke(2000). "Automation and the Organization of Production in the Japanese Automobile Industry: Nissan and Toyota in the 1950s," *Enterprise & Society*, Vol.1.

第 **17** 章

自動車部品取引の
日米比較

　本章では、第 16 章での分析を踏まえて、自動車メーカーと部品企業間の取引を日米比較分析する。

　日本の自動車メーカーと部品企業の関係、いわゆるサプライヤーシステムについての研究は、他国との相違点を重視し、主に、日本の特殊性の実証に焦点を合わせてきた。しかし、歴史的にみると、日米のサプライシステムの間には相違点だけでなく、共通点も多かった。これが本章で自動車部品企業間取引の歴史を日米比較する理由である。

　比較の時期は、20 世紀前半のアメリカと戦後高度成長期の日本である。なぜ両国のこの時期を分析時期とするかについては説明が必要であろう。

　まず、需要面では、この時期に日米両国で自動車の需要が爆発的に増加した。いわゆるモータリゼーションが本格化したのは、日本では 1960 年代であり、アメリカでは 20 年代であった。表 17-1 によれば、10 年ごろ、米乗用車販売台数は、日本の 60 年代のそれに近く、20 年頃の米乗用車販売台数は日本の 68 年のそれに該当する。また、27 年の米乗用車販売台数は、日本の 73 年のそれに近い。供給面では、自動車生産が 100 万台に達したのは、アメリカが 15 年ごろ、日本は 62 年であった。自動車の需給規模を基準にしてみれば、日米の自動車産業が同じ発展段階にあったのは、20 世紀前半のアメリカと戦後高度成長期の日本であった。

　なお、アメリカについては 1910 年代、20 年代と 30 年代という二つの時期に分けて分析する。というのも、内製が多かった時期と外注が多かった時期が交互に現れているためである。

表 17-1　アメリカ戦前期及び日本高度成長期の乗用車販売台数

(単位:台)

年	アメリカの乗用車販売	年	日本の乗用車販売
1911	199,000	1960	145,227
1913	462,000	1961	173,307
1915	896,000	1962	259,269
1917	1,746,000	1963	371,076
1919	1,658,000	1964	493,536
1921	1,518,000	1965	586,287
1923	3,624,717	1966	740,259
1925	3,735,171	1967	1,131,337
1927	2,936,533	1968	1,569,312
1929	4,587,400	1969	2,036,677
1931	1,973,090	1970	2,379,137
1933	1,573,512	1971	2,402,757
1935	3,252,244	1972	2,627,087
1937	3,915,889	1973	2,953,026

出所:岡本 (1966)、86-87 頁;『自動車統計年報』;『自動車統計年表』;『自動車産業ハンド
ブック』。

1. 1910 年代における米自動車産業の部品取引

(1) 部品内製の拡大:外注から内製へ

　1908 年には、フォードの T 型乗用車が成功を収め、中低価乗用車
の大量生産期に入った。その後、10 年代における米自動車産業では、中
低価乗用車を大量生産する上位企業と、それまでの高級車戦略を継続す

る多数の中下位企業に分かれたが、これら二つの企業群はそれぞれの部品調達方式が異なった。フォード、GMなどの上位企業は、部品生産を垂直統合して部品内製を大幅に増やしたのに対して、後者の自動車企業群は、主に標準部品の利用を増やして特定の部品メーカーへの依存度を下げる努力を行いつつ、部品のほとんどを外部から購入していた (Helper and Hochfelder(1997)；Katz(1977))。

表 17-2　戦前期の米乗用車市場における企業別シェア (1911 ～ 37 年)

(単位：%)

	フォード	GM	クライスラー	(上位 3 社)	(上位 7 社)	(その他)
1911	20.0	17.8	-	37.7	53.1	46.9
1913	39.5	12.2	-	51.6	61.1	38.9
1915	38.2	10.9	-	49.1	55.6	44.4
1917	42.4	11.2	-	53.7	58.0	42.0
1919	40.1	20.8	-	60.9	67.3	32.7
1921	55.7	12.7	-	68.4	76.3	23.7
1923	46.1	20.2	-	66.3	74.8	25.2
1925	40.0	20.0	3.6	63.6	77.4	22.6
1927	9.3	43.5	6.2	59.0	77.8	22.2
1929	31.3	32.3	8.2	71.8	84.1	15.9
1931	24.9	43.9	12.4	81.2	89.3	10.7
1933	20.7	41.4	25.4	87.5	94.2	5.8
1935	28.0	39.2	22.7	90.0	97.3	2.7
1937	21.4	41.8	25.4	88.6	97.8	2.3

注：1923 年までの「上位 3 社」のシェアはフォードと GM の上位 2 社のシェアである。

出所：岡本 (1966)、86-87 頁。

　これら二つの自動車企業群の中で、1910 年代に前者の上位企業群
の市場シェアが急速に高まり、すでに 13 年に上位 2 社で米自動車市場
の半分以上を占め、10 年代末には 6 割を超えていた (表 17-2)。その結
果、米自動車産業全体で、部品内製比率も高まった。上位自動車メーカー
の部品内製比率の上昇は 20 年代半ばまで続き、米自動車産業全体の部
品内製比率は 22 年 45％から 26 年に 74％まで上昇した (Murray and
Schwartz(2019))。部品の内製が過半を占めることがなかった日本の経験
とは大きく異なるものであった。

(2) 部品内製拡大の理由と影響

　なぜ、この時期に上位自動車企業が部品内製を拡大したのか。まず、
部品や材料の調達難が理由であった。例えば、フォードは、部品や材料
の納入遅延が頻繁に起こり、自動車工場の稼動が中断される事態がしば
しば起こっていた。当時の GM 経営者であったアルフレット・スローン
の証言によると、同社の場合でも、「いくつかの小さな部品が足りず、自
動車生産ライン全体を止めるしかない恐怖心がいつもあった」とされる。
第 2 に、フォードの例で分かるように、外注部品企業が機械を導入し、
活用する場合、フォードだけでなく、他自動車メーカーへの販売を意識
した仕様の機械を導入しなければならず、その結果、高価設備が導入さ
れた。部品メーカーの製造コストがそれだけ高くなった。対照的に、部
品を内製化すれば、自社自動車向け部品製造専用の設備で十分であり、
部品メーカーが導入、利用する設備よりも低価格の設備を導入して済ん
だ。投資規模で部品内製の利点があったのである。第 3 に、フォード
の例をみれば、この時期、自動車生産が急速に拡大していたため、部品
の内製に規模の経済が働いた。さらに、部品や自動車の両方を社内で生
産することによって範囲の経済の利点を生かすこともできると期待され
た。同社の経営者、ヘンリー・フォードは部品内製による部品の安定的
な調達だけでなく、コスト削減効果があることを強調しているが、実際、
フォードの場合、部品の内製で平均製造原価が低減した (Seltzer(1928)；

Helper and Hochfelder(1997) ; Helper(1990) ; Ford(1922))。

　部品の内製は他の派生的な影響ももたらした。フォードと GM は急成長によって経営陣が不足するようになったが、その際、買収した部品企業からの人材が経営者として活躍した。例えば、スローン、チャールズ・ケタリング、フィッシャー兄弟、S.L. モットなど、当時の GM 経営陣には、GM が部品企業を買収したとき、GM に移動してきた部品メーカーの人材が少なくなかった (Sloan and Sparkes(1941))。フォードも 1911 年にニューヨーク州バッファローに所在する部品企業のケイム・ミルズ社 (Keim Mills) を買収した際にフォードに移った者のうち 3 名もその後、フォードの経営陣に加わった (Helper(1991))。

(3) 自動車上位企業間の部品内製方式の差

　この時期、フォードと GM の上位 2 社共に、積極的に部品の内製を進めたが、内部化を実行する方式は対照的であった。すなわち、フォードは自社負担で部品部門及び部品工場を新たに作って部品生産を内製化したのに対し、GM は、既存の中小部品企業を買収合併する形で部品内製化を行った。

　例えば、1914 年までフォードはエンジンや他の部品を外注してきたダッジブラザーズ社との契約を打ち切り、内製に切り替えた。また、同じ年に、専門性が要求されて内部化が難しいアクスル生産も内部化し始めた。精密部品の内製のために、フォードは工作機械の一部まで社内で製造した。16 年より建設に取り掛かったリバールージュ工場 (River Rouge Factory) は部品の内製本格化を象徴する生産拠点であった岡本 (1966) ; Hochfelder and Helper(1996) ; ラングロワ / ロバートソン (2004) ; Sorensen(1956))。

　フォードと対照的に、GM は外部の部品メーカーを買収合併して子会社にする形で部品の内製を推進した。例えば、1916 年に、ウェスタンモーターアクスル社とハイアットローラーベアリング社を買収してアクスルを内製に切り替えた。同年 5 月には、ユナイテッド・モーター

ズ社を買収し、その後ユナイテッド・モーターズがデルコ (Delco) を吸収する形でデルコを GM 傘下に吸収した。その後、ラジエーター、プラグ、電装部品の企業まで吸収して、20 年までに 15 社以上の部品企業が GM の傘下に入って極めて高い部品内製率を記録した (Murray and Schwartz(2019) ; ラングロワ、ロバートソン (2004) ; Helper(1991) ; Helper and Hochfelder(1997))。

　どのような要因が両者の部品内製化方式の違いを生み出したかは明らかでないが、フォードの場合、創業経営者が経営権を握って集権的な組織形態で成長を続けていたのに対し、GM は外部から招いた俸給経営者が経営のかじ取りをしながら、多くの企業の吸収合併により分権的な組織形態で成長してきたという違いと関連することは間違いない。

(4) 部品取引における企業間協力

　このように、この時期、上位自動車メーカーは多くの部品を内製したが、他方で、部品企業から購入する部品も少なからず (Epstein(1928))、この外注部品の取引をめぐって自動車企業と部品企業間の企業間関係が重要であった。

　多くの先行研究は、アメリカの企業間関係は、市場取引を中心に企業間のドライな利害対立など市場性が強く作用した点を強調するが、米自動車産業の企業間関係においても、日本と類似する企業間の協力など組織性の作用を示す現象が多く観察される。

　フォードの例を見ると、部品を外注している場合、その部品企業が使用する材料までまとめてフォードが購入することを原則とした。いわゆる集中購買である。また、部品企業の生産体制の改善を指導したり、生産に必要な資金を支援する場合もあった (Helper and Hochfelder(1997))。このような企業間協力は、戦後日本でトヨタが系列関係を作るために、系列の中小部品企業を支援、指導したことを想起させる。戦後日本の大企業の系列形成過程でよく観察される企業間協力関係が 1910 年代の米自動車産業においても現れていたのである。そして、フォードは、部品

内製を推進していたので、社内の組織的な取引と並行して部品メーカーとの組織的な取引を同時に行っていたことになる。企業内と企業間の両方の部品取引で組織性が作用していたといえる。

　また、戦後日本と同様に、米自動車企業と部品企業間にも共同開発を行う場合が多かった。開発における企業間協力である。例えば、1910年代ボデーメーカーのフィッシャーと自動車メーカーのハドソン社の間で、長期にわたる共同開発が実行された。両社は、1次大戦中、有蓋ボデーの開発のために長年の共同作業を続けた。その結果、ボデー部品の溶接工程を大幅に削減できる新しい鉄鋼材料を共同開発し、機械メーカーまで参加した共同開発により新たなスタンピング工程も開発した (Schwartz(2000))。また、10年代に、アクスルメーカーのティムケン (Timken-Detroit Axle) 社が中堅自動車メーカーのジョーダン社に納入するカスタムアクスル部品を開発する際、ティムケンのエンジニアがジョーダン社の自動車設計段階から密接に情報交換しながら共同作業を行った。中堅自動車メーカーとの共同開発を行うことができるということは、部品企業がそれだけ高い設計、開発技術力を保有していることを示すものであり、それゆえ、ティムケン社はジョーダン社との密接な取引関係を結んでいることを外部に積極的に宣伝までした (The Auto Era, Feb.1916)。その結果、ティムケン社の顧客数が急速に増え、一部の部品は業界の標準部品となり、販売を拡大することができた。特定顧客との密接な協力という組織性が部品の標準化を促進し、特定の供給者が競争で優位を占める契機になったのである。

　ウィントン社のエンジニアの証言によると、同社は、前述のティムケン社との間に外注契約を締結する前から頻繁な情報交換をし、さらに、同社の特定モデル乗用車の設計と量産期間中、同社と緊密な技術情報交換を続けた (The Automobile, Dec.30, 1915 ; Hochfelder and Helper(1996))。また、1910～14年のウィントン社の記録によると、同社のエンジニアが、一連の厳格な部品検査を工場やテスト道路上で実行する際に、部品企業のチーフエンジニア達もよく参画したという。自動車企業と部品企業間の緊密な協力と共同開発という、いわゆる「日本型」

企業間関係の重要な特徴が 10 年代の米自動車産業にも現れていたのである (Helper and Hochfelder(1997))。

　　ハンド・トゥ・マウスは戦後日本の自動車部品取引に導入されたジャストインタイム (Just in time(JIT)) と類似した調達方法であるが (したがって、本章の記述では、ハンド・トゥ・マウス方式をジャストインタイムと混用する)、この時期、一部の自動車メーカーが部品調達にこのハンド・トゥ・マウス方式を導入した。例えば、この時期に、T 型乗用車の大量生産に支えられ、フォードが米乗用車市場のトップ企業になる中で、ハンド・トゥ・マウス方式が同社の生産システムの一部としての成果を発揮した。具体的に、フォードは、このジャストインタイムによる部品の在庫管理によって、1914 年頃、自動車 5,000 台分の部品在庫あるいは 3 日分の部品在庫、少ない時は 3,000 台分まで保有在庫を減らした (Helper and Hochfelder(1997) ; Schwartz and Fish(1998))。

　　こうしたフォードの成果に刺激を受けて、GM、パッカード、エセックス、ハドソンなどもこのジャストインタイムの部品調達方式を一部導入した。実は、ハンド・トゥ・マウス調達方式はすでに 1900 年代初頭にオールズ社が導入したことがある。1901 年、デトロイトの自動車メーカーのオールズ社が火災に合った時、十分な部品の在庫確保に苦労した。新たに借りた工場では、多くの在庫を置くスペースがなく、火災による資金難で在庫確保は厳しかった。自動車市場の変化が急速である中で、完成車の在庫を保有するリスクも大きかった。そこで、オールズ社が導入したのがハンド・トゥ・マウスの在庫管理方式であった。当時、デトロイト地域にすでに産業集積が形成されていたことがオールズ社のハンド・トゥ・マウス導入を可能にした。例えば、オールズ社はほぼすべての部品企業に近い距離にあった。

　　さらに、この地域の他自動車メーカーもオールズ社と同じ種類の部品を購入していたため、部品企業が他社のために生産した部品の在庫分の一部をオールズ社に納入した。それゆえ、オールズ社が朝に部品を発注すれば、当日午後には部品を手に入れることができたとされる。オールズ社はハンド・トゥ・マウス方式を導入し、火災による部品在庫の問題を緩和し

たのである。オールズ社がハンド・トゥ・マウス導入によって成果を得た
ことはデトロイトの他自動車企業にも伝わり、同システムは当時デトロイ
トの一部自動車企業にも普及した (Murray and Schwartz(2019)；Schwartz
and Fish(1998)；Helper and Hochfelder(1997))。

　しかし、この部品調達方式については、フォードの社内外で問題点
も指摘されていた。例えば、部品の確保量が事前に予測不可能であるため、
非効率性が発生することがあり、また、納入頻度の増加に伴う、部品企
業と自動車メーカーの両方のコスト上昇のおそれがあることなどが指摘
されていた (Murray and Schwartz(2019)；Schwartz and Fish(1998))。

　結局、1910 年代半ばに、フォードはハンド・トゥ・マウス方式を取
りやめ、他の米自動車メーカーも、短期間にハンド・トゥ・マウス方式
を放棄した。ハンド・トゥ・マウス方式の導入・利用は短期間に失敗に
終わったのである。

　戦後日本のジャストインタイムの成功的な導入について、このシステ
ムを導入さえすれば、いつでも効率的に機能するように評価する主張もあ
るが、1910 年代半ばのアメリカの経験を見ると、必ずしもそうではない
ことが分かる。つまり、組織性を示す企業間協力をベースにしたジャスト
インタイムが有効に機能するためには、一定の条件が必要であり、これ
らの条件が満たされない場合、このシステムは有効に機能せず、定着で
きないのである。

(5) 標準部品取引の拡大

　一方、中下位自動車メーカーは部品の内製に投資するほどの経営資源
を保有しておらず、また部品内製の利点を享受するほどの生産規模にも達
していなかった。それゆえ、これらの企業は、主に部品を外注した。部品
外注の際は、特定部品企業による影響を下げるために、標準部品を調達す
る戦略をとった。カスタム部品を多く使用する上位自動車メーカーが部品
内製を増やし、また、外注の場合は、カスタム部品の調達のために特定部
品メーカーとの協力関係を強化したこととは対照的である戦略であった。

　部品の標準化は、1905 年に設立された米自動車技術者協会 (Society of Automobile Engineers) が中心になって推進され、16 年からは、その後身として設立された SAE(Society of Automobile Engineers) がその活動を受け継いで行った。まだ部品の標準化がほとんど進んでいなかった 10 年代初めまでと違って、その後の約 10 年間にわたって部品の標準化、あるいは標準部品の普及が進んだ。

　事実、この時期には、中下位自動車企業と部品企業の両方に部品標準化の誘引があった。まず、自動車企業としては、特定部品を特定の部品企業に大きく依存する場合に、部品調達に支障が生じる事態が発生した時、代替できる供給者を見つけるのが難しいおそれがあった。特定部品企業の特定仕様の部品に大きく依存すれば、コスト上昇の問題が発生することもあった。

　部品企業にとっても部品の標準化の利点があった。まず、部品の標準化が進んでいなければ、様々な規格支援による手間及びコストがかかり、結果的にコスト上昇の要因になった。標準部品は部品販売拡大にも有利であった。つまり、部品の標準化によって顧客企業の数を増やせる可能性が高まった。さらに、こうした販売量拡大による規模の経済で部品の製造コストを大幅に下げられた (Epstein(1928) ; Helper and Hochfelder(1997) ; Murray and Schwartz(2019))。

2. 1920 年代と 30 年代の米自動車産業における企業間関係

(1) 外注比率の上昇

　1920 年代半ば以降、米上位自動車企業の部品内製が停滞する代わりに、部品の外注比率が高まった (Katz(1977) ; Schwarz(2000))。10 年代の部品内製の拡大傾向が 20 年代半ばから逆転されたのである。

　ヘンリー・フォードは、1920 年代半ば頃、部品の外注の方が内製より安価な部品の調達ができるという事実を認識し、28 年に、部品の外注

を急速に増やす方向に戦略を転換した。フォーチュン (Fortune) 誌の推計によると、33年にフォード社の製造原価の7分の4が部品購入費であった (Hounshell(1984) ; ラングロワ、ロバートソン (2004) ; Katz(1977) ; 塩見 (1986) ; Schwartz and Fish(1998))。

　GMはフォードより部品外注比率が低かったものの、1920年代より内製から外注へと切り替える部品が多かった点ではフォードと同じであった。前述したフォーチュン誌によれば、33年、GMも部品の半分以上を外部から購入しており、特に同社売上高の40％を占めていたシボレー事業部で部品の外部比率が高く、38年に部品の80％を外部から購入していた (Schwartz and Fish(1998) ; Schwarz(2000))。

　1925年に経営危機に陥ったマックスウェル社を買収し、自動車産業に参入したクライスラーは、組織を再整備して急成長し、30年代には第3位の自動車メーカーになったが、同社の部品外注比率が極めて高かった。すでに28年に部品の半分を外注に依存しており、その後、部品の外注比率を高めた (Katz(1977) ; Schwartz and Fish(1998) ; Schwarz(2000) ; Abernathy(1978))。

　他方、中下位自動車メーカーは、1910年代に部品を内製できるほどの経営資源を有していなかったのみならず、内製によって部品事業の採算を合わせることができるほどの自動車生産規模にも達しなかった。そのため、上位3社と違っており、前述したように、すでに1910年代ほとんどの部品を外注に依存しており、20年代以降も変わらなかった。

(2) 部品外注拡大の背景

　上位の米自動車企業が部品の内製を外注に切り替えた背景には、まず、早くも1920年代半ばに米自動車市場が成熟期を迎えたことがある。

　1924年の一時的な景気後退で減少した自動車需要は20年代後半にも増えなかった。また、毎年の新車購入台数の中、買い替えの割合をみると、1923年に30％程度だったが、26年に50％、27年83％へと急激に上昇した (Nourse(1934) ; 武石 (1942) ; Vatter(1952) ; 塩見 (1978) ;

岡本 (1966))。市場の成熟が明確になったのである。

　こうした米自動車市場の成熟化に対応し、自動車各社はモデルチェンジによって需要を喚起する戦略を選んだ。その結果、各社が生産する車種モデル数が急増した。新たに開発しなければならない部品の種類も増え、部品の内製の負担も大きくなった。すなわち、頻繁なモデルチェンジで主力モデルが短期間に変わる中で、多数の車種の生産に必要な部品を社内で開発するには開発費負担が大きくなり、開発の採算性も悪くなった。これが上位自動車メーカーの部品外注拡大の重要な理由であった (Katz(1977))。

　モデルチェンジに最も積極的であったのは GM であった。フォードは T 型車という単一車種での成功体験に引っ張られた結果、市場シェアを急速に落とし、GM に逆転された。そこで、フォードは慌てて新しいモデルとして A 型乗用車の開発、生産に取り組んだ。しかし、それまでの部品の内製中心の体制では、新たな部品開発の課題を効率的に達成することができなかった。そのため、部品のほとんどを外注に切り替えた (ラングロワ、ロバートソン (2004) ; Katz(1977))。

　1920 年代半ばの市場成熟化の中で革新的な新製品を求める消費者ニーズが強まったこと、10 年代の自動車生産拡大の中で自動車部品メーカーが積極的な設備投資を行ったが、20 年代半ば以降の自動車市場成熟で、部品企業が過剰生産能力を保有するようになったことも、上位自動車メーカーを持って、部品内製の非効率性を認識させる要因となった (Helper(1991))。

　第 16 章でみたように、戦後の日本では一貫して部品の外注比率が高かった点で、アメリカの 1920 年代〜 30 年代と類似している。しかし、戦前期のアメリカにおいて部品外注が拡大したこととは違う理由も働いた。例えば、日本とは違って、初期米自動車産業の部品メーカーは、自動車メーカーよりも早く柔軟性の高い機械を生産工程で使用していた。これにより、GM とフォードなどの上位の自動車企業は、部品の外注を増やし部品企業の柔軟な機械を活用することができた (Murray and Schwartz(2019))。

(3) カスタム部品の増加と長期相対取引の拡大

　自動車企業が部品外注を急速に増やしたのに伴い、部品企業との企業間関係がより重要になった。特に、この 1920 年代と 30 年代に、自動車メーカーと部品企業間の協力が重要になった。その理由として、まず、部品の標準化や標準部品の拡大の動きが 20 年代半ばに挫折したことが挙げられる (Schwartz and Fish(1998))。すでに述べたように、10 年代から20 年代初めにかけて、自動車部品の標準化が進展したが、標準部品の導入に積極的だったのは主に中下位自動車企業であった。上位の自動車メーカーは、厳しい部品の標準規格を強制することがイノベーションを阻害するとみて、部品の標準化と標準部品の利用に消極的であった。上位自動車企業と部品企業の間には利害の対立があったのである。したがって、部品の標準化は、部品企業間の協力、部品企業と中下位自動車企業の協力により進められた一方で、部品の需要者と供給者の間の利害対立も現れた。市場性と組織性が結合していたのである。

　この標準部品に大きく依存することにより、中下位自動車企業間の消耗的な価格競争が激化した。部品企業は強い価格低減圧力を受けるようになった。部品メーカーが部品の標準化の利点を十分に生かせない状況になったのである。その結果、上位自動車企業だけでなく、中下位自動車企業も、標準部品よりカスタム部品をより好む傾向が強まった。部品の標準化の動きは後退し、その代わりにカスタム部品の取引割合が高くなった (Katz(1977))。

　カスタム部品の重要性が高まったのは、自動車企業と部品メーカー間の協力の必要性が一層高まったことを意味した。実際、戦後日本で観察される特定自動車企業と部品企業間の長期相対取引が、この 1920年代と 30 年代のアメリカでも観察された。例えば、20 年代半ばに、GM は重要部品の購入を 2 〜 3 社の部品メーカーに限定して長期取引を行った。フォードもブレーキシューはケルシーヘイズ社 (Kelsey-Hayes)、ラジエーターはダイヤモンドマニュファクチュールリンサ (Diamond Manufacturing)、車体部品はブリッグスボディ社と長期取引を行ってい

た。また、同社はブレーキの半分以上をベンディックス社から購入して
おり、逆に、ベンディックス社はブレーキの生産の半分以上を GM に納
入していた (Schwarz(2000))。

　長期相対取引が多くなった要因は他にも存在した。まず、自動車及び
自動車部品の両産業で集中度が上昇した結果、部品取引の需給者数が制限
された。それゆえ、相手取引が促進された。その上で、特定少数の部品需
要者と供給者間で繰り返し取引が行われた結果、取引関係が長期化した。

　長期相手取引を促進する他の要因もあった。部品市場において修理
部品の割合が高まったことである。1920 年代初から中古車市場が急速
に成長し、新車市場の成長が行き詰まると、修理部品の需要が大幅に増
え、26 年頃に修理部品が全体自動車部品市場の半分を占めるようになっ
た (Schwarz(2000))。この修理部品事業は採算性が極めて良かったとさ
れる。したがって、修理部品の需要増加を予想して、部品企業は自動車
メーカーとの間に長期取引関係を重視した。

(4) 大手自動車メーカーと部品企業間の協力

　自動車企業と部品企業間の長期相対取引の増加によって、両者間の
協力を強化する誘因も強まった。GM とフォードは、部品を外部の主要
部品メーカーに大きく依存しており、部品企業はこれらの上位自動車企
業の手に自分の運命を任せる、戦後日本の自動車産業での系列と類似し
た協力関係が構築された (Murray and Schwartz(2019))。例えば、1930
年代デトロイトでは、自動車メーカーと部品メーカー間に協力のための
非公式なチームを作るとか、繰り返し頻繁に議論を続けたり、定期的に
繰り返し取引条件を調整した。20 年代後半以降は、開発面の企業間協力
が特に活発になった。すでに述べたように、20 年代半ばに自動車市場が
成熟期に入ると、自動車各社は需要拡大のためのモデルチェンジに積極
的になり、モデルチェンジの競争が激化した。とりわけ、中低価車のモ
デルチェンジ競争が激しく、GM はシボレーなど中心車種の頻繁なモデ
ルチェンジを行ったことが功を奏して市場シェアを急速に高めた。しか

し、こうしたモデルチェンジ競争が GM の開発費の負担を加重させた。
これに対応し、GM は部品企業との共同開発により、部品企業との開発
費の分担を図った (Schwarz(2000))。

　GM とは別の理由で、フォードも部品企業との共同作業を多く行った。
フォードは、モデルチェンジ戦略の実行で GM に遅れ、1926 年、GM に
1 位の座を奪われたばかりでなく、市場シェアが急落して経営難に逢着
した。危機への対応として、同社は長年依存してきた T 型車からモデル
チェンジを図った。しかし、新車用部品の開発、生産にトラブルが頻発
し、部品メーカーと協力する形で、つまり、共同開発で問題解決を図った。
共同開発だけでなく、他の形でもフォードも部品企業の共同作業が頻繁に
行われた。例えば、フォードは A 型乗用車のガスタンクに欠陥が発生し、
危機に陥った時、溶接機製造専門企業であるギプ (Gibb Co.) 社がフォード
のリバールージュ工場に技術者を派遣し、フォードのエンジニア及び生
産技術担当者と協力させ、問題を解決した。フォードの工場に集まった
臨時共同作業チームは、A 型乗用車の組立生産が開始されるまでの 6 ヶ
月間、燃料タンクと溶接機械を再設計するなど、現場で共同作業を行い
続けた (Hounshell(1984))。A 型乗用車へのモデルチェンジの時期に形成
されたフォードと部品メーカー間の協力体制は、その後、さらに強化され、
フォード社内では、部品企業との協力がほとんど常識となったとされる
(Barclay(1936) ; Schwarz(2000) ; Hounshell(1984))。

(5) ジャストインタイムの導入

　前述したように、その後の 1908 年頃、フォードもハンド・トゥ・
マウス方式を導入したが、14 年頃には取りやめてしまった。

　ところが、不況の 1920 年代初めから、米自動車産業では、部品調達
においてハンド・トゥ・マウスシステムが再び導入されて、今度はその
機能が発揮され、自動車産業では、相当期間維持された (Tosdal(1933) ;
Clark(1927))。

　まず、フォードでは、1920 年代初め、経営不振による財務悪化に対

応してコスト削減のための革新的な方法を模索し、その過程で、効率的な在庫管理のためにジャストインタイムを導入した。フォード生産方式を開発したアーネスト・カーンジュルロ (Ernest Kanzler) がフォードソン (Fordson) トラクター工場でハンド・トゥ・マウスシステムの導入を主導し、24 年頃までは、部品メーカーにも同システムの導入を拡大し、26 年にハンド・トゥ・マウスシステムがリバールージュ (River Rouge) 工場全体で機能したという (Murray and Schwartz(2019))。

　　1927 年マガジンビジネス誌 (Magazine of Business) に、GM ビュイック事業部長であったダーラム (CB Durham) が GM の生産性向上の成果を宣伝する長文の記事を寄稿していたが、その記事で、GM の成功要因としてハンド・トゥ・マウスによる在庫管理を強調している。クライスラーでは、33 年に市場に出したプリマスの生産時にハンド・トゥ・マウスシステムが活用された。30 年代まで、ジャストインタイムはデトロイトの生産文化を規定付ける特徴として定着した。このように、米自動車業界で、このシステムが最も活発に展開されて、また成果を出したのは 1920 年代と 30 年代であった。このジャストインタイムが導入されて相当期間機能した点で、戦後日本の経験と類似していた (Schwartz and Fish(1998)；Schwarz(2000)；Langlois and Robertson(1989)；Flügge(1929))。

(6) ジャストインタイムの導入理由

　　1920 年代から 30 年代にかけて、米自動車産業でハンド・トゥ・マウスシステムが積極的に導入された理由として、まず、不況時、部品在庫を減らす必要性が大きくなったことが挙げられる。第 1 次世界大戦後の景気低迷による需要不振で多くの自動車企業が膨大な在庫を抱えるようになった上、20 年と 21 年に続いた物価下落のため、企業の在庫損失額が急増した。また、その後も価格が引き続き下落すると予想されたため、自動車メーカーは、必要な部品を少量ずつ購入する行動を強化した。例えば、前述したように、21 年の深刻な不況による資金圧迫を恐れていたヘンリー・フォードは、部品メーカーとのハンド・トゥ・マウス方式

を再導入するように指示していた。

　第2に、GM は 1921 年の不況時、シボレー事業部の経営再編のためにフォード社からヌードソン (Knudsen) を事業部長に迎え入れており、彼は継続的なイノベーション戦略を実行した。その中心に乗用車モデルチェンジ戦略があり、頻繁なモデルチェンジで部品需要の変動がより激しくなった。新モデルへの移行に伴う既存モデル部品の在庫増加現象が頻発し、効率的な在庫管理の必要性が高まった。これらの部品需要の変動や部品の在庫増加への対応がハンド・トゥ・マウスシステムの導入であった (Murray and Schwartz(2019) ; Schwartz and Fish(1998))。

　第3に、1910 年代に自動車生産が急増する中で、自動車部品企業も積極的な設備投資を行い、生産能力が急増した。しかし、前述したように、20 年代初めの不況で需要が大幅に減り、その後の自動車市場は成熟期を迎えることになったため、自動車部品企業は慢性的な供給能力過剰に直面した。その結果、部品企業の立場でも、在庫管理の重要性が高まった。

　ただし、部品企業の立場から見ると、ハンド・トゥ・マウスシステム、つまり、ジャストインタイムが有利なシステムではなかった。納入の頻度と回数が多くなり、一度に納める量も小さくなるため、納入に伴うコストが増加し、リスクも大きくなる。さらに、頻繁な納入要求に応じるために部品企業は、一定程度の在庫を常時保有する必要があり、それに伴う保管費用も増える。

　にもかかわらず、この時期、部品企業がジャストインタイムシステムの導入に協力したのは前述したように、当時、部品企業自身も効率的な在庫管理の仕組みを導入する必要性が高まったからである。これに加えて、この時期、自動車企業と部品企業間の長期相対取引が多く、両者間の協力関係が続いており、このような関係の維持が中小部品メーカーにとって将来にも有利と認識され、それが自動車メーカーからのジャストインタイムシステムの導入要求に協力する要因になったと思われる。

　第4に輸送体系の整備である。1920 年代前半までに、デトロイトとその周辺地域で、鉄道を中心に交通システムが整備され、鉄道輸送能力とサービスが大幅に改善された。また、道路が整備され、トラッ

ク輸送の利便性、正確性、信頼性が高くなった。それらによって、頻繁なデリバリーが滞りなく行われる輸送面の条件が整い、納品遅延の問題はほとんど解消され、迅速な配送が日常的に行われるようになった。これらの交通システムと輸送能力の発展もハンド・トゥ・マウス方式の導入を可能にした要因になったのである (Abernathy(1978)；Abernathy, Clark and Kantrow(1983)；Flügge (1929)；Ford(1926)；Helper(1990)；Helper(1991)；Kuhn(1986)；Langlois(1989)；Pound(1934)；Seltzer(1928)；Sorensen(1956))。

3.　小括

　　現在は、部品の外部購入に大きく依存している日本の自動車企業と、主に部品を内製する米自動車企業の違いが顕著であるものの、自動車産業の成長期の両国を比較すると、日米共に外注への依存度が高かった。部品取引において、自動車企業と部品企業間の関係が重要であった点で、戦前のアメリカと戦後の日本は同じであった。

　　上位米自動車企業と部品企業間にはカスタム部品の取引が多く、長期相対取引が行われた。長期にわたって取引が続いたため、協力関係が形成された。共同開発、情報交換など、多様な形態で協力が行われた。部品企業は自動車企業に比べて相対的に技術力が低く、企業規模も小さかったため、自動車企業が部品企業を支援、指導する場合も多かった。こうした関係は組織性を表わしており、この点も日米の共通点であった。

　　自動車企業と部品企業がハンド・トゥ・マウスというジャストインタイムシステムと類似した調達方式を導入した点でも、戦前のアメリカと戦後の日本は共通した。このシステムの導入には、自動車メーカーと部品企業間の協力が不可欠であるという点で、組織性が作用する一方、このシステムの導入初期に、需給者間の利害対立を伴ったことから、市場性も働いていた。ハンド・トゥ・マウスの導入を巡って、市場性と組織性が絡

み合っていたという点でも、日米の共通点が見出される。このように、長期的な視点で観察すると、日本の特殊性と考えられてきた現象の中には、日米の共通点も多かったのである。

　ただ、他の社会で共通の現象が観察される場合でも、それは必ずしも同じ理由によるものではない場合も少なくない。例えば、日米両国で部品の外注を増やした時期があった点では共通するが、なぜ外注したかの理由には違いがあった。また、企業間関係で導入された制度の形態が同じである場合も、その機能の程度と持続期間が異なった。ハンド・トゥ・マウス、つまり、ジャストインタイムがその例である。戦後日本のジャストインタイムが長く続いたのに対して、アメリカでは断続的に実行され、戦後にはなくなったジャストインタイムが有効に機能するためには、一定の条件が満たされる必要があり、これらの条件が満たされない場合、同じシステムの有効性も変わるからであった。

参考文献

岡本友孝 (1966)「新興産業としてのアメリカ自動車工業 (中)：両大戦間における
　　その成立・独占形成と産業的意義」『商学論集』(福島大学経済学
　　会)、第 35 巻第 3 号。

金容度 (2013)「日米企業システムの比較史序説 (1)」『経営志林』(法政大学
　　経営学会)、第 50 巻第 1 号。

塩見治人 (1978)『現代大量生産体制論－その成立史研究』森山書店。

武石勉 (1942)『アメリカの生産能力 (上)』まこと書房。

日本自動車工業会『自動車統計年表』。

日本自動車工業会『自動車統計年報』。

日刊自動車新聞社『自動車産業ハンドブック』。

リチャード・ラングロワ、ポール・ロバートソン (2004)『企業制度の理
　　論』NTT 出版 (Langlois, Richard N. and Robertson, Paul L. (1995). *Firms,
　　Markets and Economic Change: A Dynamic Theory of Business Institution*.
　　Taylor and Francis Books. Ltd.)。

Abernathy, Clark and Kantrow(1983). *Industrial Renaissance*. Basic Books.

Barclay, Hartley W. (1936). *Ford Production Methods*. Harper and Brothers.

Clark, Fred E. (1927). "An Analysis of the Cause and Results of Hand-to-mouth
　　Buying," *Harvard Business Review*, Vol.5 No.7.

Epstein, Ralph C. (1928). *The Automobile Industry: Its Economic and
　　Commercial Development*. A. W. Shaw Company.

Ford, H. (in collaboration with S. Crowther) (1922). *My life and work*. Doubleday,
　　Doran and Company, Inc..

Ford, H. (in collaboration with S. Crowther)(1926). *Today and Tomorrow*.
　　Doubleday, Doran and Company, Inc.

Flügge, Eva(1929). "Possibilities and Problems of Integration in the Automobile Industry," *Journal of Political Economy*, Vol.37, No.2.

Helper, Susan(1991). "Strategy and Irreversibility in Supplier Relations: The Case of the U.S. Automobile Industry", *Business History Review*, Vol.65 Issue 4.

Helper, Susan and Hochfelder, David(1997). "'Japanese-Style' Relationships in the Early Years of the US Auto Industry?," in Masahiro Shimotani and Takao Shiba, eds.,*Beyond the Firm*. Oxford University Press.

Hochfelder, David and Helper, Susan(1996). "Suppliers and Product Development in the Early American Automobile Industry," *Business and Economic History*. Vol.25 No.2.

Hounshell, David(1984). *From the American System to Mass Production, 1800-1932:The Development of Manufacturing Technology in the United States*. Johns Hopkins University Press.

Katz, Harold(1977). *The Decline of Competition in the Automobile Industry, 1920-1940*. New York Times Co..

Langlois, Richard N. and Robertson, Paul L. (1989). "Explaining Vertical Integration: Lessons from the American Automobile Industry," *Journal of Economic History*, Vol.49 No.2.

Metropolitan Life Insurance Company(1927), *Modern Trends in Business. Hand-to-mouth Buying* (Proceedings of a Conference of Business Leaders held at Chicago, Illinois), February 17.

Murray, Joshua and Schwartz, Michael(2019). *Wrecked: How the American Automobile Industry Destroyed Its Capacity to Compete*, Russell Sagoundation.

Nevins, Allan (with collaboration of Frank E. Hill)(1954), *Ford, the Times, the Man, the Company*. Charles Scribner's Sons.

Nourse, Edwin G. and associates(1934). *America's Capacity to Produce*, The

Brookings Institution.

Pound, Auther(1934). *Turning Wheel: The Story of General Motors through Twenty-five Years, 1908-1933*, Doubleday, Doran and Company, Inc..

Schwarz, Michael and Fish Andrew(1998). "Just-in-Time Inventories in Old Detroit," *Business History*, Vol.40 No.3.

Sloan, A.P. and Sparkes, B.(1941). *Adventures of a White-Collar Man*, New York: Doubleday, Doran and Company, Inc. .

Sorensen, Charles(1956). *My Forty Years with Ford*, W.W. Norton.

The Automobile, Dec. 30.

The Auto Era, Feb. 1916.

Tosdal, Harry R. (1933). "Hand-to-mouth Buying," *Harvard Business Review*, Vol.11 No.3.

Vatter, Harold G. (1952). "The Closure of Entry in the American Automobile Industry," *Oxford Economic Papers, New Series*, Vol.4, No.3.

第 18 章

鉄鋼メーカーと
自動車メーカーの
企業間取引

　鉄鋼は「産業のコメ」といわれるほど、幅広い産業で不可欠な基礎素材として使われる。その意味で、素材の中でも代表性を持つといえる。この鉄鋼の企業間取引から日本の企業間関係の特性を解明することが本章の課題である。

　鉄鋼の国内需要の中で製造業向けが 4 ～ 5 割で推移する中で、自動車向けが 2 割前後を占めている。単一産業としては自動車産業が最大ユーザーである (表 18-1)。そこで、この自動車用鉄鋼の企業間取引に焦点を合わせて分析を進める。

表 18-1　日本の普通鋼鋼材の需要構成 (2006 ～ 18 年)　　　(単位:%)

年	(内需)	(建設)	(製造業)	産業機械	電気機械	船舶	自動車	容器	次工程	(販売業者)
2006	100.0	23.9	46.2	4.3	3.7	8.7	20.4	2.6	4.6	29.9
2007	100.0	23.9	47.8	4.6	3.6	9.5	21.4	2.5	4.4	28.3
2008	100.0	24.9	47.5	4.1	3.6	12.0	19.6	2.5	3.9	27.7
2009	100.0	24.2	49.7	2.7	3.5	13.3	21.5	3.0	3.8	26.1
2010	100.0	23.0	49.6	3.8	3.7	12.5	21.1	2.8	3.9	27.4
2011	100.0	23.9	47.2	3.8	3.4	11.1	20.8	2.6	3.7	28.9
2012	100.0	26.2	43.5	3.4	3.3	8.7	20.1	2.5	3.6	30.4
2013	100.0	26.4	43.2	3.6	3.3	8.3	20.0	2.3	3.9	30.4
2014	100.0	26.5	43.7	3.6	3.5	9.3	19.8	2.2	3.5	29.8
2015	100.0	26.1	44.0	3.4	3.5	9.6	20.0	2.3	3.4	29.9
2016	100.0	26.3	43.7	3.6	3.5	8.9	20.1	2.2	3.6	30.0
2017	100.0	26.0	43.9	3.7	3.7	8.2	20.8	2.1	3.6	30.2
2018	100.0	26.1	42.9	3.7	3.6	8.7	20.3	1.9	2.9	31.0
2019	100.0	25.5	41.5	3.4	3.6	9.4	20.3	2.1	2.9	31.0

資料:日本鉄鋼連盟。

1. 自動車用鉄鋼の流通経路と企業間協調

(1) 流通経路

　鉄鋼製品の流通経路は、大別して、ひも付き販売と「店売り」の二つである。ひも付き販売は特定の需要者と供給者間の取引であり、それゆえ、特定需要者の要求が反映された製品の大手同士の取引で、組織性が強く働く流通経路である。対照的に、「店売り」は主に小口の不特定多数需要者向けの汎用製品の販売である。ここには問屋が取引に介入することが多いため「問屋ルート」ともいわれ、市場性が強く働くスポット取引である。

　20 世紀を通して大雑把に日本の鉄鋼製品の半分が「店売り」で販売されたが、自動車用鉄鋼の場合は違う。すでに高度成長期より自動車向け鉄鋼の取引では、ひも付き販売が多かった。21 世紀に入りその比重がさらに上昇して、8 割にも達している。ひも付き取引が圧倒的に多くなっていることは、店売り取引が多い中国や韓国との著しい違いであり、日本の鉄鋼取引の特徴の一つといえる。

　特に、自動車、電機・電子製品、造船など向け、なかんずく、自動車向けの鉄鋼販売は、ほとんどがひも付き取引である。したがって、21世紀に入り、日本の鉄鋼取引全体でひも付き販売比重が高くなったことは、ひも付き取引が多い自動車向けの需要構成比が高まったことの裏返しであるといえる。

(2) 自動車メーカーと鉄鋼メーカーの協力：組織性

　ひも付き販売は特定企業間の取引であるだけに、自動車メーカーと鉄鋼メーカー間の関係が長期的になる傾向がある。長期相対取引が続く中で、取引相手間に協力的な活動が行われる。組織性が強く働いているのである。自動車メーカーと鉄鋼メーカー間に具体的にどのような協力関係が表れているかをみておこう。

① 提案、情報交換

　日本の大手鉄鋼メーカーと自動車メーカーは、長く安定した関係を築き、お互いを評したほど関係が深く、二人三脚で成長を遂げてきたとされる。特に、自動車用として使われる高級鋼は「擦り合わせ型」の製品であるため (藤本、桑嶋 (2009)；藤本、葛、呉 (2008))、需要者と供給者間の話し合いが重要である。さらに、鉄鋼メーカーの開発エンジニアが自動車メーカーの設計部門などを訪問してヒアリングを実施し、ニーズを把握するなどの情報交換も行っている (『日経ものづくり』2010 年 6 月号)。

　例えば、取引する企業間で鉄鋼の成分や形状を細かく定めるため、製品仕様が特定される。自動車メーカーは各車種、各部品に使う鋼材を、どの製鉄所で生産した半製品をどのラインで圧延・めっきしたものかまで細かく指定している。鉄鋼メーカーと自動車メーカーは最適な鋼材調達と生産計画の情報を共有するサプライチェーン・マネジメント体制を構築している (『日経ものづくり』2016 年 9 月号；『週刊東洋経済』2017 年 10 月 21 日号；同、2015 年 5 月 2・9 日合併号；『日本経済新聞』2012 年 9 月 26 日、朝刊；『日経産業新聞』2017 年 3 月 17 日；同、2004 年 3 月 12 日)。特定の需給者間の取引をめぐる緊密な協力が行われているのである。

② 相談及び共同開発

　鉄鋼メーカーほど自動車メーカーから相談を受ける会社はないといわれる。次世代車の開発の際、自動車メーカーは高張力鋼板など自動車鋼板の専門家ぞろいの大手鉄鋼メーカーに相談する。例えば、自動車の設計段階から鉄鋼メーカーが関わり、鉄鋼メーカーは、長い取引の中で積み上げた技術データを基に、自動車メーカーと会話する。構造設計、利用加工技術、生産方法の提案を自動車メーカーに行う場合もある。

　大手自動車メーカーの代表的な車種には、特定の大手鉄鋼メーカーと自動車メーカーが鋼材の共同開発を行うケースも少なくない。鉄鋼メーカーにとって共同開発は顧客の囲い込みに有利であり、需要者の自動車メーカーにとって鉄鋼製品の高い品質と安定した調達量を確保する利点

があるからである (『日経ビジネス』2010 年 4 月 5 日号)。

③　合理化のための両者間協力

　鉄鋼メーカーと自動車メーカーはコスト低減、生産性向上のために取引される鋼種の削減、品質の見直し、作りやすい鋼材の買い入れ、鉄鋼の工程簡素化などに協力して取り組んだ。さらに、合理化のために、個別企業間だけでなく、自動車と鉄鋼の業界団体同士の協力もなされた。例えば、日本自動車工業会は 2008 年春、日本鉄鋼連盟に自動車・鉄鋼の両業界が共同で合理化に取り組むことを提案し、業界間で鋼板の品種削減を柱とした具体策を講じた。

　具体的に、トヨタは、日鉄、JFE スチール、住友金属、神戸製鋼所、日新製鋼等鉄鋼 5 社から鋼材の生産性向上に関する提案を募り、製造費の安い鋼板の採用拡大や鋼材の規格数削減など約百項目の対応策を検討し、約百項目について実施する方針を固め、同年 10 月から、一部の自動車用鋼板の品種統合・削減などを実施した (『日本経済新聞』2008 年10 月 1 日、朝刊)。その背景にはバブル期の自動車メーカー間新車投入競争で、厚さや強度などに応じて自動車用鋼材の鋼種数が急増したことがある。鋼種数の多さは、自動車メーカーにとって、鋼材在庫確保の負担を増やしてコストアップの要因になる上、鋼材の安定調達を妨げ、生産計画を難しくする面がある。鉄鋼メーカーにとっても、工程を複雑にして生産切り替えの時間を増やし、増産を難しくして実質的な生産能力減少の要因になっていた。そこで、複数の車種に可能な限り同じ品種の鋼板を使うよう設計を工夫するなど、需給者共同で鋼材の品種・規格の統合に取り組んだのである。

2. 取引交渉における市場性と組織性の絡み合い

(1) 取引交渉の仕組み

　　自動車用鉄鋼の取引はひも付きがほとんどであるがゆえに、特定の鉄鋼メーカーと自動車メーカーの間に直接交渉が行われる場合が多い。鉄鋼の長期相対取引では、鉄鋼と自動車のトップメーカーのトヨタと日鉄 (2012 年より日鉄住金) の間に年 1 度価格交渉を行う「チャンピオン交渉」の慣行が長年続いた。交渉はまず各社の部課長クラスが担当し、数カ月間かけて交渉し、最終的に役員クラスで合意するという流れである。その上で、基準の改定幅に応じ、個別品種の価格が決められる。この合意価格が他の鉄鋼メーカーと自動車メーカーの交渉価格の事実上の「標準」となり、さらに、造船、電機など他業界の大口顧客向け鋼材の販売価格に大きな影響を及ぼす。

　　ただ、1999 年 10 月、ゴーン日産新社長による構造改革の一環で日産が鉄鋼調達を入札制に切り替え、調達先を絞り込んだ、いわば「ゴーン・ショック」の影響で、その後、しばらくは「チャンピオン」交渉が行われず、個別交渉に変わっていた。すなわち、状況に応じ値上げは鉄鋼メーカーが、値下げは自動車メーカーがそれぞれ要請する個別交渉が行われ、乱売もあった。ただし、2008 年からは毎年一度の「チャンピオン交渉」が復活した (『週刊東洋経済』2008 年 5 月 24 日号;『日本経済新聞』2004 年 8 月 27 日、朝刊;同、2006 年 9 月 9 日、朝刊)。

(2) 取引価格形成をめぐる市場性と組織性の絡み合い

　　鉄鋼の取引交渉の際、その価格に影響する要因は多様であるが、大手鉄鋼メーカーと自動車メーカー間の利害対立が取引価格の形成に表れている。例えば、2005 年の交渉で、日鉄は原材料高を理由に 1 トン 1 万数千円の値上げを自動車メーカーに要請し、姿勢を崩さなかった。対して、自動車側は、デフレ下で自動車価格への転嫁は難しいことを理由にトン当

たり 5 千円の値上げ程度なら受け入れる立場であった (『日本経済新聞』
2005 年 6 月 1 日、朝刊)。原料コスト上昇の負担を求める鉄鋼メーカー
と、大幅な価格引き上げをのめない自動車メーカーの利害対立があったの
である。

　2008 年春の交渉においても、原料用石炭、鉄鉱石などの資源高によ
るコスト増で、日鉄はトン当たり 3 万円の値上げ (前期比約 37.5 ％上昇)
を自動車メーカーに要求した。しかし、トヨタなどは、円高による乗用
車の輸出採算悪化と国内販売の低迷の中で、2 年分のコスト削減効果が
「吹き飛ぶ」と強く反発した (『日本経済新聞』2008 年 3 月 2 日、朝刊 ; 同、
2008 年 3 月 7 日、朝刊 ; 同、2008 年 4 月 5 日、朝刊 ; 2008 年 4 月 16 日、
朝刊 ; 同、2008 年 4 月 17 日、朝刊 ; 同、2008 年 4 月 22 日、朝刊)。

　2016 年初の価格交渉では、鋼材市況の悪化や資源価格の低下を理由
にトヨタは鋼材価格の引き下げを求めたが、鉄鋼大手は値下げの幅を圧
縮するよう主張した (『日本経済新聞』2016 年 2 月 20 日、朝刊)。17
年の交渉においても、鉄鋼メーカーはコスト上昇を反映して大幅な値上
げを要求したのに対して、トヨタなどの需要家はそれに反発し、安定価
格での取引を強く求めた。結果的に、鉄鋼メーカーの利益となる、原料
価格と鋼材価格の差であるマージンは縮小した。こうした取引価格をめ
ぐる利害対立で、交渉が長引いたり、合意時期がずれ込んだりして、決
定された交渉価格が数か月前の出荷分に遡って適用するしかない場合も
少なくなかった。さらに交渉価格をめぐる利害対立が露呈したこともあ
る。例えば、18 年下期に、鉄鋼業界団体は「合理的な説明のない」、自
動車メーカーの鋼材価格低減要求を批判し、実態調査を行うべきと政府
に訴えた (『日本経済新聞』2017 年 3 月 31 日、朝刊 ; 同、2019 年 1 月
21 日 ;『日経産業新聞』2017 年 10 月 4 日)。

　ただ、ほとんどの場合、交渉価格をめぐる大手自動車メーカーと鉄
鋼メーカー間の対立は両者間の妥協によって緩和され、総じて、交渉価
格が市場価格より安定していた。トヨタと日鉄間の交渉価格を整理した
のが表 18-2 である。この表からまず分かるのは、2010 年からは通年、
または、半年間と一定期間、価格を固定してきたことである。価格が一

定期間持続した点で、この交渉価格は随時変化する市場価格より安定的であったといえる。しかも、交渉価格変化の幅をみても、総じて、市場価格より小さい。例えば、表18-2によれば、99年、2005年、08年のように、大幅な交渉価格変化があった時期もあったものの、総じて交渉価格の変化幅は小さく、さらに、2013年下期、2018年、2019年上期のように、価格が据え置かれた時期もある。

表 18-2 トヨタと日鉄の鉄鋼交渉価格

対象鋼材の時期	交渉価格 (トヨタと日鉄間)	備考
1998 年	上昇	円高で原料費の上昇。金融不安の影響。
1999 年	20 〜 30% 下落	「ゴーン・ショック」の影響
2000 年	下落	
2001 年	10% 下落	
2002 年	上昇	
2003 年	5 〜 10% 上昇 鋼板価格 4 〜 10 万円	「ゴーン・ショック」による値下げの 6 〜 7 割回復
2004 年	5 〜 10% 上昇 (2 回)	2004 年と 05 年にかけて 3 回の値上げ (合わせて 2 〜 3 万円値上げ)
2005 年	10 〜 20% 上昇 (上昇幅は 1 万円でバブル期以来最大) 価格は 5 〜 10 万円	2002 〜 2005 年の価格上昇は約 40%
2006 年	下落	
2007 年	5 〜 10% 上昇。鋼板約 5% 強値上げ、自動車部品用 10% 強値上げ (鋼板 2,000 〜 3,000 円上昇、亜鉛メッキ鋼板 5,000 〜 7,000 円上昇)	

2008 年	3 割超 (鋼板は 35%) 上昇、2 ～ 2.5 万円上昇 (過去最大上昇幅)。約 80,000 ～ 100,000 円水準。	鋼板価格は初めて 10 万円超える。バブル崩壊直後の 92 年の価格水準 (26 年ぶり)。
2009 年	十数 %(15,000 円) 下落	
2010 年上期	25%(約 19,000 円) 上昇 約 10 万円の価格水準	日産も約 20,000 円上昇
2010 年下期	約 1% 上昇	
2011 年上期	約 15%(約 13,000 円) 上昇	日産も約 13,000 円上昇。電機、事務機器メーカーとの交渉価格は 15,000 円上昇。
2011 年下期	約 4%(約 4,000 円) 下落	
2012 年上期	約 2%(約 2,000 円) 下落	
2012 年下期	約 4% (4,000 円) 下落	
2013 年上期	10% (10,000 円) 上昇	
2013 年下期	据え置き (一部品種は 500 円上昇)	
2014 年上期	3% 弱 (3,000 円弱) 上昇 冷延鋼板は 25% 上昇で約 10 万円	
2014 年下期	横ばい	
2015 年上期	6,000 円下落	
2016 年上期	下落	
2017 年上期	14,000 円上昇	
2017 年下期	5,000 円下落	
2018 年上期	据え置き	
2018 年下期	据え置き	
2019 年上期	据え置き	

注 : 各年は 4 月～翌年 3 月。上期は 4 ～ 9 月、下期は 10 月～翌年 3 月。

資料 :『日本経済新聞』。

　　交渉価格が安定したのは、両者間の利害一致という組織性が働いていたことを示す。日本の大手鉄鋼需給者はお互いに「一蓮托生」の関係をもち、交渉価格水準について長期目線で互いの競争力を維持できるように調整と譲歩を繰り返した。鉄鋼メーカーは国内シェアの確保のために、また、自動車メーカーは鉄鋼の安定的な確保のために、鉄鋼長期取引関係の維持が必要であった。供給側にとってはコスト上昇要因があっても、顧客との長期的関係を重視し、自動的に価格を引き上げないし、輸出価格より割安の価格で交渉を妥結することもあった。自動車メーカーは、好業績の場合、取引先の鉄鋼大手に収益を還元する姿勢を示し、自分の競争力を多少「いためても」、市場価格より高い水準の交渉価格を受け入れることもあった。また、長期関係の維持の考慮から、価格変化の要因の中で、交渉価格に一部しか反映せず、残りの価格変化要因は、次の取引交渉時に反映することもあり、その場合、結果的に、価格変化要因を複数の交渉時期にかけてならすことになり、価格を安定させた。このように、長期的な関係の維持という需給者間の共通利害で、価格変化を人為的に調整・抑制するという点で組織性が働いたといえる。

　　また、前述したように、トヨタと日鉄の間の「チャンピオン」交渉は他の鉄鋼メーカー、自動車メーカーの鋼材取引交渉、さらに、他業界での鉄鋼取引交渉価格にまで影響を及ぼす。そのため、鉄鋼メーカーも自動車メーカーも、「他業界との公平性」を考慮し、「自動車の特別扱い」という業界外部からの批判がないように交渉価格水準を決める嫌いもある（金(2014)）。人為的に価格変化を調整するという点で組織性が働いていた。需給者間の協力、利害一致という組織性が、前述した価格交渉をめぐる需給者間の利害対立という市場性と絡み合っていたといえる。

3. 取引交渉力における市場性と組織性

　　取引交渉力をめぐっても市場性と組織性が絡み合う現象が現れた。例えば、2000年代に入ってから、日本鉄鋼メーカーは自動車用鋼材の海外生産を増やしており、その重要な理由には主要な取引先である日本自動車メーカーの海外生産増加にあった。鉄鋼メーカーにとって、海外生産には投資負担やリスクが伴うが、需要者との長期関係を維持するために、その負担やリスクを鉄鋼メーカーが負ったのである。したがって、その分、自動車メーカーとの取引交渉において鉄鋼メーカーの交渉力は高まる。

　　また、鉄鋼メーカーと自動車メーカーの長い取引関係においては鉄鋼メーカーが需要家の製造工程そのものにより深く入り込んだ密接さがある。そのため、自動車のものづくりに対する鉄鋼メーカーの影響力が大きい (金 (2014))。ここにも、需要家との深い協力関係が鉄鋼メーカーの交渉力上昇要因になっている。

　　つまり、需要者と供給者間の長期取引の中でお互いの協力という組織性が働くことによって、両者の利害が対立する場で供給者の利害がより強く反映するという市場性が強化され、組織性が市場性を支えるという補完関係が表れているのである。

4. 取引数量をめぐる市場性と組織性の絡み合い

　　取引数量をめぐっても、プレーヤー間の対立、利害不一致、そして供給者同士の競争という市場性と、両者間の利害一致、協力という組織性が絡み合っている。

　　前述したように、1990年代末、日産は「コーン体制」でコスト削減を図り鉄鋼調達先を絞り込んだが、これによって、従来の特定鉄鋼メーカーとの長期相対取引にも大きな変化がもたらされた。つまり、需要者

から鉄鋼メーカーへの価格引き下げ圧力が強くなり、大手需要者への納入をめぐる鉄鋼メーカー間の競争が激しくなった。従来、日産の鋼材調達において、日鉄、旧 NKK、旧川崎製鉄の 3 社がほぼきっ抗し、それに、住友金属工業、神戸製鋼所が続いたが、日産の調達先の絞り込みで、日鉄と川鉄のシェアが一気に上昇し、他の鉄鋼メーカーのシェアは急落した。需給者間の利害対立が顕著になり、競争が激化したという点で市場性が強く働くようになったといえる。

他方で、日産は鋼材調達先の絞り込みの中でも、複数の鉄鋼メーカーから鋼材を調達する複社発注を続けた。トヨタも、1 社当たりの鋼材調達量を 4 割以下にとどめる方針を続け、2004 年時点で、国内生産で使用する鋼板を日鉄から約 5 割、JFE から約 3 割調達し、10 年にも、日鉄から約 4 割、住友金属から 2 割、他の企業から 4 割を調達した (『日本経済新聞』2004 年 11 月 26 日、朝刊 ; 同、2004 年 12 月 11 日、朝刊 ; 同、2011 年 2 月 8 日、朝刊 ; 2011 年 8 月 5 日、朝刊)。スズキも日本製鉄を主力としながら、住友金属、JFE からも鋼材を調達した。ホンダとマツダも日本製鉄と住友金属から鋼材を調達した。自動車メーカーは鉄鋼の複社発注戦略を続け、鉄鋼メーカーを競わせ、市場性が作用していたのである。

さて、自動車メーカーは特定鉄鋼メーカーとの取引割合がかなり高く、また、特定車種には専ら特定鉄鋼メーカーの鋼材が搭載されるケースが多かった。相対取引であり、組織性が働く取引である。例えば、2012 年、ホンダが発売した軽自動車「N BOX」には日本製鉄の高張力鋼板が採用され、日産が 13 年に発売した新型車には日鉄と神戸製鋼所の新しい高張力鋼板が採用された。それに、スズキが 11 年 3 月に発売した新型軽自動車「MR ワゴン」には JFE の外板用鋼板が、13 年春に発売したスズキの軽自動車には、足回りの骨格材として日鉄の超ハイテン鋼材が採用された。マツダが購入する自動車用鋼板の 75 ％が日鉄と住金からの調達であった (『日経産業新聞』2011 年 1 月 24 日 ; 同、2011 年 3 月 1 日 ; 同、2011 年 10 月 13 日 ; 同、2012 年 6 月 18 日 ; 同、2014 年 8 月 28 日 ;『日経ビジネス』、2011 年 2 月 14 日号 ;『日本経済新聞』 2011 年 5 月 3 日、

朝刊)。逆に、2010年、日鉄と住金を合わせた場合、トヨタへの納入シェアは約56%、ホンダ向けは7割弱、マツダ向けは7割強でもあった。

　一時的ではあったものの、特定需要者の海外工場に特定の鉄鋼メーカーが緊急供給を行ったこともある。例えば、2002年夏、米国の鉄鋼緊急輸入制限(セーフガード)により、アメリカやカナダのホンダ工場で、鋼材が不足したが、日鉄、住友金属など鉄鋼4社が全面協力して、20回に分けて日本から鋼材を空輸した(『日経産業新聞』2004年11月26日)。大口需要家である自動車メーカーとの長期関係維持のために、鉄鋼メーカーが特定需要家に対して供給配慮を図った例である。

　要するに、取引数量をめぐって、特定の自動車メーカーと特定の大手鉄鋼メーカー間の利害対立、競争の活用などの市場性が働くとともに、高い相対取引の割合に基づき、需要企業に対する供給数量面の配慮がなされるなど組織性も作用したのである。

5. 海外生産の拡大と企業間関係の新展開

(1) 海外生産拡大の構図

　21世紀に入り、日本の主要な鉄鋼メーカーが中国、東南アジア、インド、北米などで加工設備を拡充するか、現地鉄鋼加工会社への投資を行うケースが増えている(金(2014))。特に、自動車用鉄鋼の現地生産増加が著しい。

　2000年代以降の日本鉄鋼メーカーの海外生産は、現地鉄鋼メーカー、海外ライバル企業などとの技術・資本提携、あるいは、合弁の形で展開された。例えば、日本の鉄鋼企業は、東南アジアなどでの加工設備の大規模化や現地の鉄鋼加工会社への大型出資を進めたり、現地企業への鋼材技術の移植を加速したり、合弁先の母材などを加工して、現地製鋼材として現地需要企業に供給したりしている(藤本、葛、呉(2008);『週刊東洋経済』2013年4月12日号;『日本経済新聞』2014年11月22日、

朝刊）。同業企業間の協力が行われたという点で、海外生産にも組織性が働いている。

　こうした海外生産拠点の拡充は、「下工程」あるいは「後工程」に集中している。一般的に、高炉による製銑、そして、製鋼、熱延までの「上工程」の設備規模は大きく、設備投資の負担とリスクが大きい上、技術流出のおそれもあるため、海外に移転することは難しい。そのため、主に下工程に海外生産を集中しているのである。

　製品面では、「下工程」の中でも、最終加工を現地工場で行っている。中間製品までは日本国内で生産して、それを現地生産拠点に持ち込んでいる。その上で、現地工場で鋼板表面のためのめっき加工と熱処理など最終加工を施して、自動車メーカーに納入している。資源の移動を企業内で組織的に行ったという意味でも、組織性が働いているといえる。

　こうした中間製品の輸出拡大に伴い、日本の鉄鋼輸出の製品構成も変化している。熱延広幅帯鋼など中間製品が輸出中の構成比を高め、特に、輸出される鋼材の中で、ホットコールが約4分の1も占めている。代わりに、加工度が高い品種の輸出中の構成比は下落している。

　この中間製品の市場に日本の主要な大手鉄鋼メーカーが揃って参入して激しい寡占企業間競争を繰り広げてきた。さらに、中間製品であるだけに製品差別化が難しく、価格競争を招きやすい。そこで、各社は輸出比率を高めて稼働率を維持している。このように、ホットコイルなど中間製品の輸出では、企業内の地域間生産再編という組織性と、市場取引の中での激しい価格競争という市場性が絡み合っている。

(2) 日本内での企業間取引の延長：組織性

　鉄鋼の海外生産増加の背景には、海外生産を増やしてきた日本自動車メーカーが鋼材の現地調達を増やしたことがある。1社当たりの現地生産が年50万台を超えると、鋼材の現地調達を始める傾向があるといわれるが、2010年代に入り、日本の自動車大手は新興国を中心に軒並み鋼材の現地調達比率を高めている。

　日本自動車メーカーにとって、現地で生産される鉄鋼を購入することによって日本から鋼板を輸入するより原価低減が可能である。さらに、安定調達先の確保という面でも有利であり、特に日系鉄鋼メーカーの現地生産ができれば、日本国内での製造と同等の品質を備えた鋼板や高機能製品を調達でき、海外でも日本国内と近い技術サービスが受けられる利点がある（『日経ものづくり』2010年6月号）。こうした理由で、日本の自動車メーカーから日本の鉄鋼メーカーに対して現地生産を求める声が高まった。

　鉄鋼メーカーにとっても、重要な顧客企業の現地拠点に近いところで生産を行い、納期短縮や不良品への迅速な顧客対応につなげられるメリットがある。そこで、鉄鋼メーカーが現地生産への投資に踏み切ることが多い。

　つまり、日本の鉄鋼メーカーは、主要顧客の日系自動車メーカーが海外生産を拡大することに対応して、自動車メーカーの海外拠点にスムーズに鋼板が供給できるように自動車鋼板の工場を新設し、現地の日系自動車大手に販売している（『週刊東洋経済』2015年5月2・9日合併号；『日経ものづくり』2010年6月号；『日本経済新聞』2010年1月29日、朝刊；同、2013年5月3日、朝刊；『日経産業新聞』2014年12月12日）。したがって、こうした海外での鉄鋼生産拡大は、それまでの日本国内での長期相対関係の延長線上で行われている側面が強い。日本の自動車メーカーと鉄鋼メーカーの協力的な取引関係が海外にまで拡張されつつあるといえる（金（2014））。その意味では、海外での自動車用鉄鋼取引は組織性を表わしている。

(3) 競争の拡張：市場性

　しかし、日本自動車メーカーの海外工場が鋼材を現地調達する場合、日本企業からの調達に限らない。現地の鉄鋼メーカー、後発鉄鋼国企業からも鋼材を調達している。実は、現地の日本自動車工場では、コストダウンのため、日本の工場での鋼材購入時に比べ、購入の仕様基準を一

部緩和してでも、現地鉄鋼メーカーあるいは後発国鉄鋼企業の製品を現地調達している。

　こうした現地調達強化戦略の中で、日系自動車メーカーは鋼材の複社発注政策をとっている。例えば、トヨタは、2010年に中国で生産を始めた新型車には、日鉄と独ティッセン・クルップの合弁企業に加えて、中国鞍山鋼鉄からメッキ鋼板を調達した。インドや東南アジアの日系自動車工場でも、日本の鉄鋼メーカーと共に、宝鋼集団、ポスコ、タタ製鉄などからも鋼材を調達した。後発国鉄鋼企業の技術力、供給力の向上に伴って、現地の自動車向け鋼材販売をめぐって、競争が激しくなっている。既存の日本鉄鋼メーカーだけでなく、現地鉄鋼メーカーあるいは後発国鉄鋼企業を調達先にして常に複数の企業を確保して、供給者間の競争を活用して、市場性が作用しているのである。

　しかも、鉄鋼メーカーの現地生産の重要な理由は、日系自動車メーカーの現地工場への販売だけではない。日系ユーザー以外にも販売を増やそうとして現地生産に踏み切るか、現地での生産を増やしている。日本内で深い取引関係を続けてきた日系自動車企業だけでなく、海外自動車向けの現地販売を図って、日本鉄鋼メーカーが現地生産拡大競争を行ったことには市場性が働いているといえる。自動車向け鉄鋼の海外生産においても、組織性と市場性が絡み合っているのである。

6. 小括

　自動車向け鉄鋼取引のほとんどはひも付き取引である。ひも付き販売は特定企業間の取引であるだけに、自動車メーカーと鉄鋼メーカー間の関係が長期的になる傾向があり、長期相対取引が続く中で、取引相手間に協力活動が行われる場合も珍しくない。組織性が強く作用しているのである。ただ、需要者と供給者間の長期取引の中でお互いの協力という組織性が働くことが、両者の利害が対立する場で供給者の利害をより

強く反映させるという市場性を促進する形で組織性と市場性は補完関係
にあった。

　一方、取引交渉では鉄鋼メーカーと自動車メーカー間の利害が衝突
することが多く、両者間の意見調整が難航し、交渉が長期化することが
珍しくなかった。需給者は、それぞれの対立する利害実現に向けた交渉
を続けたのである。組織性の強い取引の場合も、交渉価格をめぐって需
給者間の利害対立が鋭く存在したという点で市場性が働いている。

　にもかかわらず、自動車用普通鋼の交渉価格をめぐる大手自動車
メーカーと鉄鋼メーカー間の対立は両者間の妥協によって緩和され、総
じて、交渉価格が市場価格より安定的になった。組織性が働いたのであ
り、したがって、価格形成をめぐって市場性と組織性が絡み合っていた
といえる。

　取引数量をめぐっても市場性と組織性が絡み合っていた。まず、自動
車メーカーと特定鉄鋼メーカーの取引の割合がかなり高く、鉄鋼メーカー
は国内シェアの確保のため、自動車メーカーは鉄鋼の安定的な確保のた
め、それぞれ安定的な取引量の維持が必要であり、その点で利害が一致
し、協力の誘因が存在した。また、特定車種には専ら特定鉄鋼メーカー
の鋼材が搭載されるケースも目立ち、大口需要家である自動車メーカー
との長期関係の維持のために、鉄鋼メーカーが特定需要家に対して供給
配慮を図った例もある。取引量をめぐる組織性が作用したのである。一方、
大手需要者への納入をめぐる鉄鋼メーカー間の競争も激しく、市場性も
働いている。取引数量をめぐって、市場性が組織性と絡み合っていたの
である。

　21 世紀に入って、日本の鉄鋼メーカーは、主要顧客の日系自動車メー
カーが製造工場の海外移転を拡大することに対応して、自動車用鋼板の
工場を海外に新設し、現地の日系自動車大手に販売している。こうした
鉄鋼の海外生産は、日本の自動車メーカーと鉄鋼メーカーの協力的な取
引関係が海外にまで地理的に拡張されたものであり、その意味では、組
織性を表わしている。

　他方、海外生産に伴い、市場性も作用している。まず、日本自動車メー

カーの現地工場では、日本鉄鋼メーカーだけでなく、現地の鉄鋼メーカー、後発鉄鋼国企業からも鋼材を調達しており、しかも、複数の鋼材メーカーに発注している。供給者間の販売競争、需要者間の購入競争が繰り広げられ、市場性が作用している。したがって、鉄鋼メーカーの自動車用鋼材の現地生産は企業間関係における市場性と組織性の絡み合いを表わしているといえる。

　自動車用鋼材の海外生産拡充は、「下工程」あるいは「後工程」に集中しており、その前の工程の製品、つまり、中間製品は日本で生産して、それを現地に送って加工、販売している。資源の移動を組織的に企業内で再編しているという意味でも組織性が働いている。だが、そこには市場性も働いている。日本の鋼材生産の4割を占めるホットコイル市場に日本の主要な大手鉄鋼メーカーが揃って参入して激しい価格競争を繰り広げている。こうした激しい競争の中で、各社は輸出比率を高めて稼働率を維持しようとする誘因が強く、これが海外でこのホットコイルの加工工程を拡充する圧力になっている。現地での後工程生産の拡大の中で、国内中間製品市場におけるの企業間競争という市場性が、企業内のグローバル生産再編という組織性と絡み合っていることを表わしているのである。

参考文献

川端望 (2005)『東アジア鉄鋼業の構造とダイナミズム』ミネルヴァ書房。

金容度 (2014)「半導体は鉄と異なり自動車の下請け化」『エコノミスト』
　　8 月 19 日号。

『週刊東洋経済』。

『日経産業新聞』。

『日経ビジネス』。

『日経ものづくり』。

『日本経済新聞』。

日本鉄鋼連盟 HP。

藤本隆宏、葛東昇、呉在フォン (2008)「東アジアの産業内貿易と工程アー
　　キテクチャ」『アジア経営研究』No.14。

藤本隆宏、桑嶋健一 (2009)『日本型プロセス産業－ものづくり経営学によ
　　る競争力分析』有斐閣。

第 19 章

鉄鋼の企業間取引の
日米比較：自動車用
鋼材取引の事例

　本章では、自動車用鉄鋼取引を日米比較して、共通点と相違点を分析する。

　分析時期は、アメリカの戦前期、日本の戦後高度成長期である。なぜ、このように分析時期を設定するかについては、表 19-1 によって一応その手がかりが与えられる。表 19-1 によれば、鉄鋼生産量 (粗鋼基準) において、日本がアメリカより速いスピードで伸びる中で、アメリカの 1900 年代と日本の 50 年代後半が最も近く、また、その後には、アメリカの 40 年代前半と日本の 70 年代初頭が近かった。したがって、鉄鋼生産量を基準に両国の鉄鋼業の発展段階を判断すれば、戦前期のアメリカと戦後高度成長期の日本が比較に値することになる。

表 19-1　日本とアメリカの鉄鋼生産量の推移　　（単位：百万トン）

日本		アメリカ	
時期	鉄鋼生産量	時期	鉄鋼生産量
1951 ～ 55	38	1901 ～ 05	78
1956 ～ 60	75	1906 ～ 10	113
1961 ～ 65	168	1911 ～ 15	144
1966 ～ 70	352	1916 ～ 20	212
1971 ～ 75	524	1921 ～ 25	187
1976 ～ 80	535	1926 ～ 30	246
-	-	1931 ～ 35	125
-	-	1936 ～ 40	237
-	-	1941 ～ 45	387

出所：日本鉄鋼連盟『鉄鋼統計要覧』。

　このように、量的な面で日米の鉄鋼業が類似した発展段階を見せたが、第 17 章で述べたように、その需要産業の自動車産業もそうであった。そこで、この時期の自動車向け鉄鋼の企業間取引を日米比較する。

　次に、自動車用鉄鋼の企業間取引を分析する理由として、第 1 に、戦前期のアメリカと高度成長期の日本で、この自動車向け鉄鋼の内需が急速に伸びて、鉄鋼市場で重要なセグメントになったことが挙げられる。

　アメリカでは 20 世紀に入って、自動車産業が鉄鋼業の最大需要部門であり、例えば、1920 年代に自動車向けは圧延製品需要の中での構成比を高め、23 年の 12.6 ％から 29 年に 16 ％まで上昇した。生産量においても、自動車向け鉄鋼は、同期間に、390 万トンから 735 万トンに倍増した。大恐慌からの鉄鋼業の回復にも自動車用需要増加が大きく貢献し、その後 38 年まで、自動車向けは米圧延製品需要の 6 分の 1 ～ 4 分の 1 を占めた (TNEC(1945)；Hogan(1971), Vol.3；Rogers(2009))。

　日本の高度成長期にも自動車用鉄鋼需要が急速に伸び、特に、1960 年代のモータリゼーションの進展で需要増勢が著しかった。60 年代と 70 年代前半に日本の鉄鋼需要の 1 割前後を占めた。

　第 2 の理由は、自動車用鋼材が高級品であったことである。自動車産業は、鉄鋼業に高品質の鋼材製品の大量需要を作り出した産業であり、鉄鋼メーカーに合金鉄を含めた軽薄鋼材の開発を要求することによって、技術面及び流通面のイノベーションを促進した鉄鋼需要産業であった (Chandler(1964)；Daugherty, De Chazeau, Melvin and Stratton(1937))。したがって、鉄鋼業の技術発展を促進したという面で、自動車メーカーとの企業間取引が重要である。

1. 日米の共通点

(1) 長期相対取引及び需給者間協力

　時期は異なるものの、日米共に、自動車用鉄鋼市場では長期相対取引が多く、需要者と供給者の間に多様なレベルでの協力が頻繁に見られた。戦後日本の企業間取引の重要な特徴といわれる現象が日米両方の自動車用鉄鋼市場で観察されるのである。具体的に見ておこう。

① 長期相対取引の存在

　鉄鋼製品は、需要者によって要求される化学的、物理的特性、そして形状や寸法が異なり、特に、大手需要家はその要求仕様が厳しかった(United Steel Corporation(1939b))。GM のような大手自動車メーカーは、部品の詳細な仕様以上に鉄鋼の仕様に注意を払っていた。鉄鋼メーカーは納入に際して、常に自動車メーカーの要求仕様を満たすことが義務付けられた。さらに、後述するように、大手自動車メーカーは取引部品企業が必要とする鉄鋼までまとめて購入 (＝集中購買) していたため、鉄鋼メーカーは大手自動車メーカーが設定した鉄鋼仕様を満たさなければならなかった (Kuhn(1986))。

　こうした要求を満たす米鉄鋼メーカーの数はおのずと限られた。例えば、戦前はもちろん、戦後の 50 年代初頭にも自動車用の広幅鋼材を生産できる鉄鋼メーカーは、ジョン・アンド・ローリン ((Jones & Laughlin)、リパブリック・スチール (Republic Steel Co.)、ナショナル (National Steel Co.) の 3 社しかなかった (*Business Week*, May 19 1951)。限定された鉄鋼メーカーとの取引が繰り返される中で、取引関係は長くなり、その結果、長期相対取引が多くなった。

　日本の場合も、自動車メーカーが取引する鉄鋼企業数は限られた。また、自動車上位 2 社のトヨタと日産は、主力の鋼材調達先を棲み分していた。例えば、トヨタは八幡製鉄への依存度が高かったのに対して、日産は川崎製鉄への依存度が高かった。他自動車メーカーも 1 位調達先への集中度が高かった。このように、この時期の鉄鋼取引は、特定の需要家と供給者間で行われる傾向が強かったという意味で、相対取引であったといえる。実際に、高度成長期の自動車用鋼材市場においては、ひも付き取引の割合が 7 割に達していたが、そのひも付き取引のほとんどは相対取引であった。

　こうした相対取引が繰り返され、アメリカの場合と同様に、特定自動車メーカーと特定鉄鋼メーカー間に長期取引関係が結ばれていた。例えば、トヨタはすでに 1959 年に八幡製鉄との間に鋼板の長期取引契約を結んでいた。自動車用鋼材市場においても、かなり早い段階で長期相

対取引がみられたのである (磯村 (2011) ; 金 (2007) ; 金 (2011a))。

② 需給者間の協力と相互作用

　長期相対取引が多かったということは、需要家と供給者の間の協力、そして、情報交換を始め、両者間の相互作用が行われた可能性が高いことを意味する。つまり、組織性が働いた可能性が高いのである。まず、アメリカでの事例から見ておこう。

　T 型車の生産開始から、フォードは鉄鋼などの材料、部品の生産者との間に、市場関係 (arm'length contracts) とは異なる、親密な関係を結んでいたといわれる (Seltzer(1928) ; Helper(1991))。1920 年代に自動車向け鋼材生産のため、連続式ストリップ・ミルをいち早く導入したアームコ社がその設備を自社開発できたのは、10 年代から自動車メーカーからの反応を聞き集めて、情報を収集したことによる (Thomas(1995))。需給者間の相互作用の事例であろう。

　また、1929 年に 3 社合同で設立されたナショナルは、自動車メーカーの集積地近くのエンコースに同社主力工場を設けて、需要企業と頻繁な情報交換を行い続け、こうした関係によって、同社は適時の受注獲得能力、需要者指定の仕様への対応能力を持つようになった。これが 30 年代初頭の大恐慌時に、注文が途切れる危機を免れる重要な要因になった (Rogers(2009))。

　それに加え、後述するように、フォードの鉄鋼内製化で、自動車用鉄鋼市場でのシェア喪失の危機感を抱いたカーネギー・スチール (Carnegie Steel) とカンブリア・スチール (Cambria Steel) は、フォードと競合していた GM との共同開発に取り組んだ (Kuhn(1986))。つまり、ある上位自動車企業の鉄鋼内製化が取引関係にあった鉄鋼企業の市場を侵食し、その鉄鋼企業が他の上位自動車企業との共同開発を行うようになったのである。企業間の利害対立が他企業との協力関係を生み出す形で市場性と組織性が絡み合って作用していたのである。

　17 章で明らかになったように、フォードは、1920 年代において自動車部品の企業間取引にハンド・トゥ・マウス方式を導入したが、鉄鋼

の調達においても同じ方式を導入した。この仕組みは、戦後日本の自動車メーカーが鉄鋼調達で導入したジャスト・イン・タイムの調達と極めて類似した仕組みであった。

　日本においても、鉄鋼メーカーと自動車メーカー間の企業間協力が多くみられた。

　例えば、需要者と供給者間の研究開発上の協力が行われた。自動車用鋼材の開発のための需要家と供給者の協力の先駆けは、コニカルカップテスト研究会であった。同研究会は、1957年に同人会的な集まりの形で発足し、需要家の自動車メーカー3社(トヨタ、日産、富士精密)、供給者の鉄鋼メーカー2社(八幡、富士)が主力メンバーとして加わっていた。64年からは、より系統的な共同研究が開始され、73年に自動車のプレス型を対象に、熱延と冷延高強度鋼板の成形性テストを行った。さらに、75年頃から、自動車メーカーと鉄鋼メーカーが直接組んで開発を行う動きも出てきた。例えば、トヨタの技術部や品質保証部と新日鉄の技術者間に共同開発が行われた。ほぼ同じ時期に、日産と鉄鋼メーカーとの間にも共同開発が行われた(鉄鋼商社A社のOBへのヒアリング(2005年12月15日);金(2007);中岡編(2002);橋本(1991))。

(2) 自動車メーカーの鉄鋼複社発注

　自動車メーカーと鉄鋼メーカーの取引に表れた日米両国のもう一つの共通点として、大手需要者の自動車メーカーが常に複数の鉄鋼メーカーと取引していたことがある。複社発注である。日米自動車メーカー共に、複数の供給者間の競争の活用によって自社の取引交渉上の立場を有利にするために、また、安定的な調達のために複社発注を行っていた。

　例えば、GMの場合、経営者のスローンが1922年秋に、各事業部の調達稼働を全社的に調整するGeneral Purchasing Committeeを設けた時、自動車部品、そして鉄鋼などの基礎素材について2社以上から調達する方針(two-source-of-supply policy)を決め、その後、一貫して鉄鋼の複社発注を行った(Kuhn(1986))。23年に、GMは普通鋼をカーネギー・

スチールだけでなく、カンブリア・スチールからも調達しており、その
背景には、各事業部が自由に鉄鋼メーカーを選んで調達できるようにす
る方針があった (Kuhn(1986))。フォードの場合も、同社ハイランドパー
ク工場の調達部 (Purchasing Agents) が複数の鉄鋼メーカーを厳選し、こ
の複数のメーカーと契約を行ったとされる。GM もフォードも鉄鋼調達
で複数の鉄鋼メーカー間の競争を活用していたという点で、市場性が働
いていたのである (金 (2018))。

　日本の大手自動車メーカーも、高度成長期に、鋼材の複数発注戦略を
とっていた。つまり、少なくとも 2 社以上の鉄鋼メーカーから鋼材を調達
して、鉄鋼メーカー間の競争を活用していた。例えば、1962 年頃に、ト
ヨタは、八幡製鉄を主な調達先としていたが、富士製鉄の事実上の子会社
であった東海製鉄からも鋼材を調達していた。日産と東洋工業も川崎製鉄
と富士製鉄という複数の鉄鋼メーカーから鋼材を購入していた。いすゞ、
プリンス、日野なども 3 〜 4 社の鉄鋼メーカーから自動車用鋼材を調達
していた。76 年にも、主要な自動車メーカーは複数の鉄鋼メーカーから
鋼材を購入する複社発注を続け、複数の鉄鋼メーカー間の競争を活用し
た (金 (2018))。

　要するに、自動車用鉄鋼の取引では、日米共に、需給者間の協力、
相対取引など組織性が働く一方、複数の供給者間の競争という市場性も
働いた。組織性と市場性の絡み合いが日米両方で観察されるのである。

(3) 需要拡大に伴う供給者間競争の激化

　自動車メーカーの鉄鋼複社発注戦略が有効に機能するためには、供
給産業で競争が行われていなければならないが、実際に、日米共に、自
動車用鋼材市場における鉄鋼メーカー間の競争は激しさを増していた。
市場性の作用といってよいが、これも日米の共通点であった。

① 初期市場における先発鉄鋼メーカーの圧倒的地位

　当初、自動車に鉄鋼が使われ始めた時期には、日米共に供給企業が限られたため、先発鉄鋼メーカーがこの市場で圧倒的な地位を占めた。

　まず、アメリカでは、自動車用鋼材需要が現れ始めた時、US スチールが圧倒的な市場シェアを占めていた。日本においては、商用車向け鉄鋼需要が増えた 1950 年代当初、この自動車用鉄鋼製品を供給できる企業は限られた。そのため、多くは輸入されたが、一部製品を 50 年の日鉄分割によって生まれた 2 社、八幡製鉄と富士製鉄が供給していた。例えば、自動車用に多く使われていた熱延広幅帯鋼の場合、56 年に八幡のシェアが 70％で富士を加えた上位 2 社のシェアが 94％にも達していた。また、自動車用に多く使われたもう一つの品種でも、55 年に八幡製鉄と富士製鉄の 2 社が市場を握っていた (Kim(2015)；金 (2006)；金 (2007)；金 (2011a)；金容度 (2011b))。つまり、自動車用鉄鋼市場の初期に、先発の鉄鋼メーカーが市場で圧倒的なシェアを占めていたことに日米両国の共通点があった。

② 設備拡張をめぐる鉄鋼メーカー間競争の激化

　その後、伸びる自動車用鉄鋼市場で鉄鋼メーカー間競争が激化したことも日米の共通点であった。市場が急速に伸びることによって、この鉄鋼市場セグメントに新規参入する企業が相次ぎ、企業間競争が激化した。

　装置産業の鉄鋼業で競争の焦点は設備拡張にあった。アメリカ鉄鋼業では、とりわけ、1920 年代の設備近代化への動きはストリップ・ミルを中心に圧延分野に集中したが (表 19-2)、それは増加していた自動車向けを意識したものであった (伊藤 (1964))。例えば、鋼材車体化は鉄鋼メーカーに充分な数量の薄板やストリップ・スチールを経済的な値段で提供するという課題を提起したが、既存の手動の小型ミルによる少量生産では、鉄鋼価格が高くなり、自動車メーカーの要求に対応することができなかったため、鉄鋼メーカーはシート・ミルの導入と全自動化を図った。

　表 19-2 からも確認できるように、アメリカ鉄鋼市場全体のトップ企業だった US スチール以上に後発企業が積極的に設備を増やし、設備拡大

をめぐる競争が激しくなった。20 年代に圧延設備投資を主導したのはアメリカン・ローリング・ミル (American Rolling Mill) であった。3 社の大合同により 1929 年に設立されたナショナル・スチールも、創業後、自動車用鋼材向け設備増強に積極的であった。実は、同社の重要な設立理由は自動車企業への販売拡大にあった (森 (1964) ; 黒川 (1992))。

表 19-2　1920 年代における米鉄鋼メーカーのストリップミルの導入状況

企業名	サイズ (インチ)	年産能力 (千トン)	操業開始年
American Rolling Mill	58	432	1924
American Rolling Mill	48	313	1926
Republic Steel	36	302	1927
Weirton Steel	54	420	1927
USS	42	400	1927
American Rolling Mill	80	372	1928
Wheeling Steel	60	540	1929

出所 : 黒川 (1992)、前掲書、p.158(元の資料は TNEC. Hearing Part 30、17331)。

　それゆえ、ナショナル・スチールは、設立当初から、主力のエコース工場を中心に自動車向け薄板生産に重点を置き、自動車メーカーとは、地理的な近接による輸送コスト面の利点を含む特別な関係を結んでいた (Rogers(2009))。したがって、自動車向け設備投資に積極的になったのである。

　ベスレヘム・スチール (Bethlehem Steel) も、自動車用鉄鋼向け圧延設備導入に積極的であった。同社の自動車用鉄鋼の生産設備は、ラッカワンナ工場とスパロー・ポイント工場に集中し、積極的な設備投資によって、両工場では、1930 〜 38 年の間に、200 万トン以上の生産能力向上があった。1900 年設立のヤングスタウン (Youngstown Sheet & Tube) も、1935 年に連続型ストリップ・ミルを導入し、ジョンス・アンド・ローリ

ンとフィーリング (Wheeling) も 30 年代に冷延圧延設備を整えた。全米鉄鋼最大手の US スチールも遅ればせながら、30 年代に、成長する自動車用鉄鋼材を見据えた設備投資に加わった。かくして、全米で 30 年代の 10 年間、アメリカで 51 基、1,300 万トン製造能力の冷延還元ミルと、20 基の連続広幅ストリップ・ミル設備が導入された (Rogers(2009)；Hogan(1971), Vol.3)。

　日本においても 1950 年代後半から 60 年代にかけて鉄鋼メーカー間の設備投資競争が激化した。50 年代半ばより、ストリップ・ミルの設備投資が増え、先発の富士、八幡だけでなく、58 年 4 月に川崎製鉄も自動車用鋼材市場に本格参入することによって、これら 3 社間に激しい設備投資競争が繰り広げられた。さらに、50 年代末から 60 年代前半、日本鋼管、住友金属、神戸製鋼も新たに同鋼材市場セグメントに相次いで参入して、ストリップ・ミル設備を導入し、設備投資競争に加わった。

　このように、自動車用鉄鋼の需要が伸びた時期に、日米共に、鉄鋼メーカーの相次いだ設備投資が行われ、設備投資競争が激化したことは供給側の重要な共通点であった。ただし、日米の設備投資競争には違いもあった。つまり、日本では主に鉄鋼各社の設備導入や建設という形で設備投資が行われたのに対して、アメリカでは、ベスレヘム、リパブリック、ヤングスタウンの例から分かるように、設備の増強・導入には、すでに設備を持っていた企業の買収・合併を伴うものも多かった。アメリカで資源移動の自由度が日本のそれより高く、その点で、アメリカの鉄鋼取引では日本より市場性が強く働いていたということができる。

③ 自動車用鋼材市場における企業別シェアの変化

　設備投資競争が激化する中で、自動車用鉄鋼市場で後発企業の市場シェアが高まり、先発企業のシェアが低くなったことも日米の共通点であった。参入企業間のシェア差が縮まって、それは競争の激しさを表わす。

　まず、アメリカの自動車用鉄鋼市場では、US スチールの相対的な地位が急速に低下した。表 19-3 によれば、自動車用が多いマーチャントストリップ製品と薄板で、US スチールの市場シェアは、1920 年の 53％と

32％から、32 年には 16％と 12％に劇的に低下した。さらに、34 年の自動車向け鉄鋼市場で、US スチールのシェアはわずか 9％に止まった。もちろん、市場が拡大していただけに、US スチールの生産が減ったわけではないが、同社の市場地位は明らかに低くなった。

表 19-3 US スチールの市場占有率　　　　　　　　　　　（単位：％）

	ストリップ・ミル製品	ブリキ	薄板	厚板
1920 年	53	44	32	44
1922 年	57	44	28	46
1924 年	34	44	21	49
1926 年	43	47	21	48
1928 年	32	43	18	42
1932 年	16	36	12	28

出所：Hogan(1971)Vol.3、p.1196。

　対照的に、同製品の生産には中小メーカーの進出がみられ、自動車用鉄鋼の市場機会に積極的に対応した独立系銑鋼一貫企業が急速に成長した (溝田 (1986)；森 (1964))。M&A を伴う各社の設備拡充競争が激化し、2 位以下の企業の市場シェアが上昇し、市場の集中度も低くなった (Rogers(2009))。例えば、ベスレヘム、アームコが積極的な設備投資に基づき、市場シェアを伸ばし、ナショナル、ヤングスタウン、ジョンス・アンド・ローリン、リパブリック、インランドなども自動車用鉄鋼市場でシェアを伸ばした。

　日本においても類似の競争様相がみられた。激しい設備投資競争が行われた結果、自動車用鋼材の産業組織がより競争的に変化し、市場シェアの変化が激しかった。例えば、コールドストリップ・ミルの代表的な品種であり、自動車用鋼材の主な品種である冷延鋼板市場において、58 年に、川崎製鉄の市場シェアが急速に高まった半面、先発の 2 社、八幡

製鉄と富士製鉄の市場シェアは下落し、3社間のシェアがより近接するようになった。さらに、その後、日本鋼管、住友金属工業、神戸製鋼が新規参入し、これらのメーカーのシェアも高まり（表19-4）、60年代を通してこれら6社が鎬を削るようになった。

表 19-4　冷延鋼板市場における企業別シェア　　　　　（単位：%）

企業名	1955 年	1960 年	1965 年
八幡製鉄	44.4	25.1	17.7
富士製鉄	33.6	16.1	14.4
日本鋼管	0.0	4.1	9.5
川崎製鉄	2.3	16.3	16.0
住友金属	0.0	0.0	5.3
神戸製鋼	0.0	0.0	6.5
(6 社合計)	80.1	61.6	69.4

出所：飯田、大橋、黒岩編 (1969)、583 頁；金 (2011a)、11 頁。

日米共に、鉄鋼メーカー間の激しい設備投資競争が繰り広げられる中で、先発企業の市場シェアが低下する代わりに、後発企業のそれが急速に高まり、市場シェアがより近接になり、自動車用鋼材市場の産業組織がより競争的になった。こうした競争の中で企業間取引が行われたという点で、日米共に市場性が強く働いていたということができよう。

(4) 大手自動車企業の取引交渉力の上昇

需要が伸長する中でも、供給者の新規参入と設備投資競争が行われ、市場では供給過剰が繰り返し起こった上、企業成長のスピードは鉄鋼メーカーより大手自動車メーカーが速かった。その結果、日米共に、供給者の鉄鋼メーカーに比べ、大手需要者の自動車メーカーの取引交渉力が強

くなる傾向にあった。取引交渉は需給者間の利害対立という点で市場性を表しているが、この取引交渉で大手需要者の価格交渉力が高まるという市場性における日米共通点があった。

　　まず、自動車用鋼材の価格推移から価格交渉力の変化を確認しておこう。

図 19-1　US スチールの自動車用鋼材販売価格 (1923 〜 1938 年)

（単位：セント／ポンド）

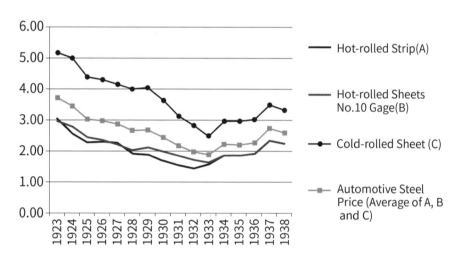

資料 : United Steel Corporation(1939a)。

　　図 19-1 で、アメリカの自動車用鋼材価格の推移をみれば、1920 年代と 30 年代を通して概ね下落する傾向にあり、特に、23 年より 33 年まで持続的に下落した。34 年以降、価格が上昇しているものの、20 年代前半よりはるかに低い水準に止まっていた。同じく、図 19-2 を見れば 60 年代の日本においても、自動車用に多く使われる冷延鋼板の価格が下落傾向にあった。要するに、自動車用鋼板の価格は、日米ともに分析時期に下落傾向にあった。

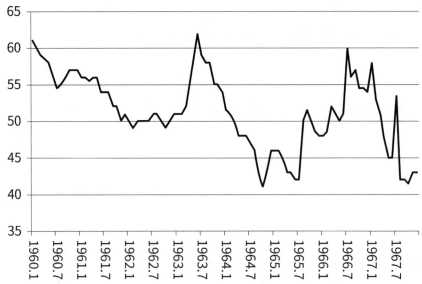

図 19-2　冷延鋼板 (1mm) の月別市中価格　　　　　　　　（単位：千円／トン）

資料：日本鉄鋼連盟 (1969)。

　こうした鋼板価格下落の主な要因は、鉄鋼メーカーの設備投資と技術改善による生産性向上及びコストダウンである。しかし、価格引き下げには他の要因があった。その要因は、1920年代の価格下落率より製造原価の下落率が大きかったことから見出せる。価格下落にはコストダウン以外の要因もあったのである。有力な要因として、まず、アメリカの1920年代と30年代前半、そして日本の50年代後半と60年代を通して、自動車用鋼材の需給状況が需要家に有利に変わりつつあったことが挙げられる。この点についてもう少し詳しくみておこう。

　この時期、前述したように、日米ともに鉄鋼メーカーが激しい設備拡充競争を行い、それが供給能力の飛躍を生み出したが、この供給能力の飛躍は、必ずしも需要と歩調を合わせて行われるという保障はなかった。したがって、供給過剰になる可能性を常に孕んでいる。その結果、鋼材市場で買手市場の特性がより色濃くなった上 (金 (2011a)；金 (2011b)；石崎 (1968))、とりわけ、鉄鋼メーカーにとって設備大型化に

伴い資本費・固定費負担が上昇し、高操業度の維持の誘因が強まった。そのため、需要減少期には、需給ギャップが一気に拡大し、鋼材価格が下落した。

　また、供給過剰の圧力、買手市場の状況は大手自動車メーカーの取引交渉力を高め、これも鋼材価格を引き下げる方向に働いた。それに、前述したように、この鋼材市場で日米共に競争が激しくなったが、こうした供給側の産業組織の変化も需要者の取引交渉力を高めた。つまり、鉄鋼メーカーの設備投資が需給バランスの変化と供給側の産業組織の変化を触発することによって、意図せざる結果として自動車メーカーの価格交渉力を高めたのである (金 (2011a) ; 金 (2011b))。

　それに加え、モータリゼーションの波に乗って、日米の大手自動車メーカーが急速に成長し、その成長のスピードが同じ期間の鉄鋼メーカーのそれを上回った。その結果、企業規模の相対的変化という面にも、需要者側の取引交渉力を高める要因があったといえる。最後に、鉄鋼需要の速い伸びによって、鉄鋼需要の中での自動車用の比重が高まり、鉄鋼メーカーにとって、取引先としての自動車メーカーの重要性が高まり、これも需要者側の取引交渉力を高める要因になった (金 (2011a))。

(5) 集中購買 (centralized purchasing system)

　自動車メーカーによる鉄鋼の集中購買が行われたことも日米の共通点であった。集中購買とは、自動車メーカーが系列部品企業の鋼材をまとめて購買する方式である。

　まず、米自動車メーカーの鉄鋼集中購買についてみておこう。1920年代半ばまでの自動車最大手のフォードは、すでに 09 ～ 14 年に、取引している部品企業のために、これらの企業が必要とする鉄鋼をまとめて購入していた (Seltzer(1928) ; Helper(1991))。さらに、同社の調達担当者の証言によれば、20 年代半ばに、フォードは、サプライヤーのために鉄鋼などの材料を購入していた。フォードだけでなく、GM も、すでに 1910年代より自社だけでなく、サプライヤーのために鉄鋼を調達していた。

　このように、フォードとGMが早い段階から鉄鋼を集中購買した
もっとも重要な理由は、この時期、鉄鋼需要の速い増加に供給が追い付
かず、供給不足が続き、鉄鋼調達が難しかったことである。特に、第1
次世界大戦期に入ると、注文量が増えた鉄道用、建設用、軍需にまず鉄
鋼が回され、自動車用鉄鋼の鉄鋼不足は一層深刻になった。さらに、中
小自動車部品企業は、相対的に少量の鋼材しか消費しないため、より高
い価格を支払わなければならず、しかも、納入までより長く待たざるを
得ない状況にあった。そのため、大手自動車メーカーが自動車部品企
業の必要鋼材までまとめて購入するという集中購買を行い (Helper and
Hochfelder(1997))、この集中購買は後にも続いた。

　取引交渉力が弱く、需要規模が小さい中小部品企業にとっても自動
車企業による鉄鋼集中購買のメリットを享受することができたが、鉄鋼
の集中購買は、鉄鋼企業にもメリットがあった。例えば、鉄鋼企業が多
くの個別部品企業との直接取引を行う場合、取引コストが増加するため、
大手鉄鋼メーカーの集中購買により、こうした取引コストを節約するこ
とができた。したがって、自動車企業の鉄鋼集中購買は部品企業と鉄鋼
企業との理解の一致を反映しており、この点で、組織性の作用を表す。

　米自動車メーカーが鉄鋼の集中購買を行った理由は他にもあった。
鋼材の集中購買によって購入規模を大きくして、鉄鋼取引における価格
交渉力を高められることであった。これらの集中購買の諸理由のうち、
需給の不均衡、価格交渉力などは、需要企業と供給企業間の利害対立を
反映するため、この集中購買は市場性を表している。したがって、米自
動車メーカーの集中購買行動には、市場性と組織性が絡み合っていたの
である (金 (2018))。

　日本の場合も、多くの自動車メーカーが鉄鋼の集中購買を行い続け
た。つまり、主力の自動車メーカーは、鉄鋼の調達において系列部品メー
カーが必要とする鉄鋼までまとめて調達していた。

　トヨタの事例を見ておこう。トヨタは、すでに戦前と第2次大戦期
に部品メーカー使用の鉄鋼まで集中購買して、部品企業に鉄鋼を支給し
ており、戦後のほとんどの時期にこうした集中購買がトヨタの鉄鋼の主

な調達方法であった。トヨタが鉄鋼の集中購買を行った理由として、第1に、鋼板不足による調達難に対応すること、第2に、購入規模の拡大によって、鉄鋼メーカーとの取引交渉力を向上することが挙げられるが、前述したように、これらの理由はアメリカの自動車メーカーが集中購買を行った理由と共通していた。こうした理由は、需給バランスや価格交渉力をめぐる需要者と供給者間の利害対立を反映している点で、市場性を表しているといえる。また、自動車メーカーの鉄鋼集中購買が部品企業の材料確保に配慮しているのは、部品企業との緊密な関連を維持するためのものでもあり、この面からは、組織的な企業間関係を表す行動である。市場性と組織性の絡み合いを反映しているのである (金(2018))。

　したがって、アメリカと日本の自動車メーカーは共に、鉄鋼の取引において集中購買を行い、そこに市場性と組織性の絡み合っていたという共通点があったといえる。

2. 日米の相違点

　日米両国における自動車用鉄鋼取引には多くの相違点も観察される。異なる国での企業間関係に相違点が多いのは当然であるともいえるが、組織性と市場性という本書の分析視点から重要であると思われる日米相違点をみておこう。

(1) 商社の介入度合いの日米差

　アメリカの鉄鋼取引では、鉄鋼メーカーによる直販が多く、商社、問屋が介入することは一般的でない (Porter and Livesay(1971))。戦前の自動車用鉄鋼の場合も例外でなかった。しかし、アメリカと違って、日本の鉄鋼の企業間取引においては、ほとんどの場合、商社、問屋が介入

していた。自動車用鋼材の取引も同様であり、大手鉄鋼メーカーと自動車メーカーのひも付き契約取引に商社あるいは問屋が介在した。自動車の外板用鋼材の取引には商社が介入せず、鉄鋼メーカーが自動車メーカーに直販する場合もあったものの（日本鉄鋼連盟へのヒアリング（2006年12月20日））、こうした直販はそれほど多くはなかった。ほとんとの取引には、流通業者、つまり商社・問屋が関わった。取引への商社の介入程度において日米の差があったのである。

　日本で、鉄鋼メーカーと商社の結びつきは強く、特定の取引でどの商社を介入させるかはほとんどの場合、鉄鋼メーカーが決定した。特に、トヨタが系列の豊田通商を活用することを除き、鉄鋼メーカーとの結びつきが強い商社が取引に携わっており、一部の鉄鋼メーカーは、直系商社、あるいは、同じ企業集団内の商社を活用していた。このように、自動車鉄鋼の取引において、商社が多く介入しており、大概に、その商社の選定を鉄鋼メーカーが決めたことは、日本ではアメリカより組織性の強い企業間取引が行われたことを示す。

　一方、自動車企業の鉄鋼購入に関与する流通業者数は4〜6社であった。自動車メーカーは、鉄鋼メーカーだけではなく、流通業者にも複社発注政策をとっていたのであり、これら流通業間の競争も激しく、したがって、市場性が作用した。日本の自動車用鉄鋼取引に鉄鋼商社あるいは鉄鋼問屋が介入する現象にも組織性と市場性が絡み合っていたのである。

(2) 日本の長期相対価格水準の安定性

　本章の分析時期に、日米共に、自動車用鉄鋼の価格が下落傾向にあったことはすでにみたとおりであるが、個別の自動車メーカーの鋼材取引価格推移は異なる様相を見せていた。

　図19-3によれば、トヨタと日産の鋼材購入価格は1960年代を通して下落傾向にあったものの、その下落の速度は極めて緩やかであった。しかも、62年から65年上期までの3年半、また、66〜70年の5年間、

トヨタと日産共に、購入価格を据え置きしていた。極めて安定的な価格
推移であり、市場価格の変動にほぼ影響されない価格水準であったこと
が推論できる。したがって、日本の自動車用鋼材の長期取引では、個別
需要者と供給者間の価格設定に強い組織性が働いていたといえる。

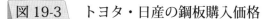

| 図 19-3 | トヨタ・日産の鋼板購入価格 |

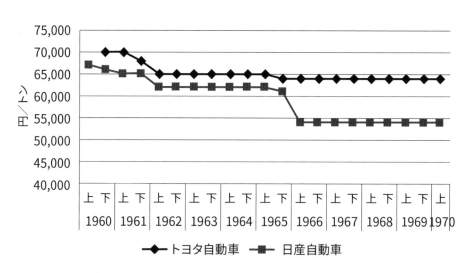

資料：トヨタ自動車工業『有価証券報告書』及び日産自動車『有価証券報告書』。

　　戦前のアメリカにおいて、鉄鋼の長期相対取引の価格変化は戦後の日
本と異なった。もちろん、アメリカにおいても、US スチールを価格先導
企業にして、鉄鋼メーカー間の協調的な価格設定が行われたことはよく
知られている。しかし、少なくとも、戦前に米自動車メーカーが個別鉄
鋼メーカーからの購入価格を設定する際に、日本のような安定的な水準
で決めたわけではなかった。図 19-1 がそれを表している。したがって、
個別企業間の自動車用鋼材の相対取引において、アメリカに比べ、日本
ではるかに安定的な価格設定がなされていたということができよう。

　　こうした日米の相違点は、日本の取引で、組織性がより強く働いた
ことを示しており、また、前述のごとく、アメリカだけでなく、日本に
おいても、自動車用鋼材の市場価格は基本的に需給バランスによって決

められていたことを考えると、日本の自動車用鋼材価格の形成には、市
場性と組織性が絡み合っていたともいえる。

(3) 米自動車メーカーの鉄鋼内製化

　戦後日本の場合、自動車メーカーが鋼材の内製化を行った例がなかっ
たのに対し、戦前のアメリカではフォードのような一部上位自動車メー
カーが鉄鋼生産を内製化し、鉄鋼の需要者と供給者の両方の立場を兼ね
たことがある。

　フォードは、新設のリバールージュ工場内に 3,500 万ドルを投資
し、製鉄所を建設して 1921 年より銑鉄生産を開始した。当時最高生産
能力の日産 500 トン高炉 3 基を持つ鉄鋼一貫製鉄所で、平炉 1 基、圧延
設備 1 式、コークス炉を整えていた (Chandler(1964) ; Sorensen(1958) ;
Warren(2001) ; Rogers(2009) ; 塩見 (1986) ; Rubenstein(1992))。

　フォードが鉄鋼の内製化に取り組んだ最も重要な理由は、鉄鋼の
供給不足問題であった。つまり、1910 年代の需要急増期、鉄鋼は深
刻な供給不足状況にあって、フォードは他の鉄鋼需要産業、他自動車
メーカーとの鉄鋼獲得競争に悩んでいた (Sorensen(1958) ; Helper and
Hochfelder(1997))。この問題の解決策として、フォードが選んだのが鉄
鋼の内製化であった。したがって、鉄鋼内製化は、取引量をめぐる自動
車メーカーと鉄鋼メーカーの利害対立という市場性も示す。つまり、ア
メリカにおける自動車用鉄鋼の取引において、鉄鋼の内製化は日本とは
異なる方式で市場性と組織性が絡み合った事例であるといえる。

　同じく上位の自動車メーカーであった GM は、フォードと違って鉄鋼
の内製化を行わず、専ら鉄鋼を外部から購入し続けた。GM 経営陣は、鉄
鋼を内製化しなくても、鉄鋼メーカーとの長期契約によって安定的な調達
が可能であるとみていた。GM 首脳部が鉄鋼メーカーとの取引をうまくコ
ントロールできるという楽観的な考えを持っていたといえる。さらに、内
製化によって、既存鉄鋼メーカーより鉄鋼を効率的に生産できるという保
証がないと判断し、GM は鉄鋼を内製化しなかった。そこから、米大手自

動車メーカーの中でも、企業の戦略によって鉄鋼取引における市場性と組織性の結合方式が異なったことが分かる (金 (2018))。

(4) 自動車メーカーの取引交渉力の日米差

　本章の分析時期に、自動車メーカーの取引交渉力の高さには日米間に差があった。米自動車メーカーの対鉄鋼メーカー取引交渉力が、日本の自動車メーカーのそれより高かった。

　その手がかりは、両国の自動車産業の上位集中度から与えられる。表 19-5 で、自動車産業の上位 3 社集中度をみれば、1960 年代と 70 年代前半の日本では 60％台前半であったのに対して、アメリカでは 30 年代に 8 割を超え、35 年には上位 3 社だけで 9 割の市場シェアを占めていた。アメリカの自動車産業が日本よりはるかに高い集中度を見せていたのである。米「ビッグ 3」の存在感が高かっただけに、上位 7 社集中度では日米間の差が縮まったが、それでも、アメリカの上位 7 社集中度が日本より高いことに変わりはない。

表 19-5　日本とアメリカの自動車産業の上位企業市場占有率 (単位：％)

年	米自動車産業		年	日本自動車産業	
	上位 3 社	上位 7 社		上位 3 社	上位 7 社
1929	71.8	84.1	1960	63.2	82.9
1931	81.2	89.3	1962	61.6	90.0
1933	87.5	94.2	1964	59.7	89.8
1935	90.0	97.3	1965	63.4	94.1
1937	88.6	97.8	1967	61.8	93.4
-	-	-	1969	65.3	88.7

　しかも、需要産業である自動車産業の主なプレイヤー数では、米国が日本より少なく、供給産業の鉄鋼業界の主なプレイヤー数では、米国が日本より多かった。それゆえ、米自動車メーカーの対鉄鋼メーカー取引交渉力が、日本の場合より高かった。取引交渉力は、需要者と供給者との間の利害対立が前提とされていることから、市場性を表すといえるが、この市場性の具体的な作用に日米間の違いがあったのである。

参考文献

飯田賢一、大橋周治、黒岩俊郎編 (1969)『現代日本産業発達 (Ⅳ) 鉄鋼』交詢社。

石崎昭彦 (1967)「1920 － 21 年恐慌とアメリカ鉄鋼業－独占の再編成を中心にして」『商経論叢』(神奈川大学経済学会)、第 3 巻第 2 号。

磯村昌彦 (2011)「自動車用鋼板取引における集中購買システムの進化」『経営史学』第 45 巻第 4 号。

伊藤誠 (1964)「鉄鋼業」玉野井芳編『大恐慌の研究－1920 年代アメリカ経済の繁栄とその崩壊』東京大学出版会。

黒川博 (1992)『U.S. スチール経営史－成長と停滞の軌跡－』ミネルヴァ書房。

金容度 (2006)「長期相対取引と市場取引の関係についての考察－高度成長期前半における鉄鋼の取引－」『経営志林』(法政大学経営学会)、第 42 巻第 4 号。

金容度 (2007)「高度成長期における自動車用鋼材の取引」『イノベーション・マネジメント』(法政大学イノベーション・マネジメント研究センター)、No.47。

金容度 (2011a)「高度成長期における鉄鋼取引－取引交渉力と設備投資の関連を中心に－」『経営志林』(法政大学経営学会)、第 48 巻第 3 号。

金容度 (2011b)「鉄鋼業－設備投資と企業間取引」武田晴人編『高度成長期の日本経済－高成長実現の条件は何か』有斐閣。

金容度 (2018)「日米企業システムの比較史序説 (2)－鉄鋼の企業間取引史の日米比較」『経営志林』(法政大学経営学会)、第 54 巻第 4 号。

塩見治人 (1986)「フォード社と自動車産業」塩見治人、溝田誠吾、谷口明丈、宮崎信二『アメリカ・ビッグビジネス成立史－産業的フロンティアの消滅と寡占体制』東洋経済新報社。

鉄鋼商社 A 社の OB へのヒアリング (2005 年 12 月 15 日)。

中岡哲郎編 (2002)『戦後日本の技術形成』日本経済評論社。

日本鉄鋼連盟 (1969)『鉄鋼十年史昭和 33 年〜 42 年』。

日本鉄鋼連盟『鉄鋼統計要覧』。

日本鉄鋼連盟へのヒアリング (2006 年 12 月 20 日)。

橋本寿朗 (1991)『日本経済論』ミネルヴァ書房。

溝田誠吾 (1986)「U.S. スチール社と製鉄業」塩見治人、溝田誠吾、谷口明丈、宮崎信二『アメリカ・ビッグビジネス成立史−産業的フロンティアの消滅と寡占体制』東洋経済新報社。

森杲 (1964)「大戦間のアメリカ鉄鋼業 (2)」『経済学研究』(北海道大学)、第 14 巻第 2 号。

Business Week, May 19 1951.

Chandler, Alfred Jr. (1964). *Giant Enterprise: Ford, General Motors, and the Automobile Industry Sources and Readings*, Harcourt, Brace and World Inc..

Daugherty, Carrol R.,De Chazeau, Melvin G. and Stratton, Samuel S. (1937). *The Economics of the Iron and Steel Industry* Vol.1. McGRAW-Hill.

Helper, Susan(1991). "Strategy and Irreversibility in Supplier Relations-Case of the U.S. Automobile Industry," *Business History Review*, Vol.65 No.4.

Helper, Susan and Hochfelder, David(1997). "'Japanese-Style' Relationships in the Early Years of the US Auto Industry?," in Masahiro Shimotani and Takao Shiba, eds. *Beyond the Firm*. Oxford University Press.

Hogan, William T. (1971). *Economic History of the Iron and Steel Industry in the United States*. Vol.3, Heath.

Kim, Yongdo(2015). *The Dynamics of Interfirm Relationships: Markets and Organization in Japan*, Edward Elgar Publishing.

Kuhn, Arthur J. (1986). *GM Passes Ford, 1918-1938: Designing the General Motors Performance-Control System*, Pensylvania State University Press.

Porter, Glenn and Livesay, Harold C. (1971). *Merchants and Manufactures: Studies in the Changing Structure of Nineteenth-Century Marketing*, Johns Hopkins Press.

Rogers, Robert P. (2009). *An Economic History of the American Steel Industry*, Routledge.

Rubenstein, J. M(1992). *The Changing US Auto Industry: A Geographical Analysis*, Routledge.

Seltzer, Lawrence H. (1928). *A Financial History of the American Automobile Industry*, Houghton Mifflin Company.

Sorensen, Charles E. with Williamson, Samuel T. (1958). *My Forty Years with Ford*, W. W. Norton & Company.

TNEC(1945). *Hearings before the TNEC*, Part 26, 14096-7.

Thomas, Misa J. (1995). *A Nation of Steel: the Making of Modern America, 1865-1925*. Jones Hopkins University Press.

United Steel Corporation(1939a). *An Analysis of the Demand for Steel in the Automobile Industry*.

United Steel Corporation(1939b). *A Statistical Analysis of the Demand for Steel, 1919-1938*.

Warren, Kenneth(2001). *Big Steel: The First Century of the United States Steel Corporation 1901*, University of Pittsburgh Press.

Warren, Kenneth(2008). *Bethlehem Steel: Builder and Arsenal of America*, University of Pittsburgh Press.

第 20 章

液晶部材の企業間取引

　21世紀に入って急成長した新しい中間財産業で、日本企業が技術的
に世界トップレベルにあり、高い国際競争力を持っている産業がある。
液晶部材産業である（液晶部材産業などの化学工業に日本企業の強みが
あり、その理由は、化学、化学工業の特性と日本企業の指向・行動特性
が合致する面があるからであるという点を強調する研究として、伊丹
(2013) がある)。

　1990年代以降、PC、デジタルカメラ、デジタルTV、スマートフォン、
タブレットなどの製品にディスプレー部品として使われる液晶の市場は
急速な拡大を続け、この液晶の製造に利用される様々な部材の需要も急
速に成長した。

　日本の液晶部材企業の有力な需要企業は1990年代まで日本の液晶
企業であった。当時は、日本企業が世界液晶市場を席捲していたためで
ある。しかし、2000年代に入って、台湾と韓国の液晶企業が競争力を高
め、日本の液晶企業に追いつき、逆転現象が起こり、最近では、中国企
業まで加勢している。そのため、2000年代以降に、日本部材企業は韓国、
台湾など海外需要企業との取引が急速に増えた。これら海外需要企業と
日本部材企業の取引拡大のために、日本部材企業は海外生産も増やして
きた。

　そこで、本章では、日本の液晶部材企業と、海外及び日本の液晶企業
間にどのような企業間取引が展開され、その中で、市場性と組織性がどの
ように表れたかを分析する。

1. 日本の液晶部材企業の競争力と技術参入障壁

(1) 日本の液晶部材企業の高い競争力

　液晶を製造するには、技術と市場の特性を共有する多くの部材、材
料が必要である。例えば、位相差フィルム、カラーフィルタ、配向膜、
ITOフィルムおよび液晶ガラス基板等を挙げることができ、バックライ

ト、スペーサー、液晶シール材料も液晶製造に使用される部材である。
細分すると、はるかに多くの種類の部材が液晶製造に使われる。各市場
の規模はそれほど大きくはないものの、極めて多くの細分化された市場
セグメントが存在する。これらの液晶部材市場のほとんどで日本企業が
高いシェアを占め、上位の座を独占している。例えば、日本企業はすで
に 2000 年代初めに世界液晶部材市場の約 80％を占め、とりわけ、ブルー
液晶ガラス基板、反射防止フィルム、TAC(Triacetyl Cellulose、トリアセ
チルセルロース) フィルム、視野角拡張フィルム、スペーサー、液晶用
シール、感光材市場などでは 100％のシェアを占めた。表 20-1 を見ると、
2012 年に、日本企業は偏光板、PVA(Polyvinyl Alcohol、ポリビニルアル
コールフィルム) フィルム、位相差フィルム、液晶配向膜など重要な部
材市場で 1 位、あるいは 2 位を占めている。

表 20-1　主要な液晶部材市場における日本企業の市場シェア (2012 年)

(単位：％)

液晶 部材	1 位	2 位	3 位
偏光板	日東電工 (35)	住友化学 (25)	–
PVA フィルム	クラレ (76)	日本合成 (24)	–
位相差フィルム	コニカミノルタ (40)	富士フイルム (35)	JSR(5)
大型液晶用カラーフィルタ	JSR(75–80)	日産化学工業 (15–20)	–
中小型液晶用カラーフィルタ	日産化学工業 (約 90)	JSR (約 10)	–

注：( ) 内は市場シェア。

資料：各種新聞及び液晶産業関連文献。

(2) 寡占構造と技術参入障壁

このように、日本企業が強い競争力と高い市場占有率を維持してい
るのにはいくつかの理由があり、その中で、企業間関係も重要な理由と
して挙げられる。具体的にみてみよう。

　まず、表20-1に示されるように、各市場セグメントの主力企業数は多くない。参入している企業数が少ない寡占構造である。この寡占市場を掌握しているのが日本企業である (2007年に、液晶部材及び半導体部材の企業60社のうち、日本企業が40社を占めていたとする調査もある)。

　このように、各市場セグメントが寡占構造になっているのは、各市場での新規参入に障壁が作られているためである。逆に、形成された寡占構造が続くことによって新規参入の障壁を高めている。一般的に、この参入障壁は二つある。技術面の障壁と投資資金面の障壁である。障壁を突破して新規参入するために必要な技術力が前者であり、新規参入して定着に成功するために必要な資金力が後者である。このうち、液晶部材産業では、投資資金面の障壁よりも技術面の障壁が高かった。実際、この業界に進出した日本企業の中には、新規参入時、中小企業であったケースが多かった。高い資金調達力を持っていない企業も少なくなかったのである。

　したがって、液晶部材産業では技術面の参入障壁が重要であるといえるが、液晶部材を開発し、大量生産するための技術と知識を蓄積するには時間がかかる。例えば、液晶用ガラス基板のサイズが大きくなるほど、偏向量を減らして強度を高めることが重要となる上、温度変化による収縮と膨張の割合をさらに下げる必要がある。また、歩留まりを高めるために欠陥や汚染を防止することも重要である。結果的に、液晶製品の性能向上とサイズ拡大に伴い、液晶ガラス基板の製造に必要な技術レベルが高くなり、それゆえ、その技術力を備えるためにはより長い時間が必要となる (金 (2021))。

　また、液晶製品の性能向上と規模拡大に伴って、偏光板の主要材料であるPVAフィルムとTACフィルムもより高いレベルの光学特性が必要である。その結果、フィルムの厚さを均一にして、汚染や欠陥を減少させるのがさらに難しくなり、フィルム製造において品質管理がより困難になる。これらの技術には大量生産の経験を蓄積するしかなく、この技術の蓄積と習得に多くの時間を必要とする。また、液晶バックライト用材料の場合も製造に様々な源泉技術が必要であり (『日経ビジネス』

2004 年 11 月 15 日号)、これを習得するには時間がかかる。

　こうした技術蓄積は、技術開発部門など、特定部門・機能を担当する人材のみの投入により可能になるものではない。例えば、液晶偏光板メーカーは異物による汚染を防止し、表面の不規則性を減らすために、偏光板の大きさが大きくなるに従って製造仕様がさらに厳しくなり、生産現場での高い水準の技術の蓄積と活用が求められる (*Japan Economic Monthly*、2005 年 11 月号)。試行錯誤を含めて、製造現場の作業者やエンジニアの知恵と経験、対応能力などが結合して、技術力が蓄積されるため、これらの技術蓄積は長い時間を要する。

　このように液晶部材の技術蓄積に時間がかかる点を考えれば、液晶部材企業が同市場に参入する前に積み上げた技術や経験も、その後の技術面の参入障壁に貢献した可能性が高い。実際、そのような企業がかなり多い。例えば、偏光板市場の 1 位企業の日東電工は戦後、接着剤、電気絶縁材料事業で接着技術とポリマーの技術を蓄積して、この技術を位相差フィルム、偏光フィルムの製造に転用した。大倉産業も長年にわたり蓄積してきた合成樹脂技術をベースに液晶用位相差フィルムと偏光フィルム市場に参入し、成功した。

　偏光板の材料である PVA フィルム生産時、均一な特性の薄膜を形成する技術が重要であるが、ユーザー企業の求める精密度が高いため、製造が難しかった。同市場で世界トップの地位を占めているクラレ (前身は倉敷レイヨン) は、参入前に、長い期間、合成樹脂を加工してフィルムを作る技術を蓄積した。この技術が PVA の製造に転用された。

　また、富士フイルムは写真用フィルム事業で蓄積されたコーティング技術、有機合成技術、フィルム蒸着技術、光学シミュレーション技術を用いて、液晶偏光板用 TAC フィルムを開発する一方で、均一な薄膜を形成することができた (桑嶋 (2009))。コニカミノルタも液晶偏光板用 TAC フィルム事業で高い競争力を保有しているが、同社の場合も写真フィルム事業で蓄積した技術が TAC フィルムの製造に大きく寄与したとされる。

　AGC (前身は旭硝子) は、建設用ガラス、自動車ガラスを長年にわたり製造してきた経験の中で蓄積したコア技術、例えば、ガラス材料の

加工技術や設計技術、フッ素加工技術と表面薄膜形成技術などのコア技術を液晶ガラス基板事業に転用することができた。ゼオンと JSR (前身は、日本合成ゴム) は、合成ゴム事業で蓄積した分子制御技術を位相差フィルム、カラーレジストの製造および開発に活用した。スタンレー電気も自動車照明部品事業で蓄積した技術で液晶バックライト用冷陰極管 (CCFL、Cold Cathode Fluorescent Tubes) を製造することができた (金 (2021))。

　このように、既存の本業で蓄積した技術が新事業への多角化の成功に貢献したのは、前述した液晶部材事業の特性、つまり、技術の蓄積に時間を要するという特性と整合的である。既存事業で培った技術を持つ企業が液晶部材産業の初期に先発企業として参入した後、高い技術障壁を構築したのである。

2. 国境を越えた市場性と組織性の絡み合い

　2000 年代に入って、液晶産業で日本企業を追い抜いて、韓国企業、台湾企業が世界市場を掌握しており、最近は、中国企業も液晶市場に参入して積極的な設備投資を行い、その存在感を高めた。日本液晶部材企業の主なユーザーは海外企業となり、国境を越えた企業間取引関係が形成されたのである。この点で産業の早い発展段階から企業間関係の国際化が進んだといえる。この国際的な企業間関係で組織性と市場性が絡み合って作用した。具体的にみておこう。

(1) 市場性

　日本液晶部材企業と液晶企業間の取引で市場性を表わす行動を多く観察することができる。まず、日本の液晶企業、シャープと同様に、韓国と台湾の液晶企業も、複数の液晶部材企業から同じ部材を購入した。

　例えば、韓国の液晶メーカーの LG ディスプレーは AGC と日本電気硝子から液晶ガラス基板を購入した。台湾の液晶メーカーは住友化学と凸版印刷からカラーフィルタを購入した。また、カラーフィルタと偏光板を社内生産する韓国と台湾液晶企業は、これらの部材を日本の部材企業からも購入した。こうした複社発注政策により、液晶企業は日本の液晶部材企業間の競争を活用した。企業間競争が行われたという点で市場性が働いたといえる。

　第 2 に、各部材企業は海外の同一ユーザーからより多くの注文を獲得するために、海外現地の部材生産ラインを含めて 3 ヵ所以上の生産拠点を設けて競争している。例えば、日東電工と JSR は、台湾、韓国、日本に生産ラインを設けている。住友化学は、台湾と韓国に海外生産拠点を作り、そこにエンジニアを派遣して、台湾と韓国の液晶企業との共同開発を含めて、次世代液晶パネル関連の新技術を開発し、技術を蓄積している。AGC は、サムスン電子と LG ディスプレーの液晶工場だけでなく、台湾台中に所在するシャープの液晶工場近くにも生産ラインを設けている。日本電気硝子はサムスン電子と LG ディスプレーの液晶集積地と台湾の台中にある液晶集積地に液晶ガラス基板の生産ラインを保有している。大手需要者からの需要獲得をめぐる競争を示すものであり、市場性の作用を表す行動ということができる。

　第 3 に、液晶部材企業と海外の液晶企業間の利害対立を示す現象も起こっており、これも市場性の作用を表す。例えば、日本液晶部材企業が主なユーザーである韓国と台湾の液晶企業の工場敷地内、あるいはその近くに生産ラインを設ける場合が少なくないが、その際、ほとんどの生産ラインは後工程のものである（『日経マイクロデバイス』2006 年 1 月号。ただ、最近では、海外生産拠点で前工程の生産を行う場合も表れている（『日本経済新聞』2016 年 6 月 18 日）。この後工程は、生産コストの面では重要であるものの、技術の難易度は前工程より低く、そこに必要な技術は部材生産の中核技術ではない場合が多い。このように部材企業が前工程は国内工場で担当し、後工程だけを海外工場に移しているのは、製品や製造の核心技術に関する重要情報がユーザー企業に流出す

ることを恐れているためである。情報の交換及び提供をめぐる需要者と供給者間の利害対立が表れているのである。こうした取引主体間の利害対立は市場性の表れであるということができる。

　取引上の問題が発生した場合に、取引する部材企業を変えるのも珍しくない。例えば、台湾の奇美電子 (Chimei Electronic) は AGC からほぼ独占的に液晶ガラス基板を購入していたが、2004 年 8 月に突然ガラス基板の購入先を台湾コーニングへと変更して、台湾コーニングと長期取引契約を締結した。これは、AGC が製品の品質問題を解決できず、第 6 世代液晶パネルの生産開始に合わせて部材を納入できなかったことが原因であった。日本の液晶部材企業と液晶企業間に長期的な取引関係を結んでいる場合が多いとはいえ、状況によっては取引関係が打ち切られ、他の部材企業との取引に転換さする可能性が常に存在している。これは資源の自由な移動という市場性の作用を表す。

(2) 組織性

　液晶部材企業と液晶企業間の関係には組織性も作用している。まず、多くの日本液晶部材企業は韓国と台湾の液晶企業の要請で、現地の液晶生産集積地に部材の生産ラインを建設して稼働している。ガラス基板、カラーフィルタ、偏光板、バックライト用陰電極管等の日本部材企業がサムスン電子と LG ディスプレーの生産集積地に部材生産ラインを設置している。最近は、中国液晶企業も敷地内に日本部材企業を誘致する場合がある (『日経産業新聞』2016 年 12 月 14 日)。

　実は、多くの日本液晶部材企業は、1990 年代後半、台湾の中部と南部の産業集積地の建設に合わせて、現地に生産ラインを設立した。台湾液晶産業が本格的に始まった 2000 年頃に、特定液晶企業のためだけではなかったものの、液晶企業の製造拠点近くに部材生産ラインを作り、稼働した。例えば、台湾南部で、99 年に工業団地がつくられ、いくつかの台湾液晶企業がそこに生産拠点を移したが、その際、凸版印刷、DNP (大日本印刷) など日本の液晶カラーフィルタメーカーが台湾液晶企業と

の合弁で団地内に生産ラインを設立した。また、住友化学は、現地の偏光板メーカーである SC-IK 技術との合弁で工業団地内に偏光板を製造し始め、チッソも団地内に液晶部材の生産ラインを設けた (『日経マイクロデバイス』2006 年 4 月号)。

　台湾中部の科学・産業団地にも多数の日本液晶部材企業の生産ラインが設置された。例えば、日東電工は 2005 年より台湾中部のサイエンスパークで偏光板を製造し始めた。AGC は 00 年 8 月に台湾中部の産業団地で液晶ガラス基板の生産を開始し、日本電気硝子も同じ地域で液晶ガラス基板の生産ラインを稼動した。JSR は台湾に子会社 JSR マイクロ台湾を設立し、06 年にカラーレジスタの大量生産を開始した。

　さらに、台湾液晶企業が日本液晶部材企業の株式を購入するなど、資金面の協力を行ったり、技術面で協力する例もあった。例えば、台湾液晶企業、AUO(AU Optoelectronics) はカラーフィルタ企業の凸版印刷の台湾子会社の発行済み株式 37.9％を取得し、これをきっかけに、凸版印刷との技術面の協力を強化した。このような日本液晶部材企業と海外液晶企業間の国境を越える協力事例は組織性を表わしている。市場性と組織性が絡み合っていたのである。

3. 企業間関係による技術蓄積及び取引交渉力の変化

(1) 需要企業との取引による技術蓄積：組織性

　液晶部材産業の高い技術障壁は、部材の企業間取引とも密接に関連している。つまり、液晶部材企業が重要顧客企業である液晶企業との取引関係の中で密接な情報交換を行ったり、需要企業の高い水準の要求に対応する過程で技術が蓄積され、これが結果的に同産業の技術的な障壁を高めた。このような技術蓄積が需要企業との協力関係の産物であるという点で組織性の作用を示しており、したがって、同産業の技術障壁は、企業間関係で作用した組織性の影響を受けたといえる。

　企業間協力という組織性による技術蓄積は、戦後の長い期間にわたって行われたものであった(沼上(1999))。つまり、日本液晶企業と部材企業間の情報交換、共同開発が早い時期から頻繁に行われ、これが液晶と液晶部材の両産業の技術発展と技術力向上に大きく寄与したとされる。

　なお、日本の液晶部材の企業間取引は連鎖的に行われている。例えば、AGC、日本電気硝子などの液晶ガラス基板メーカーは液晶企業に販売する部分もあるが、大日本印刷、凸版印刷、住友化学などのカラーフィルタ企業にも販売をしている。日東電工、住友化学などの偏光板企業はクラレ、日本化学合成からPVAフィルムを、コニカミノルタと日本ゼオンから位相差フィルムを、三菱樹脂と東レから保護フィルムをそれぞれ購入、加工して液晶企業に部材を販売する。富士フイルムとコニカミノルタなどの液晶保護フィルム企業は、TACをダイセルから購入し、加工した後、日東電工、住友化学などの偏光板企業に販売している。液晶バックライトユニット企業は東レとテジンデュポンから拡散板を、三菱レイヨンと住友化学から偏光板を、東洋紡から拡散シートを、三菱ケミカル(前身は三菱化学)と電気化学からLED蛍光体をそれぞれ購入し、これを組み立てた後、液晶企業に販売している。

　こうした液晶部材の企業間取引連鎖は技術蓄積にプラスの影響を及ぼしている。とりわけ、取引連鎖上の様々な部材製品部門で技術変化を発生させることができ、また、ある部材製品の技術進歩が起こると、取引の連鎖構造を通して各部材の技術変化を連鎖的に促進する傾向がある(金(2006))。取引連鎖によって、多くの液晶部材企業は部材の需要企業であると同時に、他部材の供給企業となるため、企業間の利害が一致する可能性もある。その結果、技術変化がより速く、なおかつ、より広範に起り、技術蓄積に有利な結果を生み出した。これが参入の技術障壁を高めた。つまり、特定製品の市場だけでなく、技術的に前後方関連を持つ多くの部材、製品の市場で日本企業によって技術障壁が高くなった。多くの日本部材企業が様々な部材市場で高い競争力を持つ理由は、これらの技術的、取引連鎖の影響が少なくなかった(金(2021))。

(2) 液晶部材取引における交渉力の変化：市場性

　このような企業間協力による液晶部材の技術蓄積は、液晶部材企業の取引交渉力を強化し、液晶企業の取引交渉力を弱めた。両者間の意図しない利害対立が促進されたのである。企業間協力という組織性が取引交渉力をめぐる企業間の利害対立という市場性を強化した。

　もう少し具体的に見ておこう。先に明らかにしたように、日本液晶部材企業は大手ユーザーである液晶企業との取引によって技術と知識を蓄積しており、これが液晶部材産業の技術面の参入障壁を高め、市場の寡占構造を強化した。一般的に、寡占市場では競争企業の行動をお互いに把握することが容易である。したがって、多数の企業が参入している競争の激しい市場に比べて、供給企業間の供給量を調整することも容易である。他方、供給者が制限されているため、需要者の液晶企業は特定のメーカーからの部材調達が難しいか、不足している場合、他の調達先を見つけることが容易でない。それだけ、特定の部材企業の取引依存度が高くなるのである。したがって、大型液晶企業との取引においても、日本の中小液晶部材企業の取引交渉力が高かった。

　実際、液晶産業が形成され始めた 1980 年代に、液晶企業は日本の大企業であったのに対して、新規参入した液晶部材企業の平均的な企業規模ははるかに小さかった。したがって、液晶部材の取引において、供給者の液晶部材企業の取引交渉力は極めて弱い立場にあった。液晶企業は部材企業を下請業者扱いする場合すらあった。しかし、液晶企業との取引を長期的に続ける間に、部材企業が技術力を蓄積した結果、液晶部材取引における交渉力が高まった。ただ、カラーフィルタ、偏光板のように、台湾と韓国の新興企業が新規参入し、日本部材企業の取引交渉力が弱まっている部材市場もなくはない (『日本経済新聞』2016 年 6 月 18 日)。

　取引交渉力の変化を直接的に示す証拠はない。しかし、液晶部材の価格変化の様相をみれば、取引交渉力の変化を推測することはできる。一つは、液晶産業の景気が低迷した時、液晶部材の価格下落率が液晶の価格下落率より低かったことである。例えば、2002 年の IT バブル崩壊後、

回復していた液晶価格は、04年秋以降再び急落し、05年4月TV用液晶の価格は1年前より約50%も下落した。また、06年上半期中、32インチと37インチのTV用液晶の価格は約25%下落しており、17インチと19インチのPC用液晶価格も約30%下落した。

　こうした液晶価格の急落で液晶企業の採算性が悪化し、液晶部材企業に対し、納入価格の引き下げを強く求めた。その結果、いくつかの液晶部材の価格はかなり下落したが、全体的に、液晶部材価格の下落は液晶価格の下落より遅かった。例えば、液晶ガラス基板の価格は、2006年上半期を通して、約10%下落したに過ぎず、液晶バックライトの製造に使用される冷陰極管の価格も同期間に少し低下するに止まった。偏光板板の部材であるPVAフィルムの価格はむしろ上昇した。

　こうした価格変動様相は液晶産業初期、液晶企業から下請中小企業扱いされた部材企業が、その後、液晶企業に対する取引交渉力を大幅に高めたことを間接的に示しているということができよう。一般に、取引交渉力は需給企業間の利害対立を反映する意味で、市場性の作用を表す。したがって、液晶企業と部材企業間の協力という組織性が取引交渉過程で需要企業に不利な影響を及ぼし、需給者間の利害対立を現実化する形で市場性と絡み合っていたといえる。

4. 需給企業間の協力とコスト削減圧力の絡み合い

　台湾企業と韓国企業が液晶産業で台頭する前の1990年代までは、日本液晶企業が同産業を掌握していた。したがって、その時期には日本企業同士で部材取引を行い、その過程で多くの企業間協力がなされた。第1に、特定液晶企業のためのカスタム部材を、日本の液晶企業と液晶部材企業が共同開発する場合が少なくなかった。開発段階で両者間の協力関係が表れたのである。例えば、95年、富士フイルムと液晶メーカーのシャープは、液晶ガラス基板に貼る感光性反射フィルムを効率的に生

産する方法を共同開発した。この共同開発の成果として、96年春に、富士フイルムは新しいフィルムの大量生産方法を導入してフィルム生産工程が大幅に簡素化され、生産コストが削減された。また、シャープは、液晶の初期設計段階から広い範囲の部材企業と共同開発を行った（『電子ジャーナル』2006年9月号；『日本経済新聞』2005年6月17日）。

　第2に、液晶企業と液晶部材企業は共同開発だけでなく、技術情報を交換する形でも協力した。例えば、大型液晶用偏光板を開発するには、フィルム加工技術、光学分析技術、コーティング技術など広い範囲の技術が必要であり、液晶構造に応じて光学特性を調整する作業が重要であった。そのため、偏光板企業は液晶企業と技術情報を緊密に交換した（『日経エレクトロニクス』2006年5月22日号）。このような頻繁な情報交換の結果、液晶部材企業は、高付加価値製品の技術と最先端の生産技術を蓄積することができ、これにより部材の販売を増やすことができた。

　第3に、液晶企業と液晶部材企業は他の方法でも協力した。一部の日本液晶企業は自社の生産集積地の敷地内あるいはその近くに液晶部材企業が生産ラインを設置することを勧めたりした。こうした誘致勧誘を受け入れて、液晶企業の近くに生産ラインを作った部材企業も少なくなかった。例えば、シャープが2002年三重県亀山市に新たな液晶工場を設立した時、取引関係を結んでいた液晶部材企業に亀山工場敷地内に生産ラインを移すことを勧めた。実際、いくつかの液晶部材企業は、シャープ亀山工場の敷地内に液晶部材の生産ラインを移転した（金(2007)）。需要者と供給者の間で空間的な近接性を強化する形で協力した例である。

　このように、共同開発、その他の技術情報および市場情報の交換、近くにお互いの生産ラインを立地するなどの協力の理由として、液晶企業にとっては輸送コストを削減するとともに、供給企業とのコミュニケーションの精度を高めて、取引上、発生の可能性がある問題を迅速に解決することができ、生産性の向上も期待されたからである。

　液晶部材企業もこうした協力による肯定的な影響を期待した。第1に、液晶部材の需要が変動しても、大手ユーザー企業との緊密な協力関係によって安定的な受注を期待することができた上、開発目標と生産目

標が明確になることによって部材の開発スピードが速くなり、投資効率性も高まることが期待できた。第2に、特定の大手ユーザーとの協力関係を維持することによって、業界での評判を高め、新しい顧客企業の獲得、及び販売拡大が期待された。したがって、液晶企業と液晶部材企業の協力は両者の利害一致があったからこそ可能になったものであり、その限りで、組織性の作用を表すといえる。

　他方、液晶企業は液晶部材企業に対して強いコストダウンの圧力をかけていた。1990年代後半には、液晶需要の増加に伴って、多くの企業が液晶市場に新規参入し、コスト削減と製品拡販をめぐって液晶企業間の競争が激しくなった。特に、値下げ競争が激化された。液晶製造原価で占める部材購入費の割合が高かったため、液晶企業は液晶部材企業に対して納入価格の引き下げを強く要求した。こうした強い納入価格の引下げ圧力で、取引における需要者と供給者間の利害対立が先鋭になり、緊張関係も発生した。市場性が作用していたのである。

　また、液晶企業は複数の部材企業に同じ種類の部材を発注して、部材企業間の競争を促進するとともに、リスクを分散させた。鉄鋼の取引に現れた複社発注の行動が液晶部材の取引にも現れた。例えば、シャープの亀山工場では、コーニング社とAGCから大型液晶ガラス基板を購入した。また、同社はカラーフィルタをDNPと凸版印刷から購入し、社内でもカラーフィルタを内製して調達した。こうした液晶企業の複社発注政策は、液晶部材企業間の競争を促進するという点で、市場性の作用を示す。一方では、液晶企業や液晶部材企業が取引関係を通じて緊密に協力しながら、他方では部材企業間の競争を活用する形で市場性と組織性が絡み合って作用したのである。また、液晶部材は日本企業同士でのみ取引されたわけではないことから、こうした市場性と組織性の絡み合いの形態は日本に特有なものでもないといえる。

5. 新市場への経営資源転用と企業間関係

　日本の液晶部材企業の競争力のもう一つの源泉がある。新たな有望市場を早く発見して、技術力を速やかにその新市場に向けてきた点である。つまり、日本部材企業は既存の製品市場セグメントが完全に成熟する前に、新しい新興市場セグメントを見つけ、それまで蓄積された技術力などの経営資源を転用し、その新市場で効率的に適応して成功する行動を繰り返してきた。過去に液晶部材市場に新規参入して多角化に成功したのもその一例であるが、その後も、このような行動に日本液晶部材企業の「柔軟な」資源移動の強みが表れている (金 (2014))。これらの新市場の発見と経営資源の転用には企業間関係も関連しており、また、市場性と組織性が絡み合っている。

　例えば、富士フイルムの反射フィルム開発は、1987 年にいくつかの電子メーカーが富士フイルムに画面の解像度を高める素材の開発を依頼したことがきっかけであった。潜在的な需要企業のニーズが新技術開発につながったのである。また、富士フイルムが開発した反射フィルムは、当初 STN- 液晶用であったが、87 年に需要企業の反応をチェックするために、そのサンプルを持って日本の液晶企業を回った時、ある液晶企業のエンジニアが将来液晶市場の主流になると見込まれる TFT- 液晶用に切り替えることを勧め、富士フイルムがそれを受け入れ、それがその後、同市場での富士フイルムの成功を生み出したとされる (桑嶋 (2009b))。需要企業との企業間関係の中で、将来の市場についての情報の交換と入手が行われ、それが新たな市場への進出の重要な契機になったのである。

　また、液晶市場の急成長にある程度ブレーキがかかる時期が来ると、日本液晶部材企業は、タッチパネルの部材市場へ、また、その後は有機 EL 部材市場への進出を図った。つまり、それまで蓄積した技術力を利用して新製品を開発するとともに、既存の生産設備も転用し、新市場を先取りして高いシェアをとってきた。例えば、住友化学と日東電工は偏光板フィルム事業での技術と設備を有機 EL 用フィルムタッチセンサー市場

向けに転用した。特にスマートフォン用有機 EL のフィルムタッチセンサー市場で、この両社が市場を掌握している。また、日本写真印刷、昭和電工、ニッシャ (NISSHA) などの日本部材企業も有機 EL フィルムタッチセンサー市場に相次いで参入して市場シェアを高めた。

住友化学は有機 EL 用発光部材市場にも進出して、米ダウデュポンおよび日本のベンチャー企業、キューラックスなどと競争を繰り広げている。2018 年には、宇部興産とカネカは、有機 EL 基板用フィルム市場に本格的に参入しており、出光興産も有機 EL パネルの中核素材である発光材市場に参入して、ドイツメルク社と共に市場の 7 〜 8 割を掌握している。三菱ケミカルも既存設備を転用して、有機 EL 用照明部材市場に参入し、三菱マテリアルは、17 年に有機 EL 用銀合金スパッタリングターゲットの世界市場で 9 割のシェアを握っている。

このように、日本の液晶部材企業が柔軟に新市場に進出しているのは、経営資源の柔軟な移動という点で市場性の作用を示すとともに、その背景に、既存市場のユーザーとの関係で蓄積した技術がある点で、既存ユーザーとの長期取引関係に表れる組織性の作用も絡み合っていることを示唆する。

参考文献

伊丹敬之 (2013)『日本企業は何で食っていくのか』日本経済新聞出版社。

金容度 (2006)「液晶部材の企業間取引」『赤門マネジメント・レビュー』第
　　5 巻第 11 号。

金容度 (2007)「液晶部材の産業組織と企業間取引」『経営志林』(法政大学
　　経営学会)、第 43 巻第 3 号。

金容度 (2014)「電気復活のヒントになる部材企業の力」『週刊エコノミスト』
　　(毎日新聞社)、4 月 22 日号。

金容度 (2021)『日本の企業間取引－市場性と組織性の歴史構造－』有斐閣。

桑嶋健一 (2009)「富士フイルム「WV フィルム」－統合型製品開発とアーキ
　　テクチャ戦略の転換」藤本隆宏、桑嶋健一『日本型プロセス産業－もの
　　づくり経営学による競争力分析』有斐閣。

JETRO、*Japan Economic Monthly*、2005 年 11 月号。

『電子ジャーナル』2006 年 9 月号。

『日経エレクトロニクス』2006 年 5 月 22 日号。

『日経産業新聞』。

『日経ビジネス』2004 年 11 月 15 日号。

『日経マイクロデバイス』2005 年 6 月号 ; 2006 年 1 月号、2 月号。

『日本経済新聞』。

沼上幹 (1999)『液晶ディスプレーの技術革新史』白桃書房。

著者紹介

金容度 (Kim,Yongdo)

法政大学経営学部教授

韓国ソウル大学経済学科卒業、同大学院経済学科修了 (学士、修士)

東京大学大学院経済学研究科修了 (修士、博士 (経済学))

米ハーバード大学ライシャワー日本研究所研究員

主要著作

『日本 IC 産業の発展史―共同開発のダイナミズム』(東京大学出版会、2006 年)

"Interfirm Cooperation in Japan's Integrated Circuit Industry,1960s–1970s"

(*Business History Review* (Harvard Business School), Vol.86 Issue 4, 2012)

The Dynamics of Inter-firm Relationships:Markets and Organization in Japan (Edward Elgar Publishing Ltd.,2015)

『日本の企業間取引―市場性と組織性の歴史構造』(有斐閣、2021年)

日本経営論

初版発行　2023年3月31日

著　　者　金 容度

発 行 人　中嶋 啓太

発 行 所　博英社
　　　　　〒370-0006 群馬県 高崎市 間屋町 4-5-9 SKYMAX-WEST
　　　　　TEL 027-381-8453 / FAX 027-381-8457
　　　　　E·MAIL hakueisha@hakueishabook.com
　　　　　HOMEPAGE www.hakueishabook.com

ISBN　　　978-4-910132-44-0

定　　価　2,970円 (本体 2,700円)